KB126575

유튜브 영상 편집 을 위한 프리미어 프로

유튜브 영상 편집을 위한 프리미어 프로

10만 구독자가 선택한 조블리의 영상 편집 강의

1쇄 발행 2020년 1월 17일   **5쇄 발행** 2020년 6월 15일

지은이 조블리(조애리)
펴낸이 장성두
펴낸곳 주식회사 제이펍

출판신고 2009년 11월 10일 제406-2009-000087호
주소 경기도 파주시 회동길 159 3층 3-B호
전화 070-8201-9010 / **팩스** 02-6280-0405
홈페이지 www.jpub.kr / **원고투고** jeipub@gmail.com
독자문의 readers.jpub@gmail.com / **교재문의** jeipubmarketer@gmail.com

편집팀 이종무, 이민숙, 최병찬, 이주원 / **소통·기획팀** 민지환, 송찬수, 강민철 / **회계팀** 김유미
기획 및 교정·교열 송찬수 / **내지 및 표지 디자인** 책돼지
용지 타라유통 / **인쇄** 한길프린테크 / **제본** 광우제책사

ISBN 979-11-88621-81-1 (13000)
값 23,000원

제이펍은 독자 여러분의 아이디어와 원고 투고를 기다리고 있습니다. 책으로 펴내고자 하는 아이디어나 원고가
있는 분께서는 책의 간단한 개요와 차례, 구성과 저(역)자 약력 등을 메일로 보내주세요.   **jeipub@gmail.com**

유튜브 영상 편집을 위한 프리미어 프로

10만 구독자가 선택한 조블리의 영상 편집 강의

조블리(조애리) 지음

드리는 말씀

- 이 책에 기재된 내용을 기반으로 한 운용 결과에 대해 저자, 소프트웨어 개발자 및 제공자, 제이펍 출판사는 일체의 책임을 지지 않으므로 양해 바랍니다.

- 이 책에 등장하는 회사명, 제품명은 일반적으로 각 회사의 등록 상표(또는 상표)이며, 본문 중에는 ™, ©, ® 마크 등을 생략하고 있습니다.

- 이 책은 프리미어 프로 2020 신기능을 일부 포함하고 있으며, 실행 과정은 독자의 학습 시점이나 프로그램 버전에 따라 책의 내용과 일부 다를 수 있습니다.

- 이 책에서 제공하는 예제 파일은 프리미어 프로 CC 2019 이상의 버전에서만 사용할 수 있으며, 실습에 포함된 글꼴은 012쪽을 참고하여 미리 설치하기를 권장합니다.

- 책의 내용과 관련된 문의사항은 지은이 혹은 출판사로 연락해 주시기 바랍니다.
  - 지은이: jovely_vely@naver.com
  - 출판사: readers.jpub@gmail.com

차례

금손 뛰어넘기 환상의 짝꿍, 애프터 이펙트 & 포토샵 연동

별책 부록
(PDF 제공)

PDF 제공 http://bit.ly/jeipubprpro

머리말

안녕하세요. 영상 편집 크리에이터 조블리(조애리)입니다! 드디어 책으로 인사를 드리게 되어 매우 기쁘네요. 어린 시절 제 꿈은 선생님이 되는 것이었지만 현실에서는 평범한 회사원으로 사회생활을 시작했습니다. 그러다 유튜브를 시작한 후 매일 선생님 소리를 듣고, 대학에서 강의까지 하게 되면서 꿈을 이루었습니다. 이렇듯 꿈만 같은 일들이 실현된 것은 모두 유튜브와 구독자 여러분 덕분이라고 생각합니다. 그래서 제가 받은 선물 같은 일들을 여러분과 나누고자 이 책을 쓰기로 마음먹었습니다.

누구나 유튜브를 시작할 수는 있습니다. 하지만 제대로 관리하려면 여러 난관을 극복해야 하지요. 그 중에서 영상을 멋지게 편집하는 일이 첫 번째 난관이 아닐까 생각합니다. 이 책은 영상 편집을 전혀 모르는 초보자도 기초를 다지고 중급 이상까지 올라갈 수 있는 지름길이라고 말할 수 있습니다. 유튜브 영상 편집 채널을 운영하면서 여러분이 어려워하고 궁금해하는 내용이 무엇인지 알게 되었고, 작은 부분도 놓치지 않으려고 프리미어 프로를 시작하던 10여 년 전의 그날을 떠올리며 초심자의 마음으로 정성스럽게 준비했습니다.

예를 들면, 영상의 클립을 자르는 단축키는 Ctrl + K입니다. 모든 책에서 소개하는 내용이죠? 하지만 클립이 여러 개 쌓여 있을 때, 트랙 대상 지정이 비활성화되어 있을 때 등 상황에 따라 단축키가 제대로 작동하지 않을 때도 있습니다. 프리미어 프로 사용이 익숙하지 않다면 이럴 때 가장 당황하고 답답할 것입니다. 이 책은 그런 답답한 마음까지도 헤아려 같은 단축키라도 상황별로 어떻게 달라지는지도 자세히 다뤘습니다.

또한, 모르면 일일이 작업하다 밤을 꼴딱 새워 버릴 수 있지만, 알고 보면 손쉽게 해결할 수 있는 그런 기능까지도 정리해 두었으니, 부디 영상을 편집하느라 밤새는 일이 없기 바랍니다. 책을 봐도 어려울 때 참고할 수 있도록 유튜브 강좌 QR 코드도 포함되어 있으나, 그래도 해결되지 않는 문제가 생긴다면 언제든 jovely_vely@naver.com으로 메일을 보내 주세요. 여러분의 의견을 적극적으로 반영하여 점차 유튜브 강좌를 보강하겠습니다.

지난 몇 년간 온라인과 오프라인에서 프리미어 프로 강의를 진행하면서 10대부터 80대까지 남녀노소 불문하고, 강의를 듣고 배움의 재미와 기쁨을 느낀다고 말씀해 주실 때마다 얼마나 뿌듯한지 모릅니다. 독자 여러분도 이 책으로 배움의 기쁨을 함께 맛볼 수 있기를 진심으로 바랍니다.

이 책이 세상에 나올 수 있도록 도와준 편집자 송찬수 님과 디자이너 책돼지 님, 그리고 제이펍 출판사 관계자분들과 사랑하는 가족에게 감사한 마음을 전합니다. 마지막으로 저를 여기까지 이끌어 주고 항상 응원해 주는 10만 명의 구독자 여러분, 사랑합니다.

2020년을 맞이하며

조블리(조애리) 드림

이 책의 구성

유튜브 채널을 운영하면서 실제 유튜브 영상 편집에 꼭 필요한 실용적인 기능들만 담았습니다. 기초부터 탄탄하게 다질 수 있도록 영상 편집의 기본 이론부터 컷 편집, 자막 편집, 오디오 편집, 색 보정, 그리고 영상 출력까지 프리미어 프로의 기능을 챕터별로 나누어서 자세하게 알아봅니다.

동영상 강의 QR 코드: [조블리] 유튜브 채널에서 동영상으로 확인할 수 있는 QR 코드와 URL이 포함되어 있습니다. 책으로 살펴보고 동영상 강의로 복습해 보세요.

> **꿀팁**
>
> 조블리의 유튜브 동영상 강의 순서를 일괄 확인하고 싶다면 http://bit.ly/jovely_class를 참고하세요.

완성 미리 보기: 어떤 실습을 진행할지 완성 결과를 미리 확인할 수 있습니다. 또한 실습에 필요한 예제 파일과 실습 후 결과를 비교해 볼 수 있는 완성 파일도 함께 제공합니다.

녹화 화면처럼 영상 꾸미기

REC 녹화 화면처럼 보이는 소스를 배치하고, 빨간 빛이 깜박거리는 녹화 표시를 만들어 보겠습니다.

01 **REC 녹화 효과.prproj** 예제 파일을 실행합니다. [프로젝트] 패널에서 ❶[홍콩 브이로그] 영상을 드래그하여 [타임라인] 패널의 V1 트랙에 가져다 놓습니다. 계속해서 ❷[REC 소스]를 드래그하여 [타임라인] 패널의 V2 트랙에 배치합니다.

친절한 실습 과정: 초보자도 쉽게 따라 할 수 있도록 설명글과 이미지에 지시선을 이중으로 표시하였으며, 주요 옵션 설명은 진하게 강조하였습니다.

02 지금부터는 REC 앞에 빨간색 녹화 표시를 만들어 보겠습니다. [도구] 패널에서 ❶[펜 도구]를 길게 누르고 나오는 도구 목록에서 ❷[타원 도구]를 선택합니다.

03 [타원 도구]를 선택했으면 [프로그램 모니터] 패널에서 REC 왼쪽에 드래그하여 동그라미를 그립니다. 이때 Shift를 누른 채 드래그하면 정원을 그릴 수 있습니다.

확대 효과: 지면의 한계로 잘 보이지 않는 부분은 돋보기를 이용하듯 해당 부분을 확대해서 표시하였습니다.

> **꿀팁** [프로그램 모니터] 패널을 확대하면 동그라미를 좀 더 쉽게 그릴 수 있습니다. 패널을 선택하고 커지는 마우스 포인터가 확대할 패널에 위치하면 됩니다)하고 ① 왼쪽에 있는 ■를 누르면 패널이 전체화면으로 확대되며, 한 번 더 누르면 이전으로 돌아갑니다.

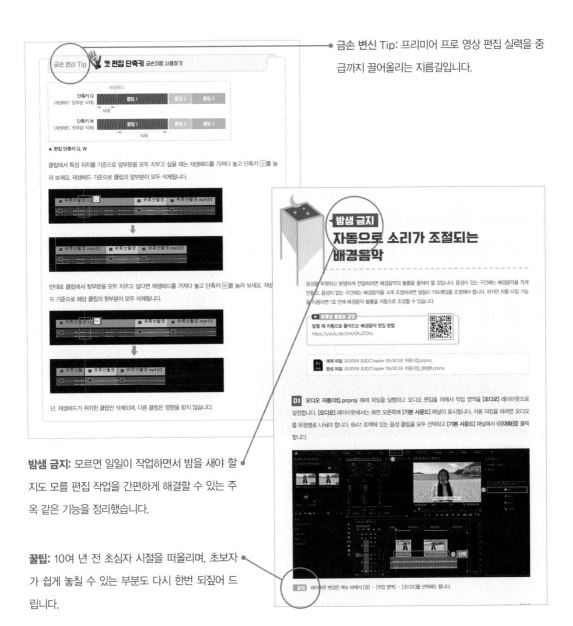

금손 변신 Tip: 프리미어 프로 영상 편집 실력을 중급까지 끌어올리는 지름길입니다.

밤샘 금지: 모르면 일일이 작업하면서 밤을 새야 할지도 모를 편집 작업을 간편하게 해결할 수 있는 주옥 같은 기능을 정리했습니다.

꿀팁: 10여 년 전 초심자 시절을 떠올리며, 초보자가 쉽게 놓칠 수 있는 부분도 다시 한번 되짚어 드립니다.

금손되기 전 준비

자, 이제 본격적인 프리미어 프로 영상 편집에 입문할 준비가 되었나요? 조블리와 함께하면 여러분도 금세 금손이 되어 있을 거예요. 단, 눈으로만 보는 것이 아니라 직접 하나씩 따라 하면서 실습해보세요. 실습 중에 막히는 일이 없도록 아래와 같이 예제 파일과 글꼴을 미리 준비하고 첫 장을 넘기세요. 여러분의 도전을 응원합니다.

꿀팁 이 책은 한글 버전 기준입니다. 만약 영문 버전 사용자라면 032쪽을 참고하여 한글 버전으로 변경하거나 http://bit.ly/jovely_dual 포스팅을 참고하여 이중 언어(한글/영문 동시 사용)로 변경한 후 실습하세요.

실습을 위한 예제 파일 다운로드 http://bit.ly/jeipubprpro

예제 파일은 프리미어 프로 CC2019와 프리미어 프로 2020에서 모두 사용할 수 있도록 CC 2019에서 제작하였습니다. 그러므로 **프리미어 프로 2020에서 예제 파일을 실행하면 다음과 같이 최신 버전으로 변환 작업을 거칩니다.** 프로젝트 변환 창이 열리면 '이름' 옵션에 원하는 파일 이름을 입력한 후 **[확인]** 버튼을 클릭하면 실습을 진행할 수 있습니다. 관련 내용은 039쪽을 참고하세요.

주의 예제 파일 다운로드 페이지는 [Notion]으로 제작하였으며, 인터넷 익스플로러에서는 사용할 수 없습니다. 크롬이나 엣지, 사파리 등의 브라우저를 이용해 주세요.

꿀팁 CC 2018 이하 버전에서 실습한다면 http://bit.ly/jovely_2018 포스팅을 참고하여 하위 버전으로 변환 후 실행해 주세요.

프로젝트에 사용한 글꼴 준비하기

예제 파일에는 영상 편집에 활용하면 좋은 몇 가지 대표적인 무료 글꼴을 사용했습니다. 여러분이 영상을 편집할 때도 유용하게 활용할 수 있으므로, 미리 해당 글꼴을 설치해 두는 것이 좋습니다.

- 티몬 몬소리체(TimonMonsori) ㄱㄴㄷㄹㅁㅂㅅㅇㅈㅊㅋㅌㅍㅎ

  https://brunch.co.kr/@creative/32

- 나눔바른고딕(NanumBarunGothic) ㄱㄴㄷㄹㅁㅂㅅㅇㅈㅊㅋㅌㅍㅎ

  https://hangeul.naver.com/2017/nanum

- 배달의민족 주아체(BM JUA) ㄱㄴㄷㄹㅁㅂㅅㅇㅈㅊㅋㅌㅍㅎ

  http://font.woowahan.com/jua/

Chapter 01

유튜브 영상 편집을 위한 기본기 다지기

1920×1080의 의미는 무엇일까요?

1080p처럼 숫자 뒤의 p는 무엇을 뜻하는 걸까요?

우리나라는 왜 29.97fps를 사용하게 되었을까요?

여기서는 촬영 단계부터 필수로 알아야 할 영상 편집 기본 이론에 대하여

차근차근 자세히 알아봅니다.

화소? 픽셀? SD? HD? 4K?
해상도 관련 용어 알기

세상은 4K 시대를 외치고 있습니다. 가전제품 매장에서도 4K TV는 손쉽게 찾아볼 수 있습니다. 심지어 8K TV도 출시됐지요. 대체 4K와 8K는 무슨 말일까요? TV를 사려고 해도 알아야 하는 이런 용어인데, 영상을 편집하려는 여러분이라면 반드시 알아야겠죠? 이미지를 구성하는 가장 작은 단위부터 SD, HD까지 자세히 알아봅니다.

이미지를 구성하는 최소 단위, 화소

첫 번째로 화소에 대해 살펴보겠습니다. 흔히 화소와 픽셀(Pixel)을 혼용해서 사용하는데요, 이는 동일한 의미입니다. 아래 사진을 보면 제가 인형을 들고 있습니다. 이 사진에서 특정 부분을 최대한 늘릴 수 있을 때까지 쭈욱 늘려서 확대해 보겠습니다. 그럼 아래에서 오른쪽 사진과 같이 모자이크처럼 무수히 많은 네모로 표현되는 것을 확인할 수 있습니다. 여기서 이 네모 하나를 우리는 화소 또는 픽셀이라고 부릅니다.

 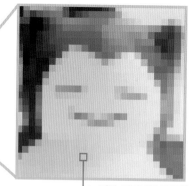

▶ 픽셀: 이미지를 구성하는 최소 단위

즉, 이미지를 구성하는 가장 작은 단위를 화소 또는 픽셀이라고 말합니다. 그럼 이 화소가 많을수록 어떻게 되는지 알아볼까요?

꿀팁 픽셀은 영상의 규격마다 생긴 모양이 다릅니다. 옆으로 긴 뚱뚱한 픽셀도 있고 아래로 긴 날씬한 픽셀도 있습니다. 특히 과거 아날로그 시대에는 픽셀의 비율이 다양했습니다. 하지만 컴퓨터에서 영상을 제작하고 재생하는 환경에서는 특별한 이유가 없는 한 위 예제처럼 정사각형 픽셀을 주로 사용합니다. 그러므로 **시퀀스 설정할 때에는 픽셀 종횡비를 정사각형 픽셀(1.0)로 선택해야 합니다.** 이에 대해서는 **107쪽 시퀀스 설정으로 화면 크기 조정하기**에서 자세히 다루겠습니다.

🥄 가로 × 세로 = 화소 수

화소 수를 구하는 공식은 '가로(화소 개수) × 세로(화소 개수)'입니다. 아래 예시 이미지를 살펴보겠습니다. 왼쪽 위에 있는 첫 번째 이미지의 화소 개수는 가로 5개, 세로 5개입니다. 그러므로 가로와 세로를 곱하면 5 × 5 = 25화소 이미지가 됩니다. 25화소의 이미지를 보면 어떤 느낌인가요? 어떤 이미지인지 파악할 수 있나요? 아직까진 형태를 알아보기 힘들죠? 화소를 조금 더 높여 보겠습니다. 두 번째는 가로 10개, 세로 10개로 이루어진 100화소 이미지입니다. 25화소 이미지보다는 뭔가 알 것 같기도 하지만 아직도 보일 듯 말듯 아리송합니다.

이번에는 화소를 훨씬 많이 높이겠습니다. 네 번째 이미지를 볼까요? 네 번째는 가로 200개, 세로 200개로 이루어진 40,000화소의 이미지입니다. 어떤가요? 이제는 "사람이 인형을 들고 있구나~"라고 말할 수 있겠죠? 이렇게 화소의 개수가 많으면 많을수록 더 또렷하고 정밀하게 보입니다. 즉, 흔히 말하는 고화질 이미지라는 것은 그 이미지를 표현하고 있는 화소의 개수가 많다는 의미입니다. 이처럼 화소가 많다는 것을 "해상도가 높다"라고도 말합니다. 그럼 해상도는 또 무엇일까요? 다음 단락에서 살펴보겠습니다.

🥄 이미지 또는 영상의 규격, 해상도

종이에 인쇄를 한다고 생각해 보세요. 프린터에 종이를 넣을 때 방바닥에 굴러다니는 아무런 종이나 넣고 인쇄를 하나요? 아니죠. 우리는 A4용지 또는 B5용지처럼 규격화된 종이를 사용해서 인쇄를 합니다. 이처럼 영상에도 산업적으로 규격화된 크기가 있습니다. 지금부터 비디오의 규격, 즉 해상도에 대해 자세히 알아보겠습니다.

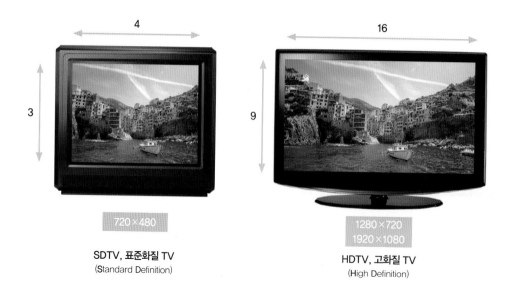

		4				16		

720×480

SDTV, 표준화질 TV
(Standard Definition)

1280×720
1920×1080

HDTV, 고화질 TV
(High Definition)

해상도는 가로와 세로의 화소 수가 몇 개씩으로 이루어져 있는지를 나타내며, 이러한 해상도에 따라서 SDTV와 HDTV로 나눌 수 있습니다. SDTV(Standard Definition)는 표준화질 TV입니다. 가로 720개, 세로 480개 화소로 이루어져 있으며, 화면 비율은 4:3입니다.

HDTV(High Definition)는 고화질 TV를 말합니다. 화소 수는 가로 1,280개, 세로 720개이며 화면 비율은 16:9입니다. HDTV로 넘어오면서 가로 비율이 훨씬 넓어졌습니다. 기존 4:3 비율인 SDTV보다 훨씬 생생한 영상을 감상할 수 있는 것이죠. 시야가 넓어지면서 입체감과 현장감을 생생하게 느낄 수 있게 되었습니다.

	해상도	가로(px)	세로(px)	가로×세로	화소 수	
SD	Standard Definition	720	480	345,600	35만 화소	
HD	High Definition	1,280	720	921,600	100만 화소	
FHD	Full HD	1,920	1,080	2,073,600	200만 화소	★ 현재 가장 많이 사용하는 영상 규격
QHD	Quad HD	2,560	1,440	3,686,400	370만 화소	
UHD	Ultra HD (4K UHD)	3,840	2,160	8,294,400	800만 화소	
	Ultra HD (8K UHD)	7,680	4,320	33,177,600	3,300만 화소	
2K	디지털 시네마 표준 규격	2,048	1,080	2,211,840	220만 화소	
4K	디지털 시네마 표준 규격	4,096	2,160	8,847,360	880만 화소	
8K	디지털 시네마 표준 규격	8,192	4,320	35,389,440	3,500만 화소	

▲ 디지털 해상도(방송 규격은 세로 해상도를 축약해서 씀)

앞의 표는 디지털 해상도에 따른 가로, 세로 화소를 정리한 내용입니다. HD 초반 규격은 1280 × 720이었습니다. 기술의 발전으로 점점 화소 수가 많아지면서 본격적으로 고해상도의 시대가 시작되었습니다. 현재 가장 많이 사용하고 있는 영상 규격은 FHD(Full HD)이며, 화소의 개수는 1920 × 1080(약 200만 화소)입니다. 가장 많이 사용하고 있는 FHD 규격의 수치는 이후 영상을 만들 때 참고해야 하므로 꼭 암기해야 합니다.

▲ 유튜브 해상도

방송 규격의 해상도는 일반적으로 세로 화소 수로 축약해서 표시합니다. 마찬가지로 유튜브 화질 설정에서도 480p, 720p, 1080p 등 세로 화소 수로 해상도가 표시된 것을 확인할 수 있습니다. 참고로 숫자 뒤 p의 의미는 023쪽 **영상은 어떻게 표시될까? 주사 방식 이해하기**에서 자세히 확인할 수 있습니다.

⚑ 천 단위 화소 수를 표시하는 K

4K, 8K란 무엇일까요? K는 Kilo, 즉 1,000을 의미합니다. 그러므로, 4K는 4,000이란 뜻이겠죠? 가로의 픽셀 수가 약 4,000일 때 우리는 4K라고 부르는 것입니다. 4K 규격은 방송 규격과 시네마 규격 두 가지로 나뉩니다. 방송 규격의 4K는 4K UHD라고 부르며, 3840 × 2160입니다. 다시 말해 FHD 규격인 1920 × 1080이 4개가 모이면 4K UHD 화질이 되는 것입니다.

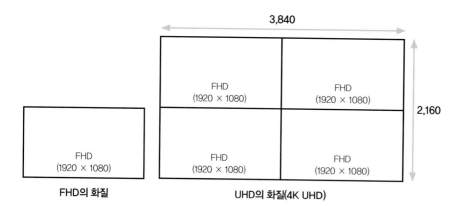

| FHD (1920 × 1080) | FHD의 화질 |
| UHD의 화질(4K UHD) |

디지털 시네마 규격의 4K는 방송 규격보다 가로 해상도가 조금 더 긴 4096 × 2160입니다. 대부분 방송 규격인 4K UHD로 촬영하고 편집하기 때문에 3840 × 2160 수치를 기억하면 됩니다.

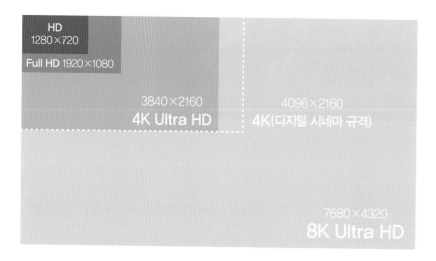

마찬가지로 8K는 가로의 픽셀 수가 약 8,000개를 말하는 것이겠지요? 8K UHD(7680×4320)는 4K UHD 화질의 4배, FHD 화질의 16배가 되는 것입니다. 현재 유튜브에서는 8K UHD 화질로도 시청할 수 있습니다.

이론적으로는 이해했지만 대체 얼마나 차이가 날지 궁금하시죠? 호랑이 예제 이미지를 통해 4K UHD의 화질(약 800만 화소)과 FHD 화질(약 200만 화소)을 비교해 보세요. 전체적인 이미지만 봐도 4K UHD 화질이 훨씬 또렷하고 선명합니다. 특정 부분을 확대하여 비교하면 차이를 더 크게 느낄 수 있습니다. 4K UHD는 FHD보다 픽셀 수가 4배 많기 때문에 확대해도 이미지가 거의 뭉개지지 않고 선명함을 유지할 수 있는 것이지요.

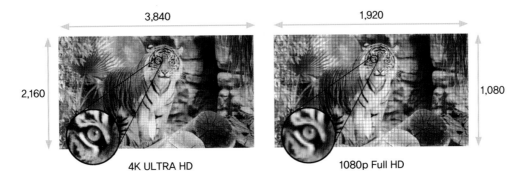

▲ 4K UHD vs. FHD 화질 비교

요즘은 FHD 규격(1920 × 1080)으로 영상을 제작할 때도 영상 소스는 4K UHD(3840 × 2160)로 촬영하는 경우가 많습니다. 4K로 촬영된 소스는 줌인(Zoom-in) 효과를 주어도 이미지가 깨지지 않는 장점도 있고, 편집할 때 다양한 화각으로 작업할 수 있기 때문에 4K로 촬영하고, FHD로 편집하는 것입니다.

꿀팁 고해상도인 4K를 편집하려면 고사양 컴퓨터가 필요합니다. 4K는 FHD 용량보다 훨씬 크기 때문에 컴퓨터의 저장 공간도 충분해야 합니다. 컴퓨터 성능과 편집 목적에 따라 해상도를 선택하여 작업하길 바랍니다.

연속적인 동작의 한 순간, 프레임 이해하기

카메라의 동영상 설정을 보면 24fps, 25fps, 30fps, 50fps, 60fps 등 선택 사항이 많습니다. 아무거나 선택하고 촬영하면 될까요? 나라마다, 상황마다 선택해야 하는 기준이 다릅니다. 지금부터 이 숫자의 의미에 대해서 자세히 알아보겠습니다.

한 장의 정지된 이미지, 프레임

우리가 보는 영상은 움직이는 것처럼 보이지만 아래의 이미지처럼 여러 개의 낱장 이미지가 연속적으로 빠르게 흘러갈 뿐입니다. 이처럼 영상에서 정지된 이미지 한 장을 프레임(Frame)이라고 합니다.

분명 정지된 이미지인데, 어떻게 움직이는 영상이라고 생각하게 되는 것일까요? 사람의 눈은 직전에 보았던 것을 뇌에서 기억하고, 그 다음에 보는 이미지를 이전 이미지와 겹쳐서 보게 됩니다. 이를 잔상 효과라고 합니다. 정지된 이미지를 빠르게 연속적으로 보여 주면 움직이는 것처럼 보이게 되는 착시 효과인 거죠. 사람의 눈은 1초에 약 15장 이상의 이미지를 보면 움직임으로 느낀다고 합니다. 그럼 우리가 흔히 보는 영화나 텔레비전은 1초에 몇 프레임일까요?

초당 프레임 수, 프레임 레이트

프레임 레이트(Frame Rate)는 1초당 프레임 수를 뜻합니다. 단위는 fps(Frames Per Second)입니다. 즉, 영상이 1초에 몇 장으로 이루어져 있는지를 나타냅니다. 일반적으로 대한민국 방송은 30프레임(29.97fps)을 주로 사용하며, 영화는 24프레임을 사용합니다.

▲ 프레임 비교(출처: Designed by brgfx / Freepik)

위의 이미지처럼 프레임 수가 적으면 영상이 뚝뚝 끊기게 되고, 프레임 수가 많을수록 부드럽고 자연스럽게 표현됩니다. 스포츠 경기 등 부드러운 움직임을 표현할 때는 60프레임을 사용하기도 합니다. 참고로 초당 프레임 수는 나라마다 규격화된 수치가 다릅니다. 대한민국, 미국, 일본 등은 NTSC 방송 규격으로 초당 30프레임(29.97fps)을 사용하지만, 유럽, 호주, 중국 등에서는 PAL 방식으로 초당 25 프레임을 주로 사용합니다. 이는 50Hz 또는 60Hz의 교류 전력 차이 때문입니다.

> **꿀팁** 간혹 카메라 설정에서 30fps는 보이지 않고 25fps, 50fps만 보이는 경우가 있습니다. 동영상 형식이 NTSC가 아닌 PAL 형식으로 되어 있는 경우입니다. NTSC로 설정을 변경하여 다시 프레임 레이트를 선택하면 됩니다.

왜 29.97fps일까?

그렇다면 왜 정확히 30fps가 아니고 29.97fps처럼 애매한 숫자가 생긴 것일까요? 흑백 TV 시절에는 정확히 1초에 30fps를 사용했습니다. 그 이후 컬러 TV가 발명되면서 문제가 생긴 것이지요. 기존의 흑백 TV와 컬러 TV와의 호환성 문제를 해결해야 했습니다.

흑백 TV

컬러 TV

흑백 TV와의
호환성
(0.03fps)

30fps

29.97fps

흑백 TV는 밝음과 어둠으로 표현되는 신호만으로 동작할 수 있지만 컬러 TV는 색상 정보가 필요합니다. 기존의 흑백 TV와의 호환성을 이유로 색상 신호를 추가하여 전송하게 되었습니다. 이런 기술적인 과정에서 30fps의 0.1% 즉, 0.03fps만큼 시간 지연이 생기게 됩니다.

시간 지연이 생기게 되면 방송 시간이 점점 뒤로 밀려나겠죠? 이 문제를 해결하기 위해 타임코드를 중간중간 건너뛰는 드롭프레임이 생겨났고, 30fps를 드롭프레임에 적용하면 29.97fps가 되는 것입니다.

🍴 슬로우 모션의 비밀, 고속촬영

물이 가득 찬 풍선을 바늘로 터트리는 순간처럼 빠르게 지나가는 상황은 어떻게 촬영해야 할까요?

이런 장면은 프레임 레이트(Frame Rate)를 높여서 촬영해야 합니다. 평소에는 24프레임, 30프레임 등으로 촬영하지만 극적인 상황을 연출하기 위해서는 60프레임, 120프레임, 240프레임, 480프레임, 960프레임 등 정상 속도의 프레임보다 빠르게 촬영하는 것이 중요합니다. 그 후에 편집 프로그램으로 느리게 재생하면 슬로우 모션이 되는 것입니다. 이처럼 정상 속도의 프레임보다 빠르게 촬영해서 느리게 재생하는 기법을 고속촬영이라고 합니다. 프리미어 프로에서 슬로우 모션으로 편집하는 방법은 **122 쪽 점점 빠르게, 느리게, 거꾸로 영상 속도 조절하기**에서 자세히 다룹니다.

Lesson 03 영상은 어떻게 표시될까? 주사 방식 이해하기

유튜브 설정을 보면 480p, 720p, 1080p 등으로 해상도를 선택할 수 있습니다. 앞의 숫자는 수직 해상도를 의미한다고 배웠죠? 그럼 뒤에 p는 어떤 의미일까요? 픽셀(Pixel)로 오해하는 분이 많은데요, 1080i도 존재합니다. 지금부터 1080p와 1080i는 어떤 차이가 있는지 알아보겠습니다.

화면을 구성하는 가로줄, 주사선

아날로그 TV를 카메라로 찍으면 화면 속에 검은색 줄이 표시되는 것을 본 경험이 있을 겁니다. 우리 눈에는 보이지 않는 검은색 줄이 왜 카메라로 찍으면 보이는 것일까요?

▲ 화면 속에 표시되는 검은 줄

위의 사진처럼 하나의 화면은 여러 개의 가로줄로 구성되어 있으며, 이를 주사선이라고 합니다. 주사선의 수는 나라마다, 방송 규격마다 다릅니다. 우리나라는 NTSC 형식을 사용한다고 했죠? NTSC 기준으로 SD급 TV의 주사선은 가로 525줄(유효 주사선 480개)이며, HD급 TV는 1,125줄(유효 주사선 1,080개)입니다. 주사선이 많을수록 화질이 선명해집니다.

카메라로 아날로그 TV를 찍었을 때 중간중간 검은색 줄이 보였던 이유는 화면이 비어 있기 때문입니다. 화면이 비어 있다니 무슨 말일까요? 다음 단락에서 살펴보겠습니다.

비월 주사 방식(i) vs. 순차 주사 방식(p)

아날로그 TV 시절에는 기술적인 이유로 한번에 많은 정보를 전송하기 어려웠습니다. 한 장의 이미지를 한번에 출력하는 것이 아니라 홀수 줄과 짝수 줄로 나누어서 출력했습니다. 적은 데이터로 많은 이미지를 표시하려는 방법이죠. 빠르게 화면이 교차하면 사람의 눈은 잔상 효과로 인해 자연스럽게 한 장으로 느낍니다. 하지만 카메라로 TV를 찍게 되면 순간을 포착하기 때문에 이미지 일부만 찍혀 검은색 줄이 보였던 것입니다.

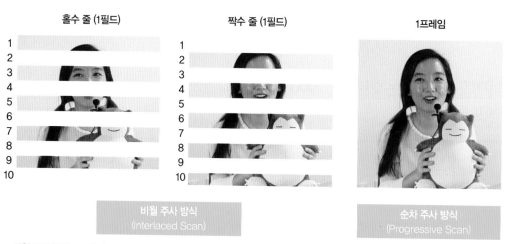

▲ 비월 주사 방식 vs. 순차 주사 방식

위의 이미지처럼 홀수 줄과 짝수 줄을 교차해서 화면을 표시하는 방식을 비월 주사라고 하며, 영어로는 Interlaced Scan이라고 합니다. 1080i처럼 해상도 뒤에 i가 붙는 것은 Interlace의 앞 글자를 따서 축약한 것이며, 비월 주사 방식을 의미합니다.

반대로 화면을 처음부터 끝까지 순서대로 표시하는 방식을 순차 주사라고 하며, 영어로는 Progressive Scan이라고 합니다. 마찬가지로 해상도를 표시할 때 1080p처럼 p가 붙는 것은 순차 주사 방식을 의미하는 것입니다. 순차 주사 방식은 비월 주사 방식보다 데이터 양은 많지만 훨씬 선명하고 떨림이 없습니다.

아날로그 기술이 HD 방송까지 이어져 비월 주사 방식인 1080i가 사용되고 있지만, 컴퓨터에서 영상을 제작하고 재생하는 환경에서는 특별한 이유가 없는 한 순차 주사 방식을 사용합니다. 또한 4K 이상부터는 순차 주사 방식만 지원합니다.

▲ 프리미어 프로 시퀀스 설정 화면

그러므로 프리미어 프로에서 시퀀스를 설정할 때에는 '필드' 옵션에서 **[필드 없음(프로그레시브 스캔)]**을 선택해야 합니다. 자세한 사항은 **107쪽 시퀀스 설정으로 화면 크기 조정하기**에서 확인할 수 있습니다.

지금까지 이미지를 구성하는 최소 단위인 화소부터 영상의 해상도, 프레임 레이트, 주사 방식까지 영상 편집을 하기 위해 꼭 알아야 하는 기본 이론에 대해 살펴보았습니다. 이제는 1920 × 1080, 1080p, 29.97fps의 숫자들이 친숙하게 다가오시나요? 지금부터는 실전입니다! 본격적으로 프리미어 프로를 설치하여 실행해 보겠습니다.

프리미어 프로 설치하기

어도비 홈페이지에서 프리미어 프로를 내려받아 설치하는 방법을 알아보겠습니다. 무료 체험판은 7일간 사용할 수 있습니다. 프리미어 프로 2020 이상 버전을 사용하려면 Windows 10 이상 또는 macOS 10.13 이상이어야 합니다. 그러므로 조건 이하의 운영체제를 사용 중이라면 프리미어 프로 CC 2018 이하 버전을 설치하는 것이 좋습니다. 구체적인 설치 사양은 다음과 같으며 원활한 영상 편집을 위해서는 권장 사양을 추천합니다.

	최소 사양	권장 사양
프로세서	Intel® 6 세대 이상의 CPU	Intel® 7 세대 이상의 CPU
운영 체제	Microsoft Windows 10 (64비트) 버전 1803 이상	Microsoft Windows 10 (64비트) 버전 1809 이상
RAM	8GB RAM	16GB RAM(HD 미디어용) 32GB(4K 미디어용)
GPU	2GB GPU VRAM	4GB GPU VRAM
하드 디스크 공간	8GB 이상 하드디스크 여유 공간	캐시용 고속 내장 SSD
모니터 해상도	1280 x 800	1920 x 1080 이상

▲ 프리미어 프로 2020 시스템 요구 사항

꿀팁 위 시스템 요구 사항은 2020년 1월 기준 프리미어 프로 2020의 시스템 요구 사항입니다. 좀 더 자세한 정보는 아래 어도비 홈페이지에서 확인할 수 있습니다.

https://helpx.adobe.com/kr/premiere-pro/system-requirements.html

프리미어 프로 최신 버전 설치하기

기존에는 신용카드 정보를 입력하지 않고 무료 체험판 설치를 할 수 있었으나 현재는 신용카드 정보를 기입한 후 7일 이내에 취소하는 방식으로 변경되었습니다. 취소는 수수료 없이 가능합니다.

01   어도비 홈페이지(https://www.adobe.com/kr/)에 접속한 후 **[지원]** – **[다운로드 및 설치]**를 선택합니다.

02   무료 체험판 목록에서 **[Adobe Premiere Pro]**를 찾아 선택합니다.

03   프리미어 프로 등 단일 어도비 제품은 7일간 무료로 사용할 수 있습니다. 프리미어 프로는 1년 약정 시 월 24,000원입니다. 여기서는 일단 **[무료로 체험하기]**를 클릭합니다.

04 ①이메일을 입력하고, ②개인 정보 사용 약관을 읽고 동의한 후 ③**[계속]**을 클릭합니다.

> **꿀팁** '구독 약정' 옵션에서 월별 플랜 또는 연간 플랜을 선택할 수 있습니다. 연간 플랜은 1년 약정이므로, 한 달 간격으로 결제하려면 월별 플랜(월 37,000원)을 선택하세요.

05 Adobe 계정에 로그인한 후 신용카드 정보를 입력합니다. 첫 주는 무료로 사용하지만 이후에 결제가 진행되므로 7일 이내에 온라인에서 결제 취소를 해야 합니다. ①신용카드 정보 입력 후 ②**[무료 체험기간 시작]**을 클릭하여 프리미어 프로를 설치합니다.

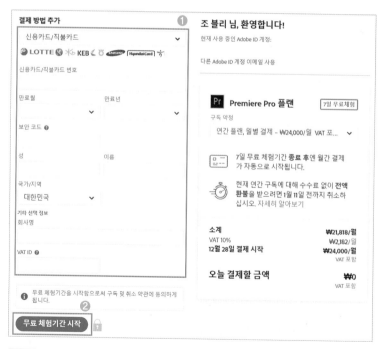

> **꿀팁** 최초 주문 후 14일 이내에 취소하면 전액 환불됩니다. 구독 및 취소 약관을 꼼꼼하게 확인하세요.

06 결제를 완료하면 주문 확인 세부 정보가 표시됩니다. 내
용을 꼼꼼하게 확인한 후 **[시작하기]** 버튼을 클릭합니다.

07 Creative Cloud 앱이 실행되고, 프리미어 프로(Premiere Pro)와 미디어 인코더(Media
Encoder)가 설치됩니다.

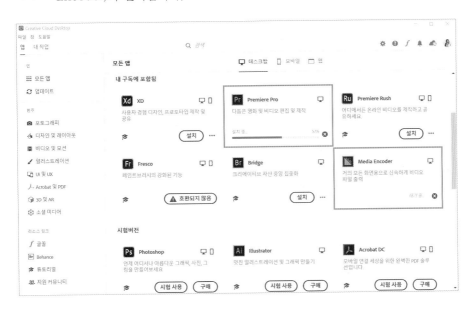

08 프리미어 프로 설치 과정
이 완료되면 다음과 같이
자동으로 실행됩니다. 만약 실행되
지 않는다면 Creative Cloud 앱
에서 프리미어 프로에 있는 **[열기]**
버튼을 클릭하면 됩니다.

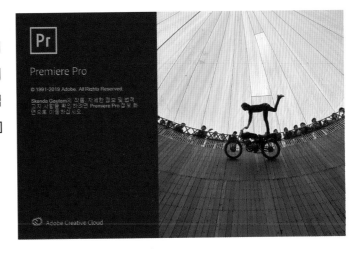

🍴 프리미어 프로 플랜 해지하기

7일 무료 체험 기간이 끝나면 설치할 때 등록한 신용카드 정보로 자동으로 결제가 진행됩니다. 그러므로 체험 기간만 사용할 예정이라면, 무료 체험 기간이 끝나기 전에 Adobe Account 페이지에 접속하여 플랜을 취소해야 합니다.

01 Adobe Account 페이지(https://account.adobe.com)에 접속하여 로그인 후 ❶**[플랜 관리]**를 클릭합니다. 플랜 정보가 표시되면 ❷**[플랜 취소]**를 클릭합니다.

02 플랜을 취소하려는 이유를 선택하고 **[계속]**을 클릭하여 플랜 취소를 완료합니다.

Creative Cloud 앱 활용하기

어도비의 각종 제품(프로그램)을 설치하면 기본으로 Creative Cloud 앱이 설치됩니다. 프리미어 프로, 애프터 이펙트 등 모든 어도비 제품을 통합 관리할 수 있는 앱으로, 개선사항을 반영한 주기적인 업데이트, 특정 프로그램 설치 및 실행과 같이 다양한 기능을 포함하고 있습니다.

프리미어 프로 최신 버전으로 업데이트하기

Creative Cloud 앱을 실행하면 다음과 같이 각종 어도비 제품 목록과 함께 **[열기]**, **[설치]**, **[업데이트]** 버튼이 표시됩니다. 버튼을 클릭하여 제품을 실행하거나 최신 버전으로 업데이트할 수 있습니다.

꿀팁 업데이트를 하지 않고 실행하고 싶을 때는 [업데이트] 버튼 오른쪽에 있는 [기타 액션] 아이콘 ⋯ 을 클릭한 후 [열기]를 선택하면 됩니다.

Creative Cloud에서 이전 버전 설치하기

Creative Cloud 앱에서는 최신 버전이 아닌 이전 버전을 설치할 수도 있습니다. 설치할 제품의 오른쪽 끝에 있는 **[기타 액션]** 아이콘 ⋯ 을 클릭하고 **[기타 버전]**을 선택한 후 설치할 수 있는 버전 목록이 표시되면 설치할 버전을 찾아 **[설치]** 링크를 클릭하면 됩니다.

프로그램 삭제하기

현재 사용 중인 언어 설정을 변경하거나 기타 오류 등으로 프로그램
을 삭제할 때도 Creative Cloud를 이용합니다. 예를 들어 프리미어
프로를 삭제한다면 Creative Cloud에서 [Premiere Pro]의 오른쪽
끝에 있는 [기타 액션] 아이콘 ⋯ 을 클릭하고 [제거]를 선택합니다.

한글/영문 사용 언어 변경하기

별도의 설정 없이 프리미어 프로를 설치하면 한글 버전으로 설치됩니다. 만약 의도하지 않게 영문 버
전을 설치하여 한글 버전을 다시 설치하고 싶거나, 반대로 영문 버전을 사용하고 싶다면 먼저 설치되
어 있는 프리미어 프로를 삭제해야 합니다.

01 설치된 프로그램을
삭제했다면 설치할
언어를 설정해야 합니다.
Creative Cloud의 오른쪽
위에 있는 [환경 설정] 아이
콘 ✿을 클릭합니다.

02 환경 설정 창이 열리면 ❶[앱] 탭으로 이동하고, ❷'기본 설치 언어' 옵션에서 변경하고 싶은 언
어를 선택합니다. [한국어]로 설정하면 한글 버전을, [English (international)]을 선택하면 영문
버전을 설치할 수 있습니다. 언어 설정이 끝나면 ❸[완료]를 클릭합니다.

03 언어 설정이 끝나면 Creative Cloud의 **[모든 앱]** 프로그램 목
록에서 원하는 프로그램을 다시 설치합니다.

꿀팁 http://bit.ly/jovely_dual 포스팅을 참고하여 이중 언어(한글/영문 동시 사용)로
변경한 후 실습해도 됩니다.

프리미어 프로 초기화하기

프로그램을 제거하고 다시 설치하지 않아도 초기화 상태로 되돌리는 방법이 있습니다. 프리미어 프로,
애프터 이펙트, 포토샵, 일러스트 등 모든 어도비 프로그램에서 동일한 방법으로 초기화할 수 있습니
다. 프리미어 프로를 예로 들어 설명해 보겠습니다.

01 윈도우 시작 버튼을 눌러 **[Adobe Premiere Pro]** 아이콘을 바탕화면으로 드래그하여 바로가
기 아이콘을 만듭니다.

02 ❶ Ctrl + Alt + Shift 를 동시에 누른 채 마우스 오른쪽 버튼을 클릭하여 ❷[열기]를 선택합니다.

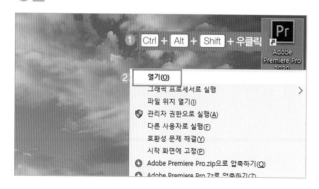

03 플러그인 캐시 및 환경 설정을 다시 설정할지 묻는 대화상자가 나타납니다. [확인]을 클릭하여
프리미어 프로를 초기화합니다.

Lesson 05 프리미어 프로 실행 및 프로젝트 저장하기

프리미어 프로를 실행한 후 본격적인 편집을 시작하려면 처음으로 작업해야 하는 과정이 새 프로젝트를 만드는 일입니다. 새로운 프로젝트 만드는 방법부터 프리미어 프로의 프로젝트를 효율적으로 관리하기 위한 저장 방법 등을 알아봅니다.

프리미어 프로 실행 후 새 프로젝트 만들기

01 윈도우 시작 버튼을 눌러 설치된 프로그램 목록에서 [Adobe Premiere Pro]를 찾아 선택하거나 Adobe Creative Cloud 앱을 실행하여, Premiere Pro의 [열기]를 클릭합니다.

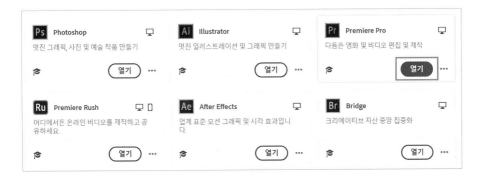

02 프리미어 프로를 실행하면 시작 화면이 나타납니다. 새로운 프로젝트를 시작하려면 [새 프로젝트]를 클릭합니다.

꿀팁 프리미어 프로를 실행 중이라면 메뉴 바에서 [파일] – [새로 만들기] – [프로젝트]를 선택합니다(Ctrl + Alt + N).

03 새 프로젝트 창이 열리면 ❶'이름' 옵션에 프로젝트 이름을 입력한 후 ❷**[찾아보기]** 버튼을 클릭하여 프로젝트 파일이 저장될 위치를 지정합니다. ❸**[확인]**을 클릭하면 새 프로젝트가 시작됩니다.

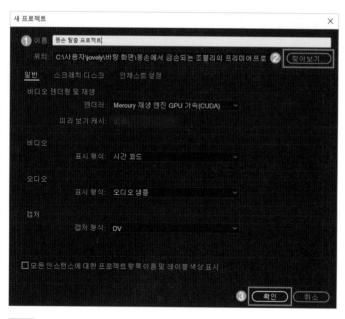

꿀팁 프로젝트를 먼저 저장해야 편집을 시작할 수 있습니다. 그러므로 새 프로젝트를 시작하면 먼저 새 프로젝트 창을 설정하는 것입니다. 이때 프로젝트 저장 폴더에는 프로젝트뿐만 아니라 미리 보기 파일, 자동 저장 프로젝트 등 다양한 파일이 같이 저장됩니다. 그러므로 나중에 변경할 필요가 없는 경로에 새로운 폴더를 만든 후 선택하는 것이 좋습니다. 또한 용량이 여유로운 하드 드라이브를 선택해 주세요.

꿀팁 파일 탐색기 등을 실행하여 프로젝트를 저장한 곳으로 이동해 봅니다. 새 프로젝트 창에서 입력한 이름으로 생성된 프로젝트를 확인할 수 있습니다. 프로젝트 파일은 [파일명.prproj]로 확장자가 PRPROJ입니다.

프로젝트 파일 저장하기

새로운 프로젝트를 만들 때 저장부터 하고 시작했습니다. 이 상태는 아직 아무 내용도 없는 빈 파일입니다. 그러므로 작업을 진행하면서, 혹은 모든 작업이 끝난 후 결과를 다시 저장해야 합니다. 처음 프로젝트를 만들 때 저장한 이름이 아닌 다름 이름으로도 저장할 수 있습니다.

변경 사항 저장하기

작업 중간에 혹은 모든 작업이 완료된 후 프로젝트 파일을 저장하려면 메뉴 바에서 **[파일]** – **[저장]**을 선택합니다(Ctrl + S). 프로젝트를 만들 때 지정했던 경로와 이름으로 저장됩니다.

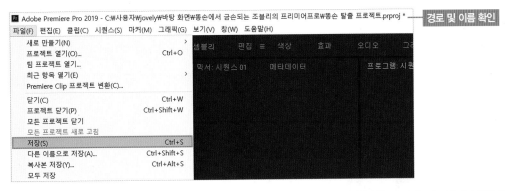

꿀팁 프로젝트의 경로와 파일 이름은 메뉴 바 위에서 확인할 수 있습니다. 파일 이름 옆에 *는 프로젝트가 저장되지 않았다는 표시입니다. 저장을 하면 * 표시가 사라집니다. 저장을 한 후에도 변화가 있으면 계속해서 *가 생깁니다. 편집을 하다 보면 갑자기 컴퓨터가 멈추는 일이 발생할 수 있으므로 Ctrl + S 를 수시로 누르면서 자주 저장하는 습관을 길러 주세요.

다른 이름으로 프로젝트 저장하기

프로젝트 파일을 다른 이름으로 저장하려면 메뉴 바에서 **[파일]** – **[다른 이름으로 저장]**을 선택합니다 (Ctrl + Shift + S). 프로젝트 저장 창이 열리면 '파일 이름' 옵션에 다른 이름을 입력한 후 **[저장]**을 클릭합니다.

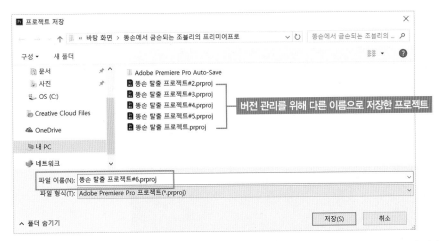

꿀팁 프로젝트를 같은 이름으로 계속 저장하면 마지막 작업했던 내용만 저장됩니다. 작업을 하다 보면 이전에 작업했던 내용으로 돌아가야 할 때나 예기치 못한 상황으로 다운이 될 수 있습니다. 그러므로 [파일명#2. prproj]처럼 이름 뒤에 숫자를 붙여서 여러 번 저장하면 이전으로 쉽게 돌아갈 수 있습니다. 참고로 프로젝트 백업 방법은 **Chapter 07. 편집의 마무리, 영상 내보내고 프로젝트 백업하기**에서 자세히 다룹니다.

프로젝트 파일 자동 저장

프리미어 프로에는 자동으로 프로젝트를 저장해 주는 자동 저장(Auto-Save) 기능이 있습니다. 프로젝트를 저장한 경로에 가면 [Adobe Premiere Pro Auto-Save] 폴더를 확인할 수 있으며, 기본 설정은 15분마다 자동으로 프로젝트가 저장되는 것입니다.

자동 저장의 세부 설정은 메뉴 바에서 [편집] – [환경 설정] – [자동 저장]을 선택한 후 환경 설정 창에서 변경할 수 있습니다.

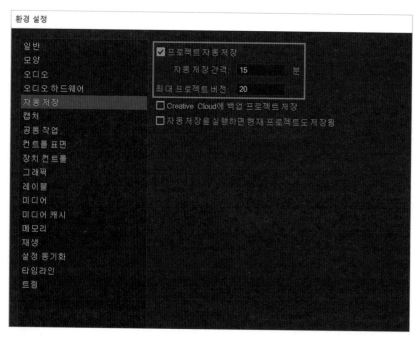

꿀팁 자동으로 저장되는 프로젝트는 15분에 한 번씩 한 개의 프로젝트를 생성하여 저장합니다. 위에서 설정한 값으로 최대 20개의 프로젝트가 개별 저장됩니다. 그 이후에는 다시 첫 번째 프로젝트에 덮어쓰기로 저장됩니다. 자동 저장 기능은 보조 수단일 뿐입니다. 직접 자주 저장하는 습관을 기르는 것이 중요합니다.

저장한 프로젝트 파일 열기

저장한 프로젝트 파일을 가져오려면 메뉴 바에서 **[파일]** – **[프로젝트 열기]**를 선택합니다(Ctrl + O). 프로젝트 열기 창이 열리면 가져올 프로젝트 파일을 선택한 후 **[열기]**를 클릭하면 됩니다.

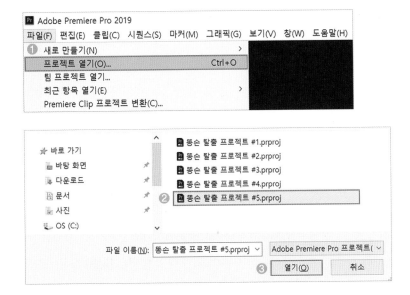

하위 버전 프로젝트 파일 열기

프리미어 프로 프로젝트는 상위 버전에서 저장한 프로젝트를 하위 버전에서 불러올 수 없습니다. 예를 들어 2020 버전에서 저장한 프로젝트를 2018 버전에서는 가져올 수 없습니다. 하지만 프리미어 프로의 상위 버전에서는 하위 버전 프로젝트를 얼마든지 가져올 수 있습니다.

방법은 일반적인 프로젝트 파일 열기와 마찬가지로 메뉴 바에서 **[파일]** – **[프로젝트 열기]**를 선택하면 됩니다. 단, 하위 버전에서 저장한 프로젝트를 열면 다음과 같은 프로젝트 변환 창이 나타나고 **[확인]**을 클릭하면 프로젝트를 상위 버전으로 변환하여 한 번 더 저장하고 불러옵니다. 기존 프로젝트의 이름 뒤에 _1이 자동으로 붙으며, 원하는 이름으로 변경할 수도 있습니다.

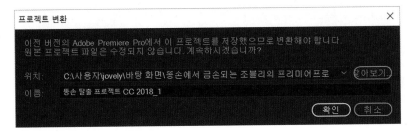

꿀팁   다운그레이드 사이트를 이용하면 하위 버전에서 상위 버전 프로젝트를 불러올 수 있습니다. http://bit.ly/jovely_2018 포스팅을 참고하세요.

Lesson 06

프리미어 프로 각 패널 살펴보기

프리미어 프로의 인터페이스와 자주 사용하는 각 패널을 알아보겠습니다. 또한 작업 영역의 레이아웃을 초기화하는 방법과 편집이 실제로 이루어지는 [타임라인] 패널을 자세하게 배워 보겠습니다.

프리미어 프로 기본 인터페이스 알아보기

프리미어 프로 인터페이스는 크게 메뉴 바, 작업 영역 레이아웃 목록, 다양한 패널의 배열로 이루어졌습니다. 작업 영역은 컷 편집, 자막 편집, 오디오 편집, 색 보정 등 특정 작업에서 원활하게 편집할 수 있도록 패널들을 정리한 레이아웃을 제공합니다. 프리미어 프로의 초기 작업 영역은 **[학습]** 레이아웃입니다. **[학습]** 레이아웃에서는 프리미어 프로 가장 왼쪽에서 **[학습]** 패널을 확인할 수 있으며, 프리미어 프로의 기본 사항을 숙지할 수 있도록 편집 소스와 튜토리얼을 제공합니다.

▲ 프리미어 프로 [학습] 레이아웃에서 제공하는 튜토리얼 화면

프리미어 프로 주요 패널 알아보기

프리미어 프로에는 수십 개의 패널이 존재하지만 모든 패널을 사용하여 편집하진 않습니다. 지금부터 자주 사용하고, 꼭 알아야 할 패널들을 소개하겠습니다. 패널 소개는 기본적으로 많이 사용하는 **[편집 (Editing)]** 레이아웃을 기준으로 살펴보겠습니다.

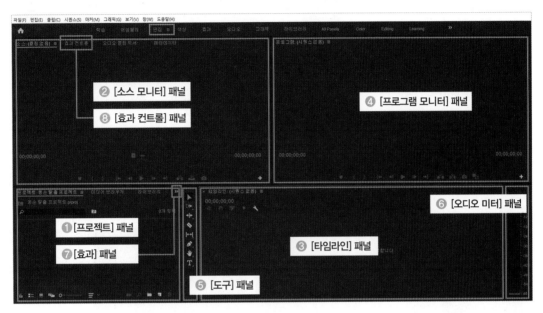

꿀팁 프리미어 프로 작업 순서는 기본적으로 [프로젝트] 패널 → [소스 모니터] 패널 → [타임라인] 패널 → [프로그램 모니터] 패널 입니다. 그래서 단축키 또한 작업 순서대로 Shift + 1 , Shift + 2 , Shift + 3 , Shift + 4 로 지정되어 있습니다.

❶ **[프로젝트] 패널**(Shift + 1): 영상을 편집할 때 사용할 소스를 불러오는 곳입니다. 동영상, 사진, 음악, 자막, 시퀀스 등 모두 **[프로젝트]** 패널에 표시됩니다. 자세한 사용 방법은 **053쪽 영상 소스 불러오는 다양한 방법**에서 확인할 수 있습니다.

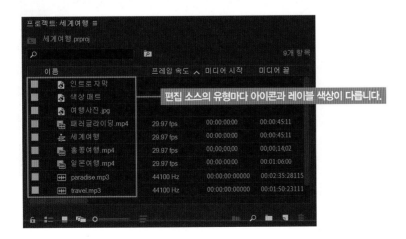

❷ [소스 모니터] 패널(Shift + 2):
원본 영상을 확인하는 곳입니다.
시작 표시와 종료 표시를 설정하
여 해당 구간만 편집에 사용할 수
있으며, 삽입 또는 덮어쓰기 편집
을 할 수 있습니다. 자세한 내용은
083쪽 시작 표시, 종료 표시 잡아 빠
르게 편집하기에서 확인할 수 있습
니다.

❸ [타임라인] 패널(Shift + 3): 편집이 실제로 이루어지는 곳입니다. 영상을 자르고, 붙이고, 이동하고,
효과를 넣을 수 있습니다. 자세한 내용은 **048쪽 [타임라인] 패널 자세히 알아보기**에서 확인할 수 있습니다.

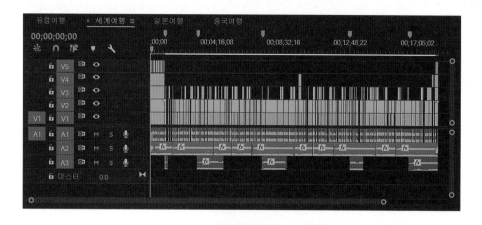

❹ [프로그램 모니터] 패널(Shift + 4):
편집한 결과를 확인하는 곳으로 재
생헤드가 위치한 곳의 화면이 보입
니다. 제거 또는 추출 편집을 할 수
있습니다. 자세한 내용은 **095쪽 제**
거, 추출 기능으로 필요 없는 부분 빠
르게 삭제하기에서 확인할 수 있습
니다.

❺ [도구] 패널: 편집을 도와주는 도구를 모아 둔 패널입니다.

❻ [오디오 미터] 패널: 오디오의 레벨을 확인할 수 있습니다. 자세한 내용은 **Chapter 05 유튜브 영상을 풍요롭게, 음악 편집하기**에서 확인할 수 있습니다.

❼ [효과] 패널(Shift + 7): 모자이크 효과, 음소거 효과, 디졸브, 페이지 벗기기 등 비디오와 오디오 효과가 모여 있는 패널입니다. 자세한 방법은 **Chapter 03 실전 연습으로 유튜브 영상 편집하기**에서 실습할 수 있습니다.

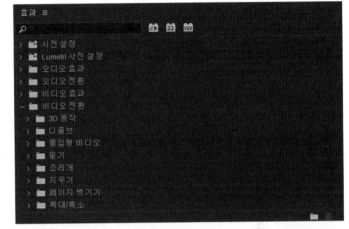

꿀팁 [효과] 패널은 기본적으로 [프로젝트] 패널과 그룹으로 묶여 있습니다. [효과] 패널이 보이지 않을 때는 단축키 Shift + 7을 누르거나 메뉴 바에서 [창] - [효과]를 선택하세요.

❽ [효과 컨트롤] 패널(Shift + 5): 영상의 위치, 크기, 회전, 불투명도 등을 조정하는 곳입니다. 또한 추가한 효과에 대해 세밀하게 설정할 수 있습니다. 자세한 방법은 **Chapter 03 실전 연습으로 유튜브 영상 편집하기**에서 실습할 수 있습니다.

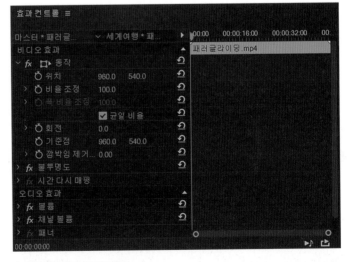

꿀팁 [효과 컨트롤] 패널은 기본적으로 [소스 모니터] 패널 옆에 위치합니다.

🦖 자유자재로 패널 다루기

프리미어 프로에는 작업 특성에 맞게 패널이 기본으로 배치되어 있지만, 이 배치는 고정된 것이 아니라 사용자가 자유롭게 옮겨서 재배치하거나 크기를 조절할 수 있습니다.

패널 크기 조정하기

패널과 패널 사이에 마우스 포인터를 놓으면 크기를 조정할 수 있는 아이콘이 나타납니다. 그 상태에서 드래그하면 패널의 크기가 변경됩니다. 가로 또는 세로의 크기를 조정할 수 있습니다.

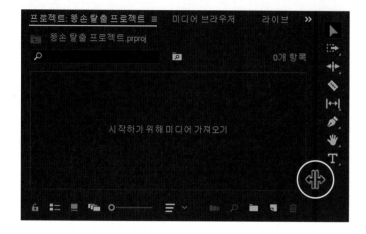

한번에 가로, 세로의 크기를 모두 변경하려면 세 개 이상의 패널이 교차하는 지점에 마우스 포인터를 놓습니다. 십자형 아이콘으로 변하며, 그 상태로 드래그하면 됩니다.

패널 이동하기

패널은 크기 조정뿐만 아니라 패널 간의 이동도 할 수 있습니다. 즉, 그룹으로 묶인 패널이 고정된 것이 아니므로 기본 상태로 묶인 패널이 아닌 다른 패널과도 자유롭게 그룹으로 묶을 수 있고, 고정 영역의 패널로 배치할 수도 있습니다.

• **그룹화:** 이동할 패널의 이름 부분을 선택하고 다른 패널의 가운데 영역으로 드래그하면 해당 패널과 그룹으로 묶을 수 있습니다. 아래와 같이 **[도구]** 패널을 **[프로젝트]** 패널이 있는 그룹 가운데로 드래그했더니 기존 그룹에 탭 형식으로 **[도구]** 패널이 추가되었습니다.

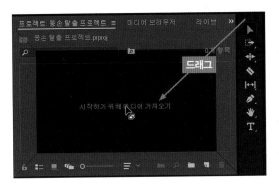 

꿀팁 [도구] 패널은 단독으로 있을 때 패널 이름이 표시되지 않습니다. 그러므로 [도구] 패널을 옮길 때는 가장 상단에서 왼쪽 부분을 클릭한 채 드래그하면 됩니다.

• **패널 닫기:** 각 패널에는 **[메뉴]** 아이콘 ▤ 이 있습니다. 그룹으로 묶인 상태에서 특정 패널을 닫고 싶으면 **[메뉴]** 아이콘 ▤ 을 클릭한 후 **[패널 닫기]**를 선택합니다. 이렇게 닫은 패널은 언제

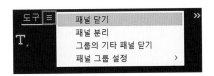

든지 메뉴 바에서 **[창]**을 선택한 후 하위 메뉴에서 선택해서 다시 표시할 수 있습니다.

• **고정 영역으로 이동:** 임의의 패널을 다른 패널의 가장자리로 옮길 수 있습니다. 가장자리로 옮기면 그룹화되는 것이 아니라 고정 영역으로 패널이 이동되며 단독으로 배치됩니다. 이동 후에는 자유롭게 크기를 조정해서 사용하면 됩니다.

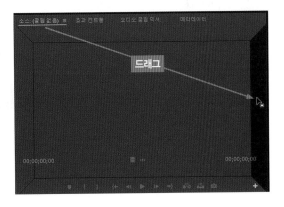

나만의 작업 영역 레이아웃 만들기

앞에서 배운 패널 크기 조정 및 이동 방법으로 나만의 레이아웃을 만들어 보세요. **[새 작업 영역으로 저장]** 기능으로 레이아웃을 관리할 수 있습니다. 레이아웃은 사용자가 쉽게 변경할 수 있으며, 언제든지 초기화 상태로 되돌릴 수도 있습니다. 지금부터 나만의 작업 영역을 만드는 방법과 레이아웃 초기화 방법을 알아보겠습니다.

나만의 레이아웃 추가/삭제하기

01 패널의 크기와 배열을 재구성하여, 작업하기 편리한 레이아웃으로 배치해 주세요. 배치가 끝났으면 메뉴 바에서 **[창]** – **[작업 영역]** – **[새 작업 영역으로 저장]**을 선택합니다.

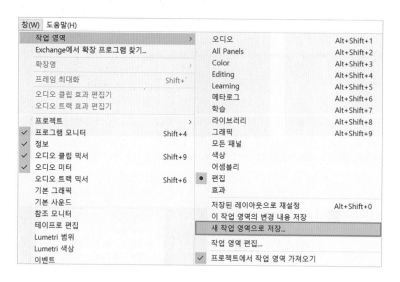

02 새 작업 영역 창이 열리면 ❶'이름' 옵션에 적당한 레이아웃 이름을 적고 ❷**[확인]**을 클릭합니다.

03 작업 영역 레이아웃 목록을 보면 방금 저장한 이름의 레이아웃을 확인할 수 있습니다.

04 추가한 레이아웃을 삭제하고 싶을 때는 ❶ [메뉴] 아이콘 ☰ 을 클릭하여 ❷[작업 영역 편집]을 선택합니다.

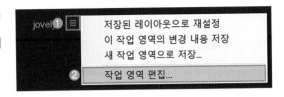

05 작업 영역 편집 창이 열리면 ❶삭제할 레 이아웃을 선택하고 ❷[삭제]를 클릭한 후 ❸[확인]을 클릭해서 창을 닫습니다.

[꿀팁] 작업 영역 레이아웃 이름을 선택하여 드래그하면 순서 도 변경할 수 있습니다.

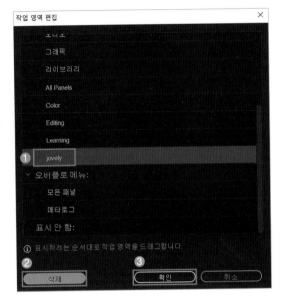

작업 영역 레이아웃 초기화하기

사용자가 자유롭게 변경하여 사용 중인 레이아웃을 최초 상태로 초기화하는 방법은 3가지가 있습니 다. 결과는 모두 같으므로 편한 방법을 사용하면 됩니다.

• **방법 1:** [창] – [작업 영역] – [저장된 레이아웃으로 재설정] 메뉴를 선택합니다(Alt + Shift + 0).

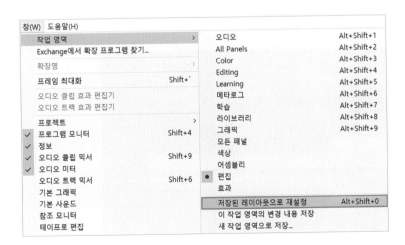

- **방법 2:** 작업 영역에서 [메뉴] 아이콘 █을 클릭한 후 [저장된 레이아웃으로 재설정]을 선택합니다.

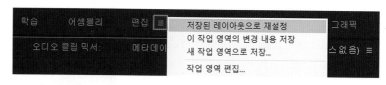

- **방법 3:** 변경할 작업 영역 이름을 더블 클릭하면 쉽고 빠르게 초기화할 수 있습니다. 작업 영역 다시 설정 확인 창이 열리면 [예]를 클릭하여 초기화합니다.

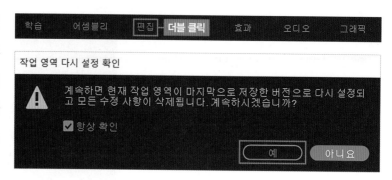

[타임라인] 패널 자세히 알아보기

[타임라인] 패널은 비디오와 오디오 그리고 자막 등 다양한 그래픽 클립을 편집하는 곳입니다. 그만큼 자주 활용하는 패널이므로 여기서 좀 더 자세히 살펴보고 넘어가세요. 영상을 재생하는 방법부터 타임코드 읽는 법, 타임라인 확대하는 방법 등 [타임라인] 패널의 기능을 차근차근 알아보겠습니다.

타임라인

타임라인(Timeline)은 '비디오 트랙'과 '오디오 트랙'으로 구분되어 있습니다. V1, V2, V3처럼 V로 되어 있는 곳이 비디오(Video) 트랙입니다. A1, A2, A3처럼 A로 되어 있는 곳이 오디오(Audio) 트랙이고요.

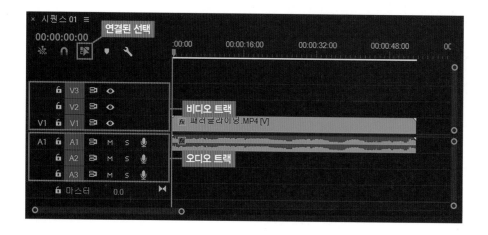

일반적으로는 영상 클립을 선택하면 비디오와 오디오가 같이 선택됩니다. 필요에 따라 비디오와 오디오를 분리해 편집할 수도 있습니다. 타임코드 밑에 있는 **[연결된 선택]** 아이콘을 클릭하여 비활성 상태로 만들면 아이콘이 회색으로 변합니다. 이렇게 **[연결된 선택]** 아이콘을 비활성 상태로 만든 후 클립을 선택하면 비디오와 오디오를 개별 선택할 수 있습니다.

▲ 비디오와 오디오가 동시 선택된 클립의 모습

▲ 비디오만 선택된 클립의 모습

꿀팁 　[연결된 선택] 아이콘이 활성화 상태일 때에도 Alt 를 누른 채 비디오 혹은 오디오 클립을 선택하면 각각 선택할 수 있습니다.

재생헤드

타임라인에 있는 파란색 막대를 재생헤드 또는 인디케이터(Indicator)라고 부릅니다. **[프로그램 모니터]** 패널에서 보이는 화면은 재생헤드가 위치한 곳입니다.

Space bar 를 누르면 재생헤드가 움직이며 영상이 재생됩니다. 영상이 재생될 때 또 한 번 Space bar 를 누르면 재생헤드가 멈추고 영상이 정지됩니다. 재생헤드의 윗부분을 마우스로 드래그해서 특정 위치의 영상을 확인할 수 있습니다. 정밀하게 영상을 편집할 때는 키보드의 좌우 방향키(⊡ 또는 ⊡)를 눌러 1프레임씩 이동하면서 영상을 확인합니다. 타임라인에 있는 재생헤드를 움직이면 프로그램 모니터 밑에 있는 재생헤드도 연동되어 같이 움직입니다.

꿀팁 재생헤드 관련 단축키

이동 구간	앞으로 이동	뒤로 이동	재생 속도	뒤로 재생	앞으로 재생	일시 정지
1프레임씩 이동	→	←	1배속	J	L	K
5프레임씩 이동	Shift + →	Shift + ←	2배속	J + J	L + L	
클립 사이 이동	↓	↑	4배속	J + J + J	L + L + L	
시퀀스 전체 클립	Home	End	8배속	J + J + J + J	L + L + L + L	

꿀팁 Shift 를 누른 채 L 또는 J 를 누르면 느리게 재생됩니다. 예를 들어 Shift + L 은 느리게 앞으로 재생, Shift + J 는 느리게 뒤로 재생입니다.

타임코드

타임코드(Timecode)는 재생헤드가 위치한 곳의 시간이며, 다음과 같이 **[시간 ; 분 ; 초 ; 프레임]**으로 읽습니다.

타임코드의 맨 뒷부분은 초 단위가 아니고 프레임입니다. 프레임은 영상이 1초 동안 몇 장의 이미지로 이루어졌는지를 뜻하며, 주로 1초에 30프레임을 사용한다고 배운 것 기억하죠? 다음과 같이 프레임에 따른 표기 방법을 기억해 두세요.

시퀀스가 30프레임(29.97fps)일 때(1초 = 30프레임)

- 29프레임: 00;00;00;29
- 30프레임: ~~00;00;00;30~~ → 00;00;01;00
- 50프레임: ~~00;00;00;50~~ → 00;00;01;20
- 90프레임: ~~00;00;00;90~~ → 00;00;03;00

> 29프레임 다음에는 30프레임으로 표시되는 것이 아니라 1초로 표시됩니다.
> 50프레임일 때는 1초 20프레임으로 표시됩니다.

시퀀스가 24프레임일 때(1초 = 24프레임)

- 23프레임: 00;00;00;23
- 24프레임: ~~00;00;00;24~~ → 00;00;01;00
- 50프레임: ~~00;00;00;50~~ → 00;00;02;02
- 90프레임: ~~00;00;00;90~~ → 00;00;03;18

> 시퀀스가 24프레임으로 설정되어 있을 때는 1초가 24프레임입니다. 그러므로 23프레임 다음에 1초가 되는 것이겠죠?

이렇게 타임코드는 시퀀스가 몇 프레임으로 설정되어 있는지에 따라 초 단위가 변경됩니다. 편집하기 전 시퀀스 설정을 확인하고 작업해 주세요. 시퀀스 설정의 변경은 **107쪽 시퀀스 설정으로 화면 크기 조정하기**에서 자세히 확인할 수 있습니다.

타임라인 확대/축소 및 시퀀스에 맞추기

키보드에서 Backspace 왼쪽에 있는 ＋ 또는 －를 누르면 타임라인 클립을 확대/축소할 수 있으며, 재생헤드가 위치한 곳 기준으로 타임라인 클립이 확대/축소됩니다. 참고로 숫자 키패드에 있는 ＋ 또는 － 는 다른 기능입니다. 그러므로 꼭 Backspace 옆에 있는 ＋ 또는 －를 눌러 주세요. 또한, Ｗ 또는 ＼를 누르면 작업하고 있는 모든 클립이 시퀀스 크기에 맞춰집니다.

▲ 타임라인 클립이 확대된 모습

▲ 타임라인 클립이 축소된 모습

▲ 타임라인 클립이 시퀀스 크기에 맞춰진 모습

꿀팁 타임라인 트랙 단축키

비디오 트랙 높이 늘리기	Ctrl + =	모든 트랙 확장하기	Shift + =
비디오 트랙 높이 낮추기	Ctrl + −	모든 트랙 축소하기	Shift + −
오디오 트랙 높이 늘리기	Alt + '	오디오 트랙 높이 낮추기	Alt + −

시퀀스

시퀀스(Sequence)의 사전적 의미는 주제, 하나의 이야기를 뜻하지만, 프리미어 프로에서의 '시퀀스'는 그림을 그릴 때 도화지와 같은 의미로 이해하면 됩니다. 즉, 도화지 위에 그림을 그리듯이 프리미어 프로에서는 '시퀀스'에 영상을 담아내는 것이지요. 시퀀스에 다양한 컷이 모여 하나의 이야기를 만드는 것입니다. [타임라인] 패널에서는 아래의 이미지처럼 시퀀스를 여러 개 불러와 주제별로 편집할 수 있습니다. 또한 시퀀스에 시퀀스를 불러와서 작업할 수도 있습니다(단, 자신의 시퀀스는 불러올 수 없습니다).

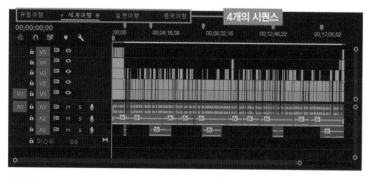

꿀팁 영상의 크기와 1초에 몇 장의 이미지를 움직여서 영상을 만들 것인지는 편집을 하기 전에 결정해야 합니다. 시퀀스의 자세한 설정은 **107쪽 시퀀스 설정으로 화면 크기 조정하기**에서 확인할 수 있습니다.

Lesson 07

영상 소스 불러오는 다양한 방법

[프로젝트] 패널에서 다양하게 영상 소스를 가져오는 방법을 알아보겠습니다. 동영상, 사진, 음악, 포토샵 파일 등 모두 같은 방법으로 가져올 수 있습니다. 소스를 가져오기 전에 우선 새로운 프로젝트를 만들고 시작하세요. 새로운 프로젝트 만들기는 **035쪽 프리미어 프로 실행 및 프로젝트 저장하기**에서 확인할 수 있습니다.

메뉴 바에서 소스 불러오기

01 새 프로젝트를 만든 후 영상 소스를 불러오기 위해 메뉴 바에서 **[파일]** - **[가져오기]**를 선택합니다(Ctrl + I).

꿀팁 [파일] - [새로 만들기] - [프로젝트] 메뉴를 선택하고(Ctrl + Alt + N) 새 프로젝트 창에서 프로젝트의 이름과 경로를 지정한 후 [확인]을 클릭하면 새 프로젝트를 만들 수 있습니다.

02 가져오기 창이 열리면 ❶ 불러올 소스를 선택하고 ❷**[열기]**를 클릭합니다. 이때 Ctrl 를 누른 채 다중 선택하여 한번에 여러 개 소스를 가져올 수도 있습니다.

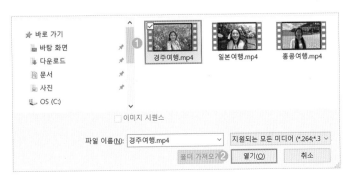

03 [프로젝트] 패널을 확인해 보면 가져온 소스(영상)를 확인할 수 있습니다.

🍴 [프로젝트] 패널에서 소스 불러오기

01 [프로젝트] 패널에서 빈 공간을 더블 클릭하거나 ❶마우스 오른쪽 버튼을 클릭하여 ❷[가져오기]를 선택합니다.

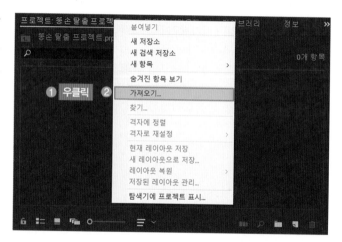

02 가져오기 창이 열리면 이번에는 다음과 같이 ❶폴더를 선택하고 ❷[폴더 가져오기]를 클릭합니다.

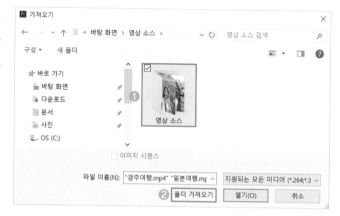

03 폴더를 선택했더니 [**프로젝트**] 패널에 폴더가 통째로 추가됩니다. [**프로젝트**] 패널에 추가된 폴더를 더블 클릭하면 폴더 안의 소스를 확인할 수 있습니다.

경로로 이동하여 불러오기

Windows 파일 탐색기 사용하기

Windows 파일 탐색기를 실행한 후 불러올 소스가 있는 경로로 이동합니다. 소스를 찾아 [**프로젝트**] 패널에 영상 소스를 직접 드래그하여 추가합니다.

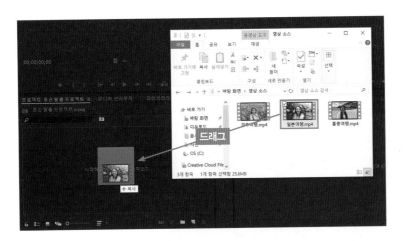

미디어 브라우저 사용하기

[**프로젝트**] 패널과 그룹으로 묶인 [**미디어 브라우저**] 패널을 직접 선택하거나 메뉴 바에서 [**창**] – [**미디어 브라우저**]를 선택합니다(Shift + 8). [**미디어 브라우저**] 패널은 Windows의 파일 탐색기와 유사합니다.

왼쪽에서 경로를 선택하고, 오른쪽에 소스 목록이 표시되면 마우스 오른쪽 버튼을 클릭하여 **[가져오기]**를 선택합니다.

▼ [프로젝트] 패널 소스 모양 설정하기

[프로젝트] 패널은 불러온 소스를 **[목록 보기]**, **[아이콘 보기]**, **[자유형 보기]** 모양으로 표시할 수 있습니다.

목록 보기(Ctrl + Page Up)

[프로젝트] 패널의 왼쪽 아래에 있는 **[목록 보기]** 아이콘을 클릭하면 소스 파일의 이름과 프레임 속도, 미디어 시간 등 파일의 정보를 목록 형식으로 확인할 수 있습니다.

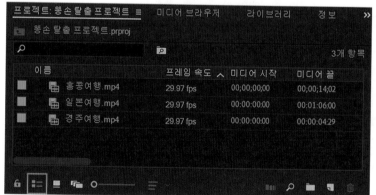

◀ 목록 보기

아이콘 보기(Ctrl + Page Down)

[프로젝트] 패널에서 왼쪽 아래에 있는 [아이콘 보기] 아이콘▣을 클릭하면 아이콘 형태로 표시됩니다. 영상 소스 위에서 마우스 커서를 놓고 드래그하면 앞으로 또는 뒤로 재생됩니다. 주의할 점은 영상 소스를 클릭하지 않고 드래그해야 미리 보기가 됩니다.

◀ 아이콘 보기

자유형 보기

[프로젝트] 패널의 왼쪽 아래에 있는 [자유형 보기] 아이콘▣을 클릭하면 영상 소스를 격자 및 정렬 순서에 제한 없이 자유롭게 배치할 수 있으므로 스토리보드로 유용하게 활용할 수 있습니다. [자유형 보기]는 프리미어 프로 2019 버전에서 추가된 기능입니다.

◀ 자유형 보기

[프로젝트] 패널 섬네일 크기 조정하기

[프로젝트] 패널의 왼쪽 아래에 있는 확대/축소 슬라이더 ![slider]를 오른쪽으로 이동하면 섬네일 크기가 확대되고, 왼쪽으로 이동하면 섬네일 크기가 축소됩니다.

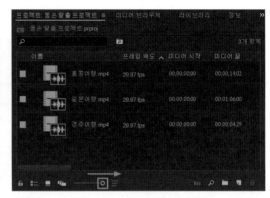

▲ 프로젝트 섬네일 크기가 확대된 모습

▲ 프로젝트 섬네일 크기가 축소된 모습

밤샘 금지

단축키 내 마음대로 설정하기

단축키를 내 마음대로 설정하여 빠르고 효율적으로 작업하는 방법을 알아보겠습니다.

▶ 유튜브 동영상 강의

단축키 설정하기
https://youtu.be/~U6C3DqXMJU

01 메뉴 바에서 **[편집]** - **[키보드 단축키]**를 선택합니다(Ctrl + Alt + K). 단축키는 대부분 영문으로 설정되어 있습니다. 그러므로 키보드 단축키 창이 열리면 '레이아웃'을 **[ko]**에서 **[en]**으로 변경합니다. 프리미어 프로에서 기본으로 설정된 단축키를 확인할 수 있습니다.

꿀팁 보라색과 녹색은 단축키가 할당된 키입니다. 녹색은 패널 고유의 단축키이며, 이럴 경우 같은 키에 단축키를 여러 개 지정할 수도 있습니다. 단, 패널이 선택되어 있어야만 동작하는 단축키입니다. 회색은 아직 단축키가 할당되지 않은 키입니다.

02 Shift 를 누르면 Shift 와 조합하여 사용하는 단축키를 볼 수 있습니다. 아직 단축키가 할당되지 않은 Shift + Z 에 단축키를 지정하겠습니다. 클립 사이의 빈 여백을 한꺼번에 지워 주는 **[간격 닫기]** 기능에 단축키를 할당하기 위해 검색 창에 '간격 닫기'를 입력하여 찾습니다.

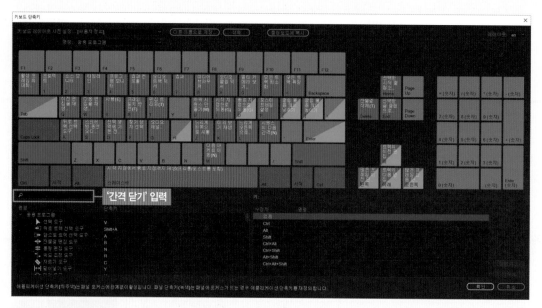

꿀팁 마찬가지로 Ctrl 또는 Alt 를 눌러도 할당된 단축키를 확인할 수 있습니다. 단축키는 Ctrl , Alt , Shift 를 조합하여 다양하게 지정할 수 있습니다. 영문 버전에서 '간격 닫기'는 'Close Gap'으로 검색합니다.

03 검색 결과에서 ❶단축키 부분을 클릭하면 입력 상태가 됩니다. 이 상태에서 단축키로 사용할 ❷Shift + Z 를 누릅니다.

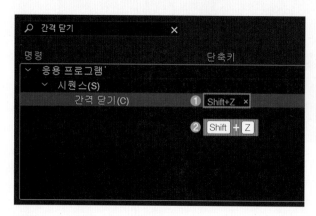

꿀팁 이미 할당된 단축키의 변경은 위와 같이 기존의 단축키를 지우고 새롭게 단축키를 입력하면 됩니다. 또한 단축키를 지정할 때 는 영문 키로 변경한 후 입력해 주세요.

04 Shift + Z 에 간격 닫기 기능이 할당되었습니다. **[확인]**을 클릭하여 단축키 설정을 완료합니다.

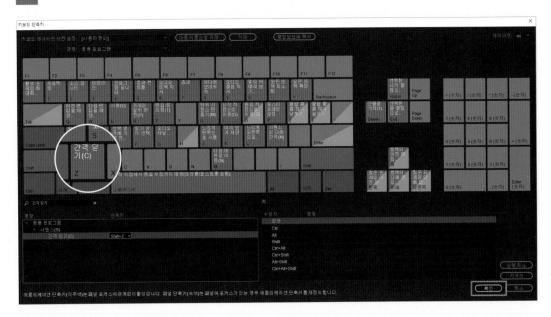

05 **[간격 닫기]** 단축키를 확인하겠습니다. **[간격 닫기]**는 클립 사이의 빈 여백을 한꺼번에 지워 주는 기능입니다. 그러므로 다음과 같이 여러 개의 클립을 편집한 후 사이 여백을 제거하지 않은 임의의 프로젝트를 실행한 후 **[타임 라인]** 패널을 선택하고 Shift + Z 를 눌러 봤습니다.

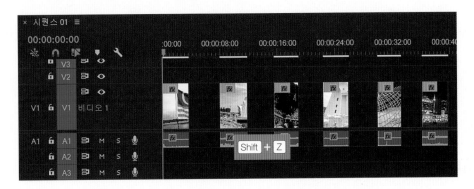

06 클립 사이의 빈 여백이 사라진 것을 확인할 수 있습니다. 앞에서 지정한 단축키를 사용하여 빠르게 작업이 가능해졌습니다.

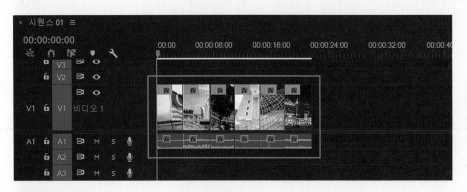

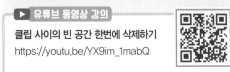

클립 사이의 빈 공간 한번에 삭제하기
https://youtu.be/YX9im_1mabQ

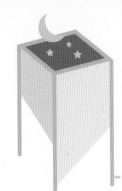

밤샘 금지

파이널 컷 단축키
프리미어 프로에서 사용하기

파이널 컷을 오랫동안 사용해서 고민인가요? 파이널 컷의 단축키를 그대로 사용하여 프리미어 프로에서 편집하는 방법을 알아보겠습니다.

01 메뉴 바에서 [편집] – [키보드 단축키]를 선택합니다(Ctrl + Alt + K). 키보드 단축키 창이 열리면 '키보드 레이아웃 사전 설정' 옵션에서 [Final Cut Pro 7.0]을 선택합니다.

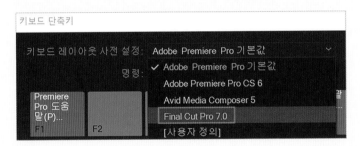

꿀팁 아비드 사용자는 [Avid Media Composer 5]를 선택합니다. 아비드 단축키를 그대로 사용하여 프리미어 프로에서 편집할 수 있습니다.

02 ①'레이아웃'을 [ko]에서 [en]으로 변경합니다. ②파이널 컷의 기본 단축키로 변경된 것을 확인한 후 ③[확인]을 클릭하여 단축키 변경을 완료합니다.

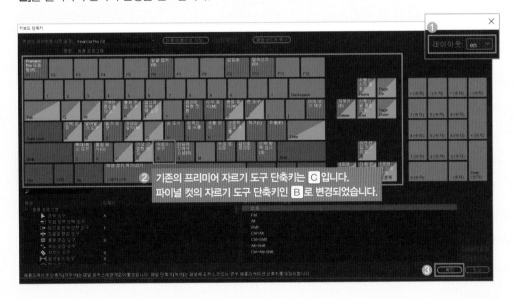

② 기존의 프리미어 자르기 도구 단축키는 C 입니다.
파이널 컷의 자르기 도구 단축키인 B 로 변경되었습니다.

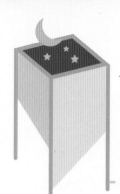

밤샘 금지
프리미어 프로
주요 단축키 모음

똥손에서 금손으로 변신하는 첫 번째 비법은 바로 단축키를 이용해서 작업하는 것입니다. 단축키를 익혀두면 마우스 사용을 최소화할 수 있어서 작업 시간이 3배 이상은 빨라집니다. 아래는 프리미어 프로에서 자주 사용하는 단축키를 정리한 것입니다. Mac에서는 Ctrl 을 Cmd 로 Alt 를 Opt 으로 변경해서 사용하면 됩니다. 단, 이 규칙이 적용되지 않을 경우는 Mac 단축키를 별도 표기했습니다.

프로젝트 단축키

새 프로젝트	Ctrl + Alt + N
새 시퀀스	Ctrl + N
프로젝트 저장	Ctrl + S
다른 이름으로 저장	Ctrl + Shift + S
프로젝트 종료	Ctrl + Q
파일 가져오기	Ctrl + I
미디어 내보내기	Ctrl + M

재생 단축키

재생/일시 정지	Space bar
미리 보기 재생	Shift + K
앞으로 재생하기	L
재생 정지하기	K
뒤로 재생하기	J
앞으로 느리게 재생하기	Shift + L
뒤로 느리게 재생하기	Shift + J

꿀팁 L 이나 J 를 2번 누르면 2배속, 3번 누르면 4배속, 4번 누르면 8배속으로 재생됩니다.

편집 단축키

복사	Ctrl + C
붙여넣기	Ctrl + V
삽입 붙여넣기	Ctrl + Shift + V
특성 붙여넣기	Ctrl + Alt + V
지우기	Delete
모두 선택	Ctrl + A
모두 선택 해제	Ctrl + Shift + A
실행 취소	Ctrl + Z
다시 실행	Ctrl + Shift + Z
키보드 단축키 설정	Ctrl + Alt + K

패널 단축키

프로젝트 패널	Shift + 1
소스 모니터 패널	Shift + 2
타임라인 패널	Shift + 3
프로그램 모니터 패널	Shift + 4
효과 컨트롤 패널	Shift + 5
오디오 트랙 믹서 패널	Shift + 6
효과 패널	Shift + 7
미디어 브라우저 패널	Shift + 8
오디오 클립 믹서 패널	Shift + 9
커서가 있는 패널 최대화	` (한 번 더 누르면 복원)

재생헤드 이동 단축키

1프레임씩 앞으로	→
1프레임씩 뒤로	←
5프레임씩 앞으로	Shift + →
5프레임씩 뒤로	Shift + ←
다음 편집 포인트로	↓
이전 편집 포인트로	↑
시퀀스-시작 클립으로	Home
시퀀스-끝 클립으로	End

클립 이동 단축키(클립 선택 필수)

클립 1프레임씩 앞으로 이동	Alt + → (Cmd + →)
클립 1프레임씩 뒤로 이동	Alt + ← (Cmd + ←)
클립 5프레임씩 앞으로 이동	Alt + Shift + → (Shift + Cmd + →)
클립 5프레임씩 뒤로 이동	Alt + Shift + ← (Shift + Cmd + ←)
클립 트랙 위로 이동	Alt + ↑
클립 트랙 아래로 이동	Alt + ↓

클립 편집 단축키

삽입하기	, (쉼표)
덮어쓰기	. (마침표)
제거하기	; (쌍반점)
추출하기	' (작은따옴표)
속도 변경	Ctrl + R
비디오 전환 적용	Ctrl + D
오디오 전환 적용	Ctrl + Shift + D
텍스트 추가	Ctrl + T
글꼴 크기를 한 단위 늘리기	Ctrl + Alt + →
클립 볼륨 높이기	]
클립 볼륨 낮추기	[
오디오 게인 설정	G
재생헤드 앞부분 클립 삭제	Q
재생헤드 뒷부분 클립 삭제	W

도구 단축키

선택 도구	V
앞으로 트랙 선택 도구	A
뒤로 트랙 선택 도구	Shift + A
잔물결 편집 도구	B
롤링 편집 도구	N
속도 조정 도구	R
자르기 도구	C
밀어넣기 도구	Y
밀기 도구	U
펜 도구	P
손 도구	H
확대/축소 도구	Z

타임라인 패널 단축키

작업 영역 확대하기	`=`
작업 영역 축소하기	`-`
작업 영역 시퀀스에 맞추기	`₩`
비디오 트랙 높이 늘리기	`Ctrl` + `=`
비디오 트랙 높이 낮추기	`Ctrl` + `-`
오디오 트랙 높이 늘리기	`Alt` + `'`
오디오 트랙 높이 낮추기	`Alt` + `-`
모든 트랙 확장하기	`Shift` + `=`
모든 트랙 축소하기	`Shift` + `-`
재생헤드에서 클립 자르기	`Ctrl` + `K`
모든 트랙 자르기	`Ctrl` + `Shift` + `K`
작업 영역의 효과 렌더링	`Enter`

마커 단축키

시작 표시(인 점)	`I`
종료 표시(아웃 점)	`O`
시작 포인트로 이동	`Shift` + `I`
종료 포인트로 이동	`Shift` + `O`
시작 지우기(인 점 지우기)	`Ctrl` + `Shift` + `I` (Opt + `I`)
종료 지우기(아웃 점 지우기)	`Ctrl` + `Shift` + `O` (Opt + `O`)
시작 및 종료 지우기	`Ctrl` + `Shift` + `X` (Opt + `X`)
마커 추가	`M`
다음 마커로 이동	`Shift` + `M`
이전 마커로 이동	`Ctrl` + `Shift` + `M`
현재 마커 지우기	`Ctrl` + `Alt` + `M` (Opt + `M`)
모든 마커 지우기	`Ctrl` + `Alt` + `Shift` + `M` (Opt + `Cmd` + `M`)

> **꿀팁** 프리미어 프로의 모든 단축키는 **http://bit.ly/jovely_shortcut** 포스팅에서 확인할 수 있습니다.

Chapter 02

영상 편집의 기초, 컷 편집

프리미어 프로에서 가장 기본 기능을 설명하지만, 가장 꼼꼼하게 살펴야 하는

챕터입니다. 이번 챕터에서는 컷 자르기부터 시퀀스 설정, 영상 속도 조절,

그리고 프리미어 프로 고수로 가는 하위 클립 만들기까지 모두 다룹니다.

기본을 탄탄하게 다질 수 있도록 레슨 순서대로 실습하는 것을 추천합니다.

제공하는 유튜브 강좌를 함께 활용하면 더 쉽게 익힐 수 있습니다.

지금부터 편집의 결과는 같아도 작업 속도는 3배 이상 빠르게 편집할 수 있는

핵심 노하우를 소개합니다.

Lesson 01

필요 없는 부분은 과감하게 자른다, NG컷 삭제하기

영상 편집의 기본은 컷 편집이며, 컷 편집의 기본은 영상 자르기입니다. 레슨이 진행될수록 빠르고 정확하게 자르는 방법을 배웁니다. 이번 레슨의 미션은 '동물나라'를 '원숭이나라'로 탈바꿈시키는 것입니다. 무슨 말인지 궁금하신가요? 그럼 지금 바로 시작해 보세요.

▶ **유튜브 동영상 강의**

영상 불러오기, 자르기, 이동하기, 클립 공백 없애기
https://youtu.be/OMsCMbomqV8

자르기 도구로 영상 자르기(Razor Tool, ⓒ)

[**자르기 도구**]를 이용하여 클립을 자르는 방법과 빈 공간을 삭제하는 방법을 알아보겠습니다.

> **Pr 예제 파일:** 프리미어 프로/Chapter 02/원숭이나라.prproj

01 ❶**원숭이나라.prproj** 예제 파일을 실행합니다. 영상 소스를 가져오기 위해 ❷[**프로젝트**] 패널에서 빈 공간을 더블 클릭합니다(Ctrl + I).

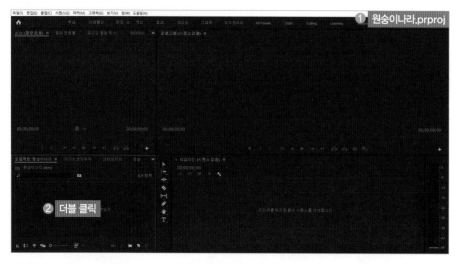

> **꿀팁** 소스 가져오기는 **053쪽 영상 소스 불러오는 다양한 방법**에서 자세히 확인할 수 있습니다.

02 가져오기 창이 열리면 ❶[Cha
pter 02/영상 소스] 폴더에서
❷[동물나라1편], [동물나라2편]을 찾아
선택합니다. 2개 이상 파일을 선택할
때는 Ctrl을 누른 채 클릭하면 됩니
다. ❸[열기]를 클릭하여 영상을 불러
옵니다.

03 [프로젝트] 패널에 선택한 영상이 삽입되었습니다. [프로젝트] 패널에서 [동물나라1편] 영상을 선택
하고, [타임라인] 패널에 드래그하여 가져다 놓습니다.

꿀팁 영상 위에서 마우스 오른쪽 버튼을 클릭한 후 [클립에서 새 시퀀스 만들기(New Sequence From Clip)]를 선택해도 됩니다.

04 영상을 [타임라인] 패널로 드래
그하면 [프로젝트] 패널에 영상
과 동일한 이름의 시퀀스가 추가됩니
다. 시퀀스는 편집하는 작업 공간입
니다. 영상과 헷갈릴 수 있지만 화면
오른쪽 아래에 [시퀀스] 아이콘으로
구분할 수 있습니다.

꿀팁 [프로젝트] 패널에서 시퀀스를 선택하고 Enter를 누르면 이름을 변경할 수 있습니다. 영상과 이름이 동일하여 헷갈릴 수 있으
니 시퀀스 이름을 변경하여 작업하는 것이 좋습니다.

꿀팁 앞서 실습 화면에서는 [프로젝트] 패널이 아이콘 보기 형식으로 되어 있습니다. 프로젝트 패널의 보기 형식은 단축키로 빠르게 전환할 수 있습니다.

아이콘 보기(Icon View)	Ctrl + Page Down
목록 보기(List View)	Ctrl + Page Up

꿀팁 동영상을 직접 [타임라인] 패널에 드래그하여 시퀀스를 생성할 수 있습니다. 이때 시퀀스는 [프로젝트] 패널에서 가져온 영상의 크기와 프레임이 일치된 상태입니다. [동물나라 1편]의 영상 크기는 1920x1080이며, 29.97프레임입니다. 즉, [타임라인] 패널에 만들어진 시퀀스 설정 값도 [동물나라 1편]과 같이 1920x1080, 29.97프레임입니다. 시퀀스 설정의 변경은 **107쪽 시퀀스 설정으로 화면 크기 조정하기**에서 자세히 확인할 수 있습니다.

꿀팁 또 다른 시퀀스를 만들고 싶다면 [프로젝트] 패널의 영상 위에서 마우스 오른쪽 버튼을 클릭한 후 [클립에서 새 시퀀스 만들기(New Sequence From Clip)]를 선택하세요. 주제별로 시퀀스를 만들어서 편집할 수 있습니다.

05 편집 작업을 진행할 **[타임라인]** 패널과 최종 출력 화면을 확인할 **[프로그램 모니터]** 패널에 영상이 삽입되었습니다. **[타임라인]** 패널을 선택하고, Space bar 를 눌러 영상을 재생해 보면 다양한 동물 컷을 확인할 수 있습니다. 재생헤드를 **[00;00;04;00]**으로 이동합니다. 4초부터 원숭이 컷이 시작됩니다.

꿀팁 [타임라인] 패널에 배치된 클립을 확대/축소하고 싶을 때는 키보드에서 Backspace 옆에 있는 +, - 를 누릅니다. 재생헤드 위치를 기준으로 클립이 확대/축소됩니다.

꿀팁 재생헤드는 직접 드래그하여 이동할 수 있으며, 타임코드 부분을 클릭하여 숫자를 입력할 수도 있습니다.

06 이번 레슨의 미션은 '동물나라'에서 원숭이 컷만 골라내어 '원숭이나라'를 만드는 것입니다. 그러므로 4초 전의 컷들은 필요 없는 내용입니다. 클립에서 4초 이전 내용을 잘라서 삭제하겠습니다. **[도구]** 패널에서 면도칼처럼 생긴 **[자르기 도구]**를 선택합니다(ⓒ).

07 **[자르기 도구]**는 말 그대로 클립을 자를 때 사용합니다. 마우스 커서가 **[자르기 도구]**와 같은 모양으로 바뀌면 재생헤드가 위치한 곳에서 클릭하여 클립을 자릅니다.

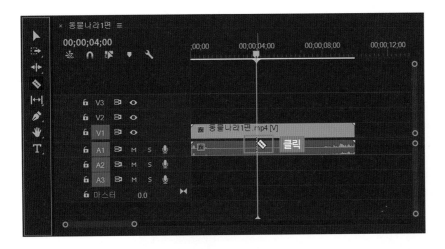

08 클립이 제대로 잘렸는지 확인해 보겠습니다. 재생헤드를 드래그해서 옆으로 옮기면 하나였던 클립이 둘로 나누어지면서 미세한 경계가 생긴 것을 확인할 수 있을 것입니다.

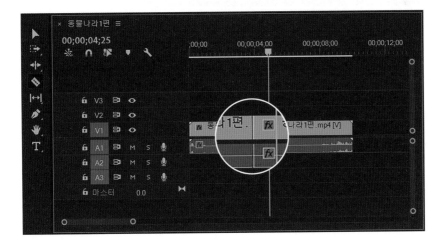

09 계속해서 원숭이 컷의 끝 지점도 잘라 보겠습니다. 재생헤드를 ❶[00;00;05;29]로 이동합니다. 마찬가지로 재생헤드가 위치한 곳에서 ❷[자르기 도구]로 클릭하여 클립을 자릅니다.

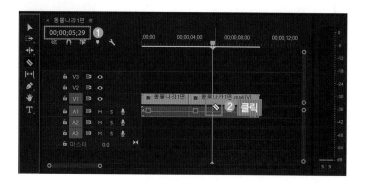

10 재생헤드를 옆으로 옮겨 보면 클립이 삼등분으로 잘린 것을 확인할 수 있습니다. 원숭이 컷 기준으로 앞과 뒤의 클립은 필요 없습니다. [도구] 패널에서 ❶[선택 도구]를 선택한 후 ❷첫 번째 클립을 선택하고 Delete를 눌러서 클립을 삭제합니다.

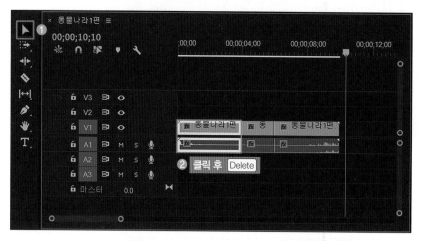

꿀팁 클립을 선택하고 Shift + Delete 를 누르면 클립과 함께 클립이 있었던 공간도 삭제되어 뒤에 있는 클립들이 앞으로 당겨집니다.

11 맨 뒤에 있는 클립도 **[선택 도구]**로 선택하고 `Delete`를 눌러 삭제합니다. 다음과 같이 삭제한 부분은 빈 공간으로 남습니다.

12 원숭이 컷을 제외한 나머지 컷을 삭제했습니다. 이대로 두면 빈 화면만 나오다가 4초부터 원숭이 영상이 재생되겠죠? 그러므로 ❶**[선택 도구]**를 이용하여 ❷원숭이 클립을 맨 앞쪽으로 드래그하여 0초부터 재생되게 옮깁니다.

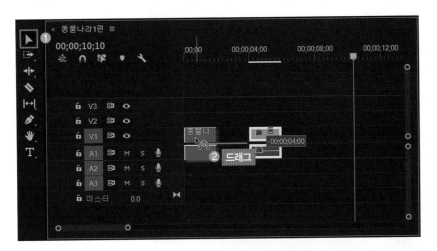

꿀팁

클립을 선택할 때는 가장자리를 피하고 클립의 가운데 쪽을 클릭해야 합니다. 즉, 마우스 포인터가 커서 모양일 때 클립을 선택해야 옮길 수 있습니다. 만약, 클립의 가장자리를 선택하면 빨간색 화살표가 표시됩니다. 빨간색 화살표는 클립의 길이를 줄이거나 늘릴 때 사용합니다.

▲ 커서가 클립의 가운데 있을 때

▲ 커서가 가장자리에 있을 때

빈 공간을 선택하여 Delete 를 누르거나 빈 공간에서 마우스 오른쪽 버튼을 클릭한 후 [잔물결 삭제]를 선택해도 빈 공간이 삭제되어 클립이 앞으로 이동됩니다.

금손 변신 Tip **자르기 도구** 금손처럼 사용하기

▶ **모두 자르기 또는 특정 클립만 자르기**

일반적으로 [자르기 도구]를 사용하여 클립을 잘랐을 때는 선택한 트랙만 잘립니다. 다른 트랙에 있는 클립도 동시에 자르고 싶다면 Shift 를 누른 채 [자르기 도구]를 사용하면 됩니다.

▲ Shift 를 누르면 전체 트랙에 자르기 선이 표시됩니다.

일반적으로 [자르기 도구]는 비디오와 오디오를 같이 자릅니다. 비디오 또는 오디오만 자르고 싶다면 Alt 를 누른 채 비디오 또는 오디오 클립 위에서 [자르기 도구]를 사용하면 됩니다.

▲ Alt 를 누르면 비디오 또는 오디오 클립에만 자르기 선이 표시됩니다.

▶ **클립을 자르면 앞 또는 뒤가 완전히 삭제되는 것일까?**

다음 이미지는 앞에서 실습했던 것처럼 원숭이 컷만 잘라낸 상황입니다. 클립의 가장자리에 마우스 커서를 가져다 두면 빨간색 화살표가 나타나는 걸 확인할 수 있습니다.

빨간색 화살표일 때 클립의 가장자리를 클릭하고 드래그하면 클립의 길이가 늘어납니다. 클립의 앞쪽 가장자리를 클릭&드래그하면 앞쪽 부분이 늘어납니다. 이처럼 클립을 잘랐다고 해서 완전히 삭제되는 것이 아니라 숨겨져 있는 것입니다. 클립은 언제나 다시 늘리고 줄일 수 있습니다.

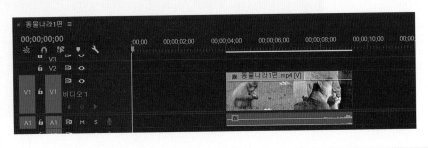

재생헤드 위치에서 자르기 (Ctrl + K)

클립을 자르는 방법은 앞에서 배운 [자르기 도구]를 이용하는 방법과 재생헤드가 위치한 곳에서 바로 자르는 방법이 있습니다. 지금부터는 조금 더 빠르고 정확하게 클립을 자르는 방법을 알아보겠습니다.

예제 파일: 프리미어 프로/Chapter 02/원숭이나라2.prproj
완성 파일: 프리미어 프로/Chapter 02/원숭이나라_완성본.prproj

01 **원숭이나라_2.prproj** 예제 파일을 실행합니다. [프로젝트] 패널에서 [동물나라2편]을 선택합니다. [타임라인] 패널의 V1 트랙으로 드래그하여 배치합니다.

꿀팁 소스를 [타임라인] 패널에 배치할 때는 빈 공간에 드래그해야 합니다. 이미 배치된 클립 위로 드래그하여 클립이 서로 겹쳐지면 기존 클립이 지워집니다.

02 재생헤드가 위치한 곳에서 클립을 바로 잘라 보겠습니다. **[동물나라2편]** 클립을 재생하면서 원숭이 컷의 시작점에 재생헤드를 놓습니다. 이어서 단축키 Ctrl + K 를 누르면 재생헤드가 위치한 곳에서 정확하게 클립이 잘립니다.

꿀팁 단축키가 적용되지 않을 때는 해당 패널이 선택되어 있는지, 키보드가 영문으로 설정되어 있는지 확인해 주세요.

03 원숭이 컷만 남기기 위해 원숭이 컷의 마지막 지점으로 재생헤드를 이동합니다. 마찬가지로 단축키 Ctrl + K 를 눌러 클립을 자릅니다.

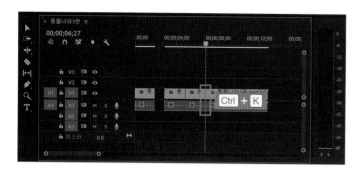

04 **[동물나라2편]** 클립도 삼등분으로 나누어졌습니다. 가운데 있는 원숭이 컷만 제외하고 앞과 뒤의 컷은 Delete 를 눌러 삭제합니다.

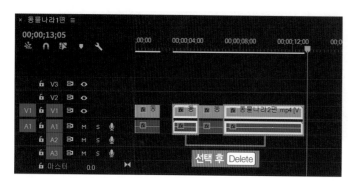

꿀팁 클립을 2개 이상 동시에 선택하고 싶을 때는 Shift 를 누른 채 클릭해 주세요.

05 빈 공간을 삭제하기 위해 빈 공간을 선택하여 [Delete]를 누르거나 ❶빈 공간에서 마우스 오른쪽 버튼을 클릭하고 ❷[잔물결 삭제]를 선택합니다.

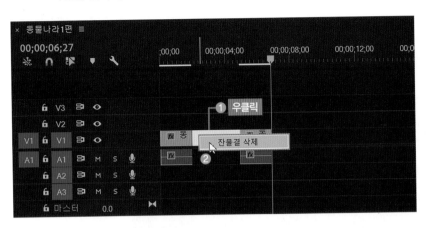

06 [동물나라1편], [동물나라2편]의 다양한 동물 컷 중에서 원숭이 컷만 잘라내어 '원숭이나라'를 완성했습니다. 예제의 완성본은 **원숭이나라_완성본.prproj** 파일에서 확인할 수 있습니다.

✂ 자른 클립을 다시 붙이는 관통 편집물 연결

프리미어 프로에서 실행 취소 단축키는 [Ctrl] + [Z]입니다. 직전에 자른 클립은 실행 취소 단축키를 눌러서 다시 붙일 수 있지만, 클립을 자른지 오래된 상황이라면 실행 취소 단축키를 사용할 수 없겠죠? 그럴 때는 관통 편집물 연결(Join Through Edits)을 사용하면 됩니다.

01 임의의 프로젝트 파일을 열고 [타임라인] 패널에서 ❶클립을 여러 컷으로 자릅니다. 그런 다음 왼쪽 위에서 ❷렌치 모양의 [타임라인 표시 설정] 아이콘💡을 클릭한 후 ❸[관통 편집물 표시]를 선택합니다.

꿀팁 영문 버전에서는 [Show Through Edits]를 선택합니다.

02 관통 편집물을 표시하면 클립이 잘린 곳에 하얀색 나비 모양의 아이콘이 표시되는 것을 확인할 수 있을 것입니다.

03 [도구] 패널에서 [선택 도구]▶를 선택한 후 나비 모양 아이콘이 있는 경계면에서 마우스 오른쪽 버튼을 클릭하고 [관통 편집물 연결]을 선택합니다. 경계면을 클릭해서 선택한 후 Delete 나 Backspace 를 눌러도 됩니다.

꿀팁 영문 버전은 [Join Through Edits]를 선택합니다.

04 잘렸던 클립이 다시 연결된 것을 확인할 수 있습니다. 이처럼 [관통 편집물 연결] 기능으로 언제든지 클립을 다시 이어 붙일 수 있습니다. 하지만 클립을 자르고 1프레임이라도 줄이거나 늘렸을 때 또는 중간의 클립을 삭제했을 때는 [관통 편집물 연결]을 사용할 수 없습니다. 단순하게 자르기만 했을 때 사용할 수 있는 기능입니다.

금손 변신 Tip   `Ctrl` + `K` 금손처럼 사용하기

▶ 트랙에 클립이 여러 개일 경우 (`Shift` + `Ctrl` + `K`)

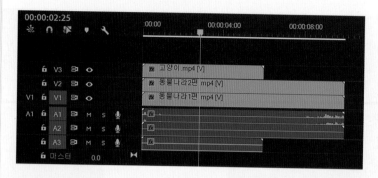

단축키 `Ctrl` + `K`를 누르면 재생헤드가 위치한 곳에서 클립이 잘립니다. 위의 예제처럼 트랙에 클립이 여러 개 있을 때 `Ctrl` + `K`를 누르면 어떻게 될까요?

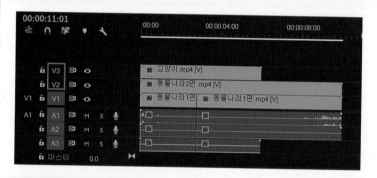

V1 트랙과 A1, A2, A3 트랙의 클립은 잘렸지만 V2, V3 트랙의 클립은 잘리지 않았습니다. 그 이유는 V2, V3 트랙은 트랙 대상 지정이 비활성화되어 있기 때문입니다. 단축키 `Ctrl` + `K`는 트랙 대상 지정이 활성화되어 있는 트랙만 잘라 줍니다.

꿀팁 트랙 대상 지정은 V1, V2 등이 입력된 트랙 선택 버튼을 클릭해서 활성화하거나 비활성화할 수 있습니다.

모든 트랙의 클립을 자르고 싶을 때는 트랙 대상 지정을 활성화하면 됩니다. 또는 트랙 대상 지정과 상관없이 `Shift` + `Ctrl` + `K`를 누르면 모든 트랙의 클립을 자를 수 있습니다.

▶ 클립을 선택하여 자를 경우

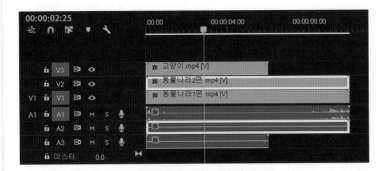

이번에는 위와 같은 상황에서 [Ctrl] + [K]를 누르면 어떻게 될까요? 앞에서 배운 내용을 따르면 트랙 대상 지정이 활성화된 V3, V1, A1 트랙만 잘려야겠죠?

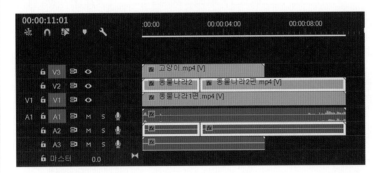

결과는 V2와 A2 트랙이 잘립니다. 의외의 결과죠? 단축키 [Ctrl] + [K]는 트랙 대상 지정보다 선택된 클립을 먼저 생각합니다. 위의 예제를 다시 보면 V2와 A2 클립이 선택되어 있는 것을 확인할 수 있습니다.

정리하면 단축키 [Ctrl] + [K]는 선택된 클립을 자르거나, 클립이 선택되지 않았다면 트랙 대상 지정이 활성화된 트랙만 자릅니다. 또한 [Shift]를 같이 누르면([Shift] + [Ctrl] + [K]) 모든 트랙이 함께 잘립니다.

[Ctrl] + [K], 이제는 똑똑하게 사용할 수 있겠죠?

[타임라인] 패널을 보면 V1, V2, V3 등 층이 나누어져 있죠? V1을 비디오 1 트랙, V2를 비디오 2 트랙이라고 말합니다. 트랙은 투명 종이가 겹겹이 쌓였다고 생각하면 됩니다.

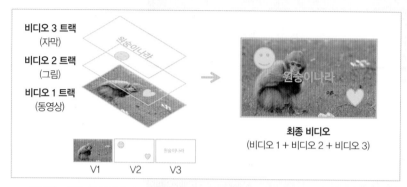

▲ 타임라인 트랙(투명 종이가 겹겹이 쌓인 것)

위의 이미지를 보면 V1에는 원숭이 영상, V2에는 그림, V3에는 자막이 있습니다. 이렇게 트랙마다 클립을 쌓아 올려 영상을 만듭니다. 맨 위에서 아래로 내려다본다고 생각해 보세요. 그럼 최종 화면처럼 자막 → 그림 → 영상이 합쳐져 모든 클립이 보이게 됩니다. 만약, 원숭이 영상과 자막의 트랙 위치를 변경한다면 어떻게 될까요?

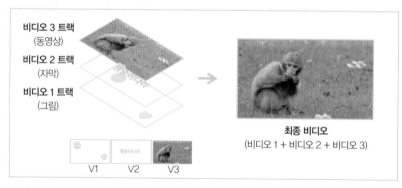

▲ 상위에 있는 트랙이 최종 비디오에 반영됨

비디오 트랙은 상위 트랙부터 순서대로 보인다고 했죠? 원숭이 영상이 맨 위로 올라가게 되면 자막과 그림을 모두 가려 최종 비디오에는 원숭이 영상만 보이게 될 것입니다. 이처럼 비디오 트랙의 순서는 매우 중요합니다. 그러니 편집할 때는 항상 트랙의 순서를 유의하면서 작업해야 합니다.

하지만 오디오 트랙은 또 다릅니다. **오디오는 순서에 상관없이 트랙에 있는 모든 클립이 합쳐져서 최종 오디오가 됩니다.** 현장음 + 내레이션 + 배경음악으로 작업했다면 순서와 상관없이 모든 소리가 합쳐져 최종 오디오로 출력되는 것이지요.

Lesson 02 시작 표시, 종료 표시 잡아 빠르게 편집하기

Lesson 01에서는 전체 영상을 [타임라인] 패널로 가져와서 [자르기 도구]로 클립을 직접 잘라 편집했습니다. 이번에는 [소스 모니터] 패널에서 영상의 시작 표시와 종료 표시를 설정하여 더욱 빠르게 편집하는 방법을 배워 보겠습니다. 참고로 시작 표시를 Mark In, 종료 표시를 Mark Out이라고 하며, 주로 인 점, 아웃 점이라고 표현합니다.

▶ 유튜브 동영상 강의
인 점, 아웃 점 잡아 빠르게 편집하는 방법
https://youtu.be/XACXMF_91KE

영상의 시작 표시와 종료 표시 지정하기

[소스 모니터] 패널에서는 원본 영상을 확인하고, 편집에서 필요한 컷의 구간을 직접 설정할 수 있습니다. Lesson 01에서 '원숭이나라'를 완성했던 방법보다 더욱 빠르게 편집하는 방법을 확인해 보세요.

예제 파일: 프리미어 프로/Chapter 02/원숭이나라_소스패널.prproj
완성 파일: 프리미어 프로/Chapter 02/원숭이나라_소스패널_완성본.prproj

01 **원숭이나라_소스패널.prproj** 예제 파일을 실행합니다. 이번에도 다양한 동물 컷 중에서 원숭이 컷만 잘라내어 '원숭이나라'를 만들어 보겠습니다. [**프로젝트**] 패널에서 [**동물나라1편**]을 더블 클릭하여 [**소스 모니터**] 패널을 실행합니다.

꿀팁 [프로젝트] 패널에서 [소스 모니터] 패널로 드래그해도 됩니다.

02 **[소스 모니터]** 패널에서 재생헤드를 원숭이 컷의 첫 시작점인 ❶**[00;00;04;00]**으로 이동합니다. **[소스 모니터]** 패널에서는 영상의 시작과 종료 구간을 설정할 수 있습니다. 시작 지점을 설정하기 위해 ❷**[시작 표시]** 아이콘{을 클릭합니다.

꿀팁 시작 표시의 단축키는 I 입니다. 단축키가 적용되지 않을 때는 키보드가 영문으로 되어 있는지 확인해 주세요.

03 시작 지점이 표시되었죠? 이번에는 재생헤드를 원숭이 컷의 종료 지점 ❶**[00;00;05;29]**로 이동합니다. 종료 지점을 설정하기 위해 ❷**[종료 표시]** 아이콘}을 클릭합니다. 시작과 종료 구간이 설정되었습니다.

꿀팁 종료 표시의 단축키는 O 입니다.

04 [소스 모니터] 패널에서 화면을 클릭하여 [타임라인] 패널의 V1 트랙에 드래그합니다. [타임라인] 패널에 [동물나라1편]의 원숭이 컷만 삽입되었습니다. 이처럼 영상에서 필요한 부분만 구간을 지정하여 바로 편집할 수 있습니다.

05 [동물나라2편] 영상에서도 원숭이 컷만 구간을 지정하여 [타임라인] 패널에 배치하겠습니다. ❶ [프로젝트] 패널에서 [동물나라2편] 영상을 더블 클릭하여 [소스 모니터] 패널로 불러옵니다. 재생 헤드를 원숭이 컷의 시작 지점 [00;00;02;00]으로 이동하고, 단축키 [I]를 눌러 시작 표시(Mark In)를 설정합니다.

06 이어서 종료 표시를 해야겠죠? 재생헤드를 원숭이 컷의 종료 지점인 **[00;00;03;29]**로 이동하여 단축키 ⓞ를 눌러 종료 표시(Mark Out)를 설정합니다.

07 **[소스 모니터]** 패널에서 화면을 클릭하여 **[타임라인]** 패널의 **[동물나라 1편]** 클립 뒤로 드래그하여 배치합니다. '원숭이나라'가 완성되었습니다. Lesson 01에서 작업한 '원숭이나라'와 편집 결과는 똑같습니다. 하지만, 작업 속도는 2배 더 빨라졌죠? **[소스 모니터]** 패널을 이용하면 필요한 컷만 불러올 수 있어서 작업 시간이 현저히 줄어듭니다.

비디오 또는 오디오만 가져오기

[소스 모니터] 패널에서 시작 표시와 종료 표시를 설정하여 **[타임라인]** 패널로 가져올 때 비디오 또는 오디오만 가져오는 방법을 배워 보겠습니다.

> **Pr 예제 파일:** 프리미어 프로/Chapter 02/동물나라_소스패널.prproj

01 **동물나라_소스패널.prproj** 예제 파일을 실행합니다. ①**[프로젝트]** 패널에서 **[동물나라1편]**을 더블클릭하여 **[소스 모니터]** 패널을 실행한 후 ②**[00;00;00;00]**부터 **[00;00;01;29]**까지 새의 컷만 나오도록 지정했습니다. 이 상태에서 **[소스 모니터]** 패널의 화면 아래쪽에 있는 ③**[비디오만 드래그]** 아이콘■을 클릭한 채 **[타임라인]** 패널의 비디오 트랙으로 드래그합니다. 비디오 트랙만 삽입되는 것을 확인할 수 있습니다.

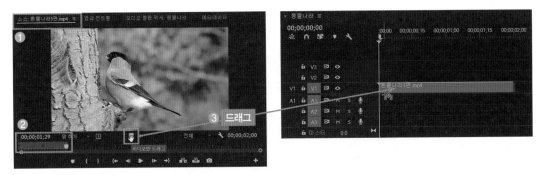

> **꿀팁** 영상 전체의 비디오 또는 오디오만 가져가고 싶을 때는 시작 표시와 종료 표시를 설정하지 않아도 됩니다. 시작/종료 표시는 필요할 때만 잡아 주세요.

02 이번에는 오디오만 가져와 볼까요? **[소스 모니터]** 패널에서 **[오디오만 드래그]** 아이콘▦을 클릭하면 오디오의 파형을 볼 수 있습니다. 아이콘을 클릭한 채 **[타임라인]** 패널의 오디오 트랙으로 드래그하면 오디오만 삽입됩니다.

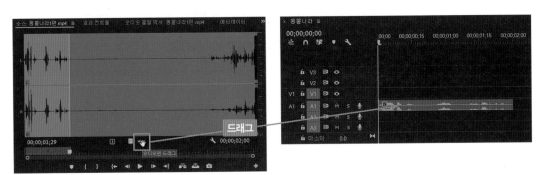

▶ 시작/종료 표시를 삭제하고 싶을 때는?

[소스 모니터] 패널에서 시작/종료 표시를 설정하면 [프로젝트] 패널의 원본 소스까지 연동되어 시작/종료 구간이 동일하게 설정됩니다.

[프로젝트] 패널에서 해당 클립을 보면 파란색으로 구간이 잡힌 것을 확인할 수 있습니다. 이렇게 시작/종료 표시 상태에서 [타임라인] 패널로 드래그하면 구간이 잡힌 부분만 삽입됩니다.

만약 전체 길이의 영상을 [타임라인] 패널에서 사용하려면 [소스 모니터] 패널에서 다음과 같은 방법으로 시작/종료 표시를 지워야 합니다.

01 [소스 모니터] 패널 오른쪽 아래에 있는 [단추 편집기] 아이콘█을 클릭해서 전체 아이콘 목록을 펼칩니다. 전체 아이콘 중 [시작 지우기] 아이콘█과 [종료 지우기] 아이콘█을 밑으로 드래그하여 [소스 모니터] 패널에 추가한 후 [확인]을 클릭하여 완료합니다.

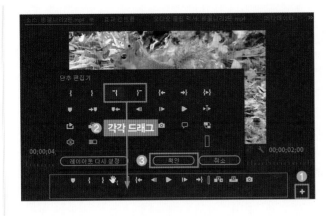

02 시작/종료 지우기 아이콘이 추가되었습니다. 설정 구간을 지우기 위해 **[시작 지우기]** 아이콘 ┱과 **[종료 지우기]** 아이콘 ┲을 각각 클릭합니다.

▶ **시작/종료 표시를 삭제하는 다른 방법**

• Alt 를 누른 채 **[시작 표시]** 아이콘 ┨과 **[종료 표시]** 아이콘 ┠을 클릭해도 시작/종료 표시를 지울 수 있습니다.

• 단축키를 이용한다면 더욱 쉽게 시작/종료 표시를 지울 수 있습니다. 시작 지우기 단축키는 Ctrl + Shift + I 이며, 종료 지우기 단축키는 Ctrl + Shift + O 입니다. 시작/종료 표시를 한번에 지우고 싶을 때는 Ctrl + Shift + X 를 사용합니다.

결과	Windows	Mac
시작 지우기	Ctrl + Shift + I	Opt + I
종료 지우기	Ctrl + Shift + O	Opt + O
시작 및 종료 지우기	Ctrl + Shift + X	Opt + X

삽입, 덮어쓰기를 이용하여 빠르게 교차 편집하기

[소스 모니터] 패널에서 시작/종료 표시를 설정하여 빠르게 편집할 수 있는 방법을 알아보았습니다. 다음 단계는 자른 클립을 삽입하거나 덮어쓰는 방법입니다. 참고로 영문 버전에서는 삽입을 Insert, 덮어쓰기를 Overwrite라고 표현합니다. 또한, 덮어쓰기와 유사한 의미이지만 클립을 지우지 않고 트랙 위에 덮어쓰는 것을 Overlay라고 합니다.

▶ 유튜브 동영상 강의

삽입(Insert) vs. 덮어쓰기(Overwrite)
https://youtu.be/8Q82qVGoQvQ

컷과 컷 사이에 영상 삽입하기(Insert)

이미 편집해 놓은 시퀀스에 다른 컷을 추가하고 싶다면 어떻게 해야 할까요? [소스 모니터] 패널의 삽입 기능으로 빠르게 컷을 추가하는 방법을 알아보겠습니다.

Pr 예제 파일: 프리미어 프로/Chapter 02/고양이_삽입하기.prproj

01 고양이_삽입하기.prproj 예제 파일을 실행합니다. [동물나라] 시퀀스의 타임라인에는 이미 편집된 다람쥐와 산양의 컷이 있습니다. 여기서 다람쥐와 산양 컷 사이에 고양이 컷을 빠르게 삽입해 보겠습니다.

02 ❶[프로젝트] 패널에서 [고양이] 영상을 더블 클릭하여 [소스 모니터] 패널을 실행합니다. [소스 모니터] 패널에서 삽입할 영상의 구간을 정하겠습니다. ❷[00;00;02;00] 위치에서 [시작 표시] 아이콘 을 클릭하고, ❸[00;00;03;29] 위치에서 [종료 표시] 아이콘 을 클릭하여 시작/종료 표시를 설정합니다.

03 [타임라인] 패널에서 재생헤드를 영상이 삽입될 구간인 다람쥐와 산양 사이 ❶[00;00;02;00]으로 옮깁니다. [소스 모니터] 패널에서 ❷[삽입] 아이콘 을 클릭합니다.

꿀팁 삽입 단축키는 , 입니다.

04 [타임라인] 패널을 보면 재생헤드 위치에 고양이 컷이 삽입되었습니다. **[삽입]** 아이콘을 클릭해도 삽입되지 않는다면 소스 패치 부분을 클릭하여 활성화해 주세요. 소스 패치는 삽입과 덮어쓰기가 들어갈 트랙을 지정하는 역할을 합니다.

> **꿀팁** 실습에서는 소스 패치가 V1, A1 트랙에 활성화되어 있어 V1, A1 트랙으로 삽입되었습니다. 소스 패치를 V2, A2 트랙으로 옮기면 삽입되는 영상도 V2, A2 트랙에 삽입됩니다.

🍴 영상 덮어쓰기(Overwrite)

앞에서 배운 삽입 기능은 컷과 컷 사이에 영상이 추가되어서 전체 길이가 늘어납니다. 이번에는 기존에 있던 영상을 지우고 새로운 컷으로 교체되는 덮어쓰기를 알아보겠습니다.

> **Pr 예제 파일:** 01. 프리미어 프로/Chapter 02/고양이_덮어쓰기.prproj

01 **고양이_덮어쓰기.prproj** 예제 파일을 실행합니다. 덮어쓰기 과정은 앞에서 실습한 삽입 기능과 동일합니다. ❶[소스 모니터] 패널에서 영상의 시작/종료 표시를 잡고 재생헤드를 [00;00;02;00]에 배치한 후 ❷[덮어쓰기] 아이콘 🖳을 클릭하면 됩니다. [타임라인] 패널의 재생헤드가 위치한 곳에 덮어쓰기됩니다.

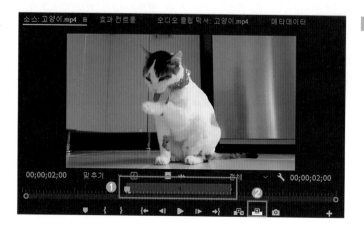

> **꿀팁** 덮어쓰기 단축키는 **.**입니다.

02 덮어쓰기 전에는 다람쥐 컷 바로 뒤에 산양 컷이 있었습니다. 하지만 덮어쓰기 후에는 재생헤드 뒤부터 산양 컷이 지워지고 고양이 컷으로 교체되었습니다. 이러한 덮어쓰기는 전체 길이에 영향을 주지 않습니다.

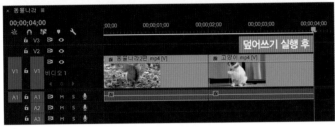

금손 변신 Tip 🖐 **삽입 & 덮어쓰기** 금손처럼 사용하기

▶ **삽입(Insert) vs. 덮어쓰기(Overwrite)**

▲ 삽입 vs. 덮어쓰기

위의 이미지를 보면 알 수 있듯이 삽입을 하면 컷이 추가되어서 전체 길이가 늘어납니다. 하지만 덮어쓰기를 하면 기존의 영상이 지워지고 교체가 되기 때문에 전체 길이에는 변함이 없습니다. 이미 음악 작업까지 끝난 상태라면 전체 길이에 영향을 받지 않도록 덮어쓰기로 작업해야겠죠? 상황에 맞게 삽입과 덮어쓰기를 활용해 주세요.

▶ **삽입 또는 덮어쓰기가 실행되지 않을 땐?**

삽입, 덮어쓰기가 실행되지 않는다면 소스 패치 활성화 여부를 확인해 보세요. 소스 패치는 **[타임라인]** 패널에서 각 트랙에 있는 자물쇠 아이콘 왼쪽에 위치한 곳입니다. 아래 이미지처럼 소스 패치가 비활성화되어 있으면 아무리 **[삽입]**과 **[덮어쓰기]** 아이콘을 클릭해도 반응이 없습니다.

▲ 소스 패치 비활성 상태

소스 패치는 삽입과 덮어쓰기 영상의 트랙을 지정해 주는 역할을 합니다. 비디오와 오디오 모두 가져오려면 비디오 트랙, 오디오 트랙 모두 활성화되어 있어야 합니다. 활성화 방법은 소스 패치 부분을 클릭하기만 하면 됩니다. 아래처럼 V1만 활성화되어 있으면 비디오만 삽입됩니다.

▲ V1 트랙만 활성 상태

1번 트랙뿐만 아니라 V2, A3 트랙 등 상황에 따라 활성화하여 삽입, 덮어쓰기를 실행할 수 있습니다.

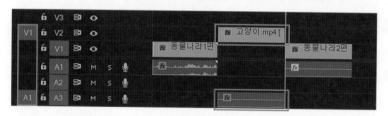

▲ V2, V3 트랙 활성 상태

Lesson 04
제거, 추출 기능으로 필요 없는 부분 빠르게 삭제하기

[프로그램 모니터] 패널에서 시작/종료 표시를 설정하여 빠르게 컷을 제거하거나 추출하는 방법을 알아보겠습니다. 영문 버전에서는 제거를 Lift, 추출을 Extract로 표현합니다. 단축키를 사용하여 추출 기능을 이용하면 말 더듬는 소리나 기침 소리 등 필요 없는 구간을 빠르게 삭제할 수 있습니다.

> **예제 파일:** 프리미어 프로/Chapter 02/유튜브_편집하기.prproj
> **완성 파일:** 프리미어 프로/Chapter 02/유튜브_편집하기_완성본.prproj

❚ 시작/종료 표시 부분 제거하기(Lift)

 유튜브_편집하기.prproj 예제 파일을 실행합니다. [**프로그램 모니터**] 패널에서 영상을 재생하면 중간 부분에 말을 하다가 더듬는 장면이 나옵니다. 삭제할 구간을 지정하기 위해 재생헤드를 ❶[00;00;07;20]으로 이동하고 [**시작 표시**] 아이콘 을 클릭하여 시작 표시를 잡습니다. 종료 표시를 위해 재생헤드를 ❷[00;00;13;24]로 이동하고 [**종료 표시**] 아이콘 을 클릭합니다.

> **꿀팁** 시작 표시의 단축키는 Ⅰ, 종료 표시는 Ⅸ입니다. 시작 및 종료 표시를 지우는 방법은 Alt 를 누른 채 또는 아이콘을 클릭합니다. 시작 및 종료 표시 설정과 단축키는 [소스 모니터] 패널과 같습니다.

> **꿀팁** [프로그램 모니터] 패널은 [타임라인] 패널 위에 있습니다. [소스 모니터] 패널과 헷갈리지 않게 주의해 주세요.

02 [프로그램 모니터] 패널에서 시작 및 종료 표시를 잡으면 [타임라인] 패널에도 그 구간이 표시됩니다.

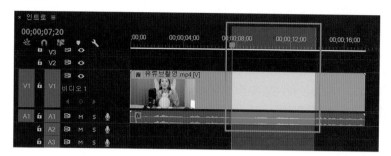

꿀팁 [타임라인] 패널에서도 시작 Ⅰ, 종료 O 표시 단축키를 사용하여 편리하게 구간을 설정할 수 있습니다.

03 설정한 구간을 제거하기 위해 [프로그램 모니터] 패널에서 [제거] 아이콘 ⬛을 클릭합니다. 단축키는 □(세미콜론)입니다.

04 [타임라인] 패널을 보면 시작/종료 표시로 설정한 구간이 삭제되어 빈 공간이 남아 있는 것을 확인할 수 있습니다.

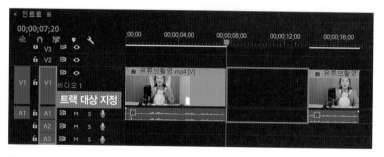

꿀팁 트랙 대상 지정이 켜져 있는 트랙만 제거 기능이 적용됩니다. 제거 기능이 작동하지 않으면 트랙 대상 지정을 활성화해 주세요.

시작/종료 표시 구간 추출하기(Extract)

01 ❶ Ctrl + Z 를 한 번만 눌러 앞서 진행한 실습에서 **[제거]** 아이콘을 클릭하기 이전의 상태로 되돌립니다. 이번에는 **[프로그램 모니터]** 패널에서 ❷**[추출]** 아이콘 🔐 을 클릭합니다. 단축키는 `'`(작은따옴표)입니다.

꿀팁 [프로그램 모니터] 또는 [타임라인] 패널에서 시작 및 종료 표시가 잡혀 있는지 확인한 후 [추출]을 클릭합니다.

02 **[타임라인]** 패널을 확인해 보면 이번에는 구간과 공백이 함께 삭제되어 그 다음 컷이 바로 연결되어 있습니다. 재생하여 말 더듬는 구간이 자연스럽게 삭제되었는지 확인합니다. 이처럼 추출(Extract) 기능을 이용하면 컷을 자르지 않고 원하는 구간을 빠르게 삭제할 수 있습니다.

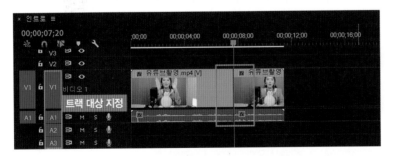

꿀팁 트랙 대상 지정이 한 군데 이상 켜져 있어야 추출 기능이 실행됩니다. 추출 기능이 작동하지 않을 때는 트랙 대상 지정을 활성화해 주세요.

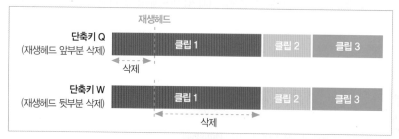

▲ 편집 단축키 Q, W

클립에서 특정 위치를 기준으로 앞부분을 모두 지우고 싶을 때는 재생헤드를 가져다 놓고 단축키 Q를 눌러 보세요. 재생헤드 기준으로 클립의 앞부분이 모두 삭제됩니다.

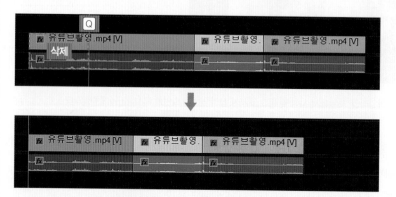

반대로 클립에서 뒷부분을 모두 지우고 싶다면 재생헤드를 가져다 놓고 단축키 W를 눌러 보세요. 재생헤드 기준으로 해당 클립의 뒷부분이 모두 삭제됩니다.

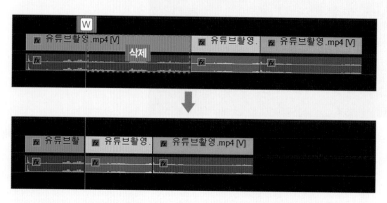

단, 재생헤드가 위치한 클립만 삭제되며, 다른 클립은 영향을 받지 않습니다.

꿀팁 단축키가 실행되지 않을 때는 키보드 설정을 영문으로 변경합니다. 또한 트랙 대상 지정이 활성화되어 있어야 단축키가 적용됩니다.

Lesson 05 잔물결, 롤링 편집 도구로 빠르게 컷 편집하기

클립의 길이를 줄이거나 늘리는 것을 트리밍(Trimming)이라고 합니다. 프리미어 프로에서는 잔물결 편집, 롤링 편집 등 다양한 방법으로 트리밍할 수 있으며, 영문 버전에서는 잔물결 편집을 리플 편집(Ripple Edit)이라고 합니다. [금손 변신 Tip]에서 소개하는 밀어넣기(Slip Tool)와 밀기 도구(Slide Tool)의 차이점까지 꼼꼼하게 알아보세요.

> **Pr** 예제 파일: 프리미어 프로/Chapter 02/클립 트리밍.prproj

🍴 잔물결 편집 도구로 트리밍하기(Ripple Edit)

01 **클립 트리밍.prproj** 예제 파일을 실행합니다. **[타임라인]** 패널에서 분홍색 클립(비디오_2)의 길이를 줄여 보겠습니다. **[도구]** 패널에서 ❶**[선택 도구]**를 선택하고 ❷분홍색 클립의 가장자리에 마우스 커서를 옮기면 빨간 화살표 로 변경됩니다.

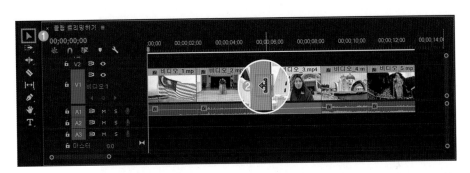

02 빨간 화살표인 상태에서 왼쪽으로 드래그해 봅니다. 드래그한 만큼 클립의 길이가 줄어들면서 그 만큼 공백이 생겨납니다.

03 공백을 클릭해서 선택한 후 Delete를 누르거나, ❶공백에서 마우스 오른쪽 버튼을 클릭한 후에 ❷**[잔물결 삭제]**를 선택합니다.

04 공백이 제거되고 분홍색 클립 뒤에 있는 클립들을 앞으로 당겨집니다. 이처럼 클립을 트리밍하면 공백이 생겨 뒤에 있는 클립들을 당겨줘야 하는 불편함이 있습니다.

05 실행 취소 단축키 Ctrl + Z를 여러 번 눌러 분홍색 클립을 줄이기 전으로 돌아갑니다. 이번에는 **[도구]** 패널에서 ❶**[잔물결 편집 도구]** 를 선택합니다. ❷분홍색 클립의 가장자리에 커서를 옮기면 이번에는 노란색 화살표 가 표시됩니다.

꿀팁 [선택 도구]를 선택하고 커서를 클립의 가장자리로 옮기면 빨간 화살표가 나타났죠? 이때, Ctrl 을 누르면 빨간색 화살표가 노란색 화살표로 변경됩니다. 이처럼 단축키를 사용하면 [도구] 패널을 이용하지 않고도 빠르게 잔물결 편집을 할 수 있습니다.

06 노란색 화살표인 상태에서 왼쪽으로 드래그합니다. 이때 **[프로그램 모니터]** 패널을 확인하면 트리밍 정도를 실시간으로 확인할 수 있습니다. 왼쪽 화면이 조정 중인 클립의 마지막 프레임이고, 오른쪽 화면이 다음 클립의 첫 번째 프레임입니다.

07 잔물결 편집(노란색 화살표)으로 트리밍이 끝나면 공백이 생기지 않고 뒤에 있는 클립들이 자동으로 당겨지는 것을 확인할 수 있습니다. 잔물결 편집은 클립을 늘릴 때도 뒤에 있는 클립들이 자동으로 밀려납니다.

롤링 편집 도구로 트리밍하기(Rolling Edit)

01 클립 트리밍.prproj 예제 파일을 실행합니다. **[도구]** 패널에서 **①[잔물결 편집 도구]**를 길게 누른 후 **②[롤링 편집 도구]**를 선택합니다.

02 **[타임라인]** 패널에서 분홍색 클립의 가장자리에 커서를 옮기면 빨간색 쌍 화살표▓가 표시됩니다.

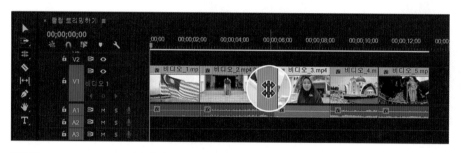

> **꿀팁** [선택 도구]인 상태에서 Ctrl 을 누른 채 클립과 클립 사이에 가져가면 [롤링 편집 도구]의 아이콘인 빨간색 쌍 화살표가 나타납니다. [롤링 편집 도구]를 선택하지 않아도 빠르게 롤링 편집을 할 수 있습니다.

03 롤링 편집 상태(빨간색 쌍 화살표)에서 클립의 가장자리를 선택한 후 왼쪽으로 드래그해 보세요. 드래그할 때 **[프로그램 모니터]** 패널을 확인하면 왼쪽과 오른쪽 화면이 동시에 조정됩니다. 왼쪽 화면이 분홍색 클립의 마지막 프레임이고, 오른쪽 화면이 노란색 클립의 첫 번째 프레임입니다.

04 롤링 편집의 전과 후를 비교하여 확인해 보세요. 분홍색 클립의 길이가 왼쪽으로 짧아진 만큼 뒤에 이어지는 노란색 클립의 앞부분이 늘어난 것을 확인할 수 있습니다. 이처럼 롤링 편집은 한 클립의 길이가 변하면 다른 클립이 길이도 조정됩니다. 따라서 롤링 편집은 전체적인 시퀀스 길이 가 변경되지 않습니다.

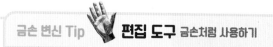

▶ 키보드 방향키로 편집하기

잔물결 편집 상태(노란색 화살표) 또는 롤링 편집 상태(빨간색 쌍 화살표)일 때 클립을 클릭하면 클립의 가장자리가 해당 색으로 표시됩니다. 이때 Ctrl 을 누른 채 키보드의 ← 또는 → 방향키를 누르면 클립이 1프레임 단위로 편집됩니다.

◀ 잔물결 편집 상태에서 클릭한 클립

이동 구간	Windows 단축키	Mac 단축키
1프레임씩 이동	Ctrl + → , ←	Opt + → , ←
5프레임씩 이동	Ctrl + Shift + → , ←	Opt + Shift + → , ←

메뉴 바에서 [편집] – [환경 설정] – [트림]을 선택한 후 '복수 트림 오프셋' 옵션 값을 변경하면 단축키를 사용할 때 지정한 프레임만큼 편집됩니다.

▶ 비디오 또는 오디오만 편집하기

잔물결 또는 롤링 편집 모드일 때 Alt 를 누른 상태에서 드래그하면 비디오 또는 오디오만 따로 편집할 수 있습니다. 즉, 비디오 트랙에서 Alt 를 누르고 드래그하면 비디오만 조정되고, 오디오 트랙에서 Alt 를 누르고 드래그하면 오디오만 롤링 편집됩니다.

◀ 비디오만 롤링 편집하기

유사한 편집 도구의 차이점 파악하기

[도구] 패널에는 편집을 유용하게 할 수 있는 다양한 도구가 있으며, 비슷한 속성의 도구들은 그룹으로 묶여 있습니다. 마우스 왼쪽 버튼을 길게 누르면 안에 있는 도구를 확인할 수 있습니다. 대표적으로 헷갈릴 수 있는 편집 도구 그룹 두 가지의 차이점에 대해서 알아보겠습니다.

잔물결 편집 vs. 롤링 편집

아래 이미지처럼 A 클립의 일부분을 왼쪽으로 트리밍한다고 가정해 보겠습니다. 잔물결 편집(Ripple Edit)은 A 클립의 길이만 줄고, B와 C 클립의 길이는 같습니다. 하지만 A 클립이 줄어들기 때문에 다른 클립들의 위치가 앞으로 당겨집니다. 즉, 잔물결 편집은 시퀀스의 전체 길이가 트리밍한 만큼 줄거나 늘어납니다.

반면, 롤링 편집(Rolling Edit)은 A 클립이 줄어든 만큼 B 클립의 시작점이 앞으로 당겨집니다. A와 B 클립 모두 길이가 변경되지만 나머지 클립과 시퀀스의 전체 길이가 유지됩니다.

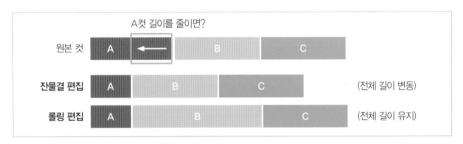

▲ 잔물결 편집 vs. 롤링 편집

밀어넣기 도구(Slip Tool) vs. 밀기 도구(Slide Tool)

다음 이미지처럼 B 클립을 왼쪽으로 움직인다고 가정하겠습니다. 밀어넣기 도구(Slip Tool)는 A와 C 클립에는 전혀 영향을 끼치지 않습니다. B 클립의 길이나 위치도 변함이 없습니다. 오로지 B 클립 내에서 표시되는 영상의 시작과 종료 지점만 변경됩니다.

반면, 밀기 도구(Slide Tool)는 B 클립이 길이를 유지한 채 왼쪽으로 이동합니다. 이동한 만큼 앞에 있는 A 클립의 길이가 줄어들고 뒤에 있는 C 클립의 시작 지점이 앞으로 당겨지면서 C 클립이 길어집니다. 반대로 B 클립을 오른쪽으로 밀면 C 클립의 길이는 줄고 A 클립의 길이는 늘어나겠죠?

이처럼 밀어넣기와 밀기 도구는 편집하는 B 클립의 길이에는 영향을 주지 않습니다. 또한, 시퀀스 전체 길이도 모두 유지됩니다.

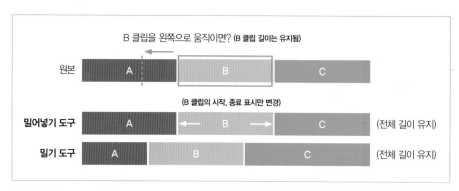

▲ 밀어넣기 도구 vs. 밀기 도구

Lesson 06 시퀀스 설정으로 화면 크기 조정하기

시퀀스의 사전적 의미는 주제, 하나의 이야기를 뜻합니다. 프리미어 프로에서의 시퀀스는 그림을 그릴 때 도화지와 같은 역할을 합니다. 도화지 위에 그림을 그리듯이 프리미어 프로에서는 시퀀스에 영상을 담아냅니다. 시퀀스 설정으로 세로 영상이나 인스타그램에서 활용할 수 있는 정사각형 영상으로 바꾸는 방법을 알아보겠습니다.

▶ 유튜브 동영상 강의

세로, 가로, 정사각형 영상 크기 자유롭게 변경하기
https://youtu.be/x-WEaqXYEt8

🍴 기본 규격 시퀀스 만들기

[프로젝트] 패널에서 영상을 [타임라인] 패널로 드래그하면 자동으로 시퀀스가 만들어집니다. 하지만 이 방법은 촬영한 영상의 해상도와 프레임 등을 일치시켜 시퀀스를 만들어 줍니다. 현재 가장 많이 사용하는 Full-HD 규격(1920 × 1080)에 맞춰 시퀀스를 임의로 설정하는 방법을 알아보겠습니다.

01 임의의 프로젝트를 실행한 후 메뉴 바에서 [파일] – [새로 만들기] – [시퀀스]를 선택합니다(Ctrl + N). [프로젝트] 패널 오른쪽 아래에 있는 ❶[새 항목] 아이콘을 클릭한 후 ❷[시퀀스]를 선택해도 됩니다.

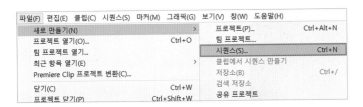

02 새 시퀀스 창이 열리면 ❶**[시퀀스 사전 설정]** 탭에서 사용 가능한 사전 설정 목록 중 ❷**[ARRI]** −
[1080p] − **[ARRI 1080p 29.97]**을 선택합니다.

03 이어서 ❶**[설정]** 탭으로 이동하여 세부 속성을 변경하겠습니다. ❷'편집 모드' 옵션을 **[사용자 정
의]**로 설정한 후 ❸아래와 같이 속성 값을 변경합니다.

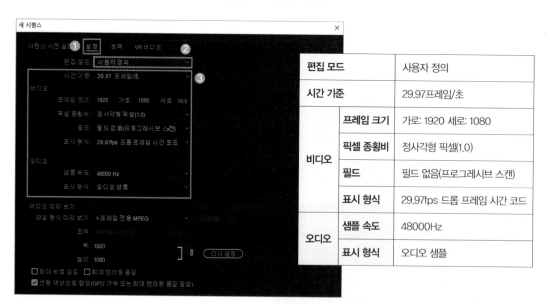

편집 모드		사용자 정의
시간 기준		29.97프레임/초
비디오	프레임 크기	가로: 1920 세로: 1080
	픽셀 종횡비	정사각형 픽셀(1.0)
	필드	필드 없음(프로그레시브 스캔)
	표시 형식	29.97fps 드롭 프레임 시간 코드
오디오	샘플 속도	48000Hz
	표시 형식	오디오 샘플

꿀팁 해상도, 프레임, 필드 등 영상 편집 이론은 Chapter 01 유튜브 영상 편집을 위한 기본기 다지기를 참고해 주세요. 4K UHD
규격의 시퀀스는 '프레임 크기' 옵션을 [3840 × 2160]으로 설정하면 됩니다.

04 앞서 설정한 입력 값은 유튜브 영상 등 현재 가장 많이 사용하는 규격이기 때문에 프리셋으로 저장해서 사용하면 편리하겠죠? **[설정]** 탭 하단에 있는 **[사전 설정 저장]**을 클릭합니다.

05 **❶**'이름' 옵션에 **[1920x1080 29.97fps]**를 입력하고 **❷[확인]**을 클릭합니다.

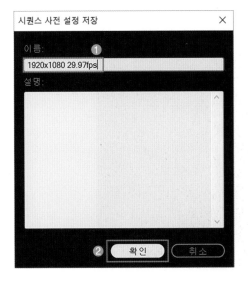

06 다시 **①[시퀀스 사전 설정]** 탭으로 이동해서 사용 가능한 사전 설정 목록을 보면 **②[사용자 정의]**에 방금 만든 프리셋이 저장되어 있습니다. **③[확인]**을 클릭하여 시퀀스 설정을 완료합니다.

07 직접 설정한 규격의 시퀀스가 생성되었습니다. 이제 시퀀스에 영상을 추가하여 편집 작업을 진행하면 됩니다.

꿀팁 위와 같은 방법을 반복하면 [타임라인] 패널에 여러 개의 시퀀스를 만들 수 있습니다.

세로 영상 시퀀스 만들기

이번에는 모바일 사용자를 주 대상으로 하는 영상일 때 세로 모드로 시청할 수 있도록 세로로 긴 영상의 시퀀스를 만들어 보겠습니다.

> **Pr** **예제 파일:** 프리미어 프로/Chapter 02/시퀀스설정_세로.prproj
> **PROJ** **완성 파일:** 프리미어 프로/Chapter 02/시퀀스설정_완성본.prproj

01 시퀀스설정_세로.prproj 예제 파일을 실행하고, 새 시퀀스를 만들기 위해 ❶단축키 Ctrl + N을 누릅니다. 새 시퀀스 창이 열리면 ❷[시퀀스 사전 설정] 탭의 사용 가능한 사전 설정 목록에서 ❸ [ARRI] – [1080p] – [ARRI 1080p 29.97]을 선택합니다.

02 ❶[설정] 탭으로 이동한 후 ❷'편집 모드' 옵션에서 [사용자 정의]로 설정합니다. '프레임 크기' 옵션에서 가로와 세로의 수치를 바꾸면 세로로 긴 영상이 되겠죠? ❸가로 [1080], 세로 [1920]으로 변경한 후 ❹[확인]을 클릭하여 시퀀스를 생성합니다.

03 세로로 긴 시퀀스가 생성되었습니다. **[프로젝트]** 패널에서 **[경주여행]** 영상을 선택하고 **[타임라인]** 패널의 V1 트랙으로 드래그해 봅니다.

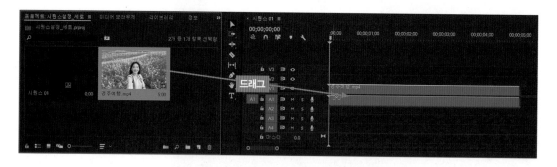

04 **[경주여행]** 영상의 해상도는 1920 × 1080입니다. 하지만 새로 만든 시퀀스 해상도는 1080 × 1920이었죠? 이처럼 원본 영상과 시퀀스의 해상도, 프레임 등이 일치하지 않으면 다음과 같이 클립 불일치 경고 창이 나타납니다. 시퀀스 설정대로 작업할 것이기 때문에 **[기존 설정 유지]**를 클릭합니다.

꿀팁 영상의 해상도와 프레임 등이 시퀀스와 다를 때 나타나는 경고 창입니다. [시퀀스 설정 변경]을 클릭하면 원본 영상의 설정대로 시퀀스가 변경되고, [기존 설정 유지]를 클릭하면 기존의 시퀀스 설정이 유지됩니다.

05 시퀀스 설정에 맞춰 세로 영상으로 편집할 수 있습니다. 하지만 해상도가 다르니 위, 아래 여백이 생겼죠?

06 [타임라인] 패널에서 [경주여행] 클립을 선택하고 ❶[효과 컨트롤] 패널을 확인합니다. 비디오 효과에서 ❷'동작' 옵션을 펼칩니다. 하위 옵션 중 '비율 조정' 옵션 값이 커질수록 영상도 커집니다. 예제에서는 ❸'비율 조정' 옵션을 [180]으로 변경하고, '위치'는 [480, 960]으로 변경했습니다.

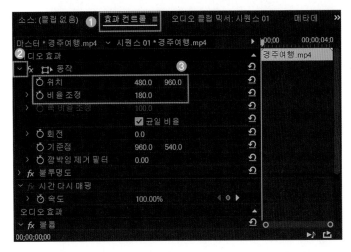

꿀팁 [효과 컨트롤] 패널을 표시하는 단축키는 Shift + 5 입니다.

07 영상의 크기를 키워서 여백을 없애고, 위치를 조정해서 알맞게 편집했습니다.

정사각형 시퀀스 만들기

요즘 가장 많이 사용하는 SNS 중 하나인 인스타그램에 업로드하려면 가로와 세로 비율이 같은 정사각형 시퀀스를 사용하는 것이 좋습니다.

01 시퀀스를 만드는 방법은 앞에서 실습했던 방법과 동일합니다. 새 시퀀스 창에서 '프레임 크기' 옵션만 가로와 세로의 값이 동일하게 수정하면 됩니다. 여기서는 ①가로 [1080], 세로 [1080]으로 변경하고 ②[확인]을 클릭합니다.

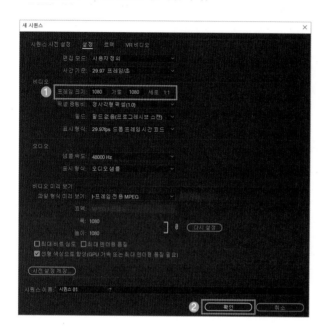

02 가로와 세로 비율이 같은 정사각형 시퀀스가 생성되었습니다. 영상을 추가하여 작업을 진행하면 됩니다.

핸드폰에서 세로 방향으로 촬영하면 프리미어 프로에서도 세로 영상으로 불러와 집니다. 실수로 세로 방향으로 찍은 것이라면 가로 영상으로 변경해야겠죠?

우선은 시퀀스 설정을 이용하여 간편하게 영상의 크기와 프레임을 변경합니다. [타임라인] 패널을 선택하고 메뉴 바에서 [시퀀스] – [시퀀스 설정]을 선택해 보세요.

시퀀스 설정 창이 열리면 프레임 크기가 표시됩니다. 예제는 세로 영상으로 [1080×1920]으로 되어 있습니다. '프레임 크기' 옵션에서 [1920×1080]으로 변경하여 16:9 비율로 맞추고 [확인]을 클릭하면 시퀀스의 크기가 세로에서 가로로 변경됩니다.

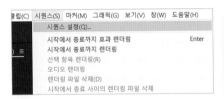 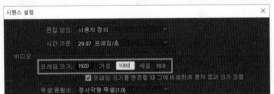

가로/세로 시퀀스 비율을 변경했으니 이제 영상을 회전시켜야 합니다. [타임라인] 패널에서 영상 클립을 선택하고 [효과 컨트롤] 패널에서 '동작' – '회전' 옵션을 [−90] 혹은 [90]으로 설정하여 영상이 회전시키면 가로 영상으로 변경됩니다.

Lesson 07 자동 리프레임 효과로 영상 크기 자동 조정하기(프리미어 프로 2020 신기능)

자동 리프레임(Auto Reframe) 효과는 프리미어 프로 2020에서 추가된 기능입니다. Lesson 06에서는 시퀀스의 크기를 변경한 후에 피사체의 위치를 수정해야 했죠? 자동 리프레임 효과는 어도비 인공지능이 피사체를 인식하여 화면 크기에 맞게 자동으로 위치를 조정해 주는 기능입니다. 인스타그램과 같은 소셜 미디어 채널에 영상을 게시할 때 매우 유용합니다.

▶ 유튜브 동영상 강의

오토 리프레임으로 화면 크기 자동 변경하기
https://youtu.be/BOBQlbLNz0w

▶I 완성 미리 보기

기존 16:9

완성

1:1

9:16

자동 리프레임 효과 클립에 적용하기

개별 클립에 자동 리프레임(Auto Reframe) 효과를 적용하는 방법에 대해 알아보겠습니다.

> **예제 파일:** 프리미어 프로/Chapter 02/자동 리프레임.prproj
> **완성 파일:** 프리미어 프로/Chapter 02/자동 리프레임_완성본.prproj

01 **자동 리프레임.prproj** 예제 파일을 실행하면 **[프로그램 모니터]** 패널에서 16:9 비율의 커플 댄스 영상을 확인할 수 있습니다. 이 영상을 SNS에 적합한 1:1 비율로 변경해 보겠습니다.

02 **[타임라인]** 패널을 선택하고 ❶메뉴 바에서 **[시퀀스]** – **[시퀀스 설정]**을 선택합니다. 시퀀스 설정 창이 열리면 ❷'프레임 크기' 옵션을 가로 세로 각각 **[1080]**으로 설정하여 1:1 비율로 조정하고 **[확인]**을 클릭합니다.

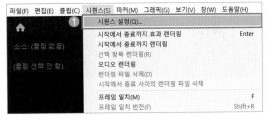

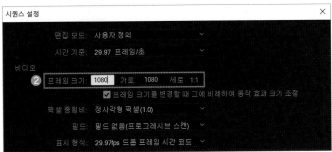

03 [프로그램 모니터] 패널을 보면 1:1 비율로 변경된 영상을 확인할 수 있습니다. 하지만 여성의 모습이 보이지 않죠? 프리미어 프로 2020 이전 버전을 사용 중이라면 번거로운 편집 과정을 거쳐야 합니다. 하지만 2020 버전이라면 [자동 리프레임](Auto Reframe) 효과를 적용하여 빠르게 편집할 수 있습니다.

04 메뉴 바에서 [창] – [효과]를 선택하거나 Shift + 7 을 눌러 ❶[효과] 패널을 열고 ❷[비디오 효과] – [변형]에서 [자동 리프레임] 효과를 찾아 [커플댄스] 클립으로 드래그합니다.

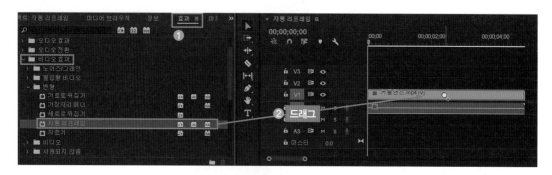

> 꿀팁 영문 버전에서는 'Auto Reframe'으로 검색해서 찾을 수 있습니다.

05 [자동 리프레임] 효과를 적용하면 인공지능이 피사체를 찾아 화면 중앙으로 위치시킵니다. [프로그램 모니터] 패널을 보면 사라진 여성이 다시 나타난 것을 확인할 수 있습니다.

> 꿀팁 1:1 비율 이외에도 세로 영상인 9:16 비율 등 사용자가 지정한 영상 크기로 자유롭게 변경할 수 있으며, [자동 리프레임] 효과를 적용한 후 [효과 컨트롤] 패널에서 직접 키프레임을 조정하여 세부적으로 편집할 수 있습니다.

06 분석이 끝난 후 **[효과 컨트롤]** 패널을 보면 '위치' 옵션에서 자동으로 설정된 키프레임을 확인할 수 있습니다.

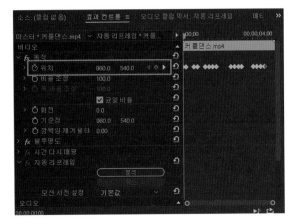

 키프레임에 대해서는 **202쪽 키프레임 설정으로 움직이는 사진 만들기**에서 자세히 확인할 수 있습니다.

금손 변신 Tip 🖐 **자동 리프레임** 금손처럼 사용하기

[자동 리프레임] 효과를 적용한 후 **[효과 컨트롤]** 패널에서 '자동 리프레임' – '모션 사전 설정' 옵션을 선택하면 세부적으로 모션을 설정할 수도 있습니다.

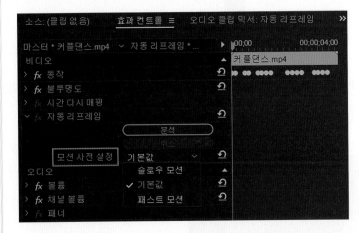

- **슬로우 모션(Slower Motion):** 인터뷰 영상처럼 카메라 움직임이 없거나 약간만 있는 경우에 사용합니다.
- **기본값(Default):** 대부분 기본 영상에서 사용합니다.
- **패스트 모션(Faster Motion):** 스케이트보드 영상처럼 움직임이 빠른 영상일 때 사용합니다.

전체 시퀀스에 자동 리프레임 적용하기

여러 개의 클립을 이용해 편집을 완료한 시퀀스에서 화면 비율을 변경해야 할 때 자동 리프레임 효과 적용 방법을 알아보겠습니다.

예제 파일: 프리미어 프로/Chapter 02/시퀀스 자동 리프레임.prproj
완성 파일: 프리미어 프로/Chapter 02/시퀀스 자동 리프레임_완성본.prproj

01 **시퀀스 자동 리프레임.prproj** 예제 파일을 실행합니다. **[프로젝트]** 패널에서 ❶**[세계여행]** 시퀀스를 찾아 마우스 오른쪽 버튼을 클릭하고 ❷**[시퀀스 자동 재프레임]**을 선택합니다.

꿀팁 영문 버전에서는 [Auto Reframe Sequence] 를 선택합니다.

02 시퀀스 자동 재프레임 창이 열리면 ❶'종횡비' 옵션에서 원하는 영상 비율을 선택하고 ❷**[만들기]**를 클릭합니다. 예제에서는 **[세로 9:16]**으로 설정하겠습니다.

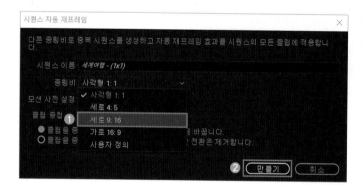

꿀팁 영상 종류에 따라 '모션 사전 설정' 옵션을 [느린 모션], [기본값], [빠른 모션] 중에서 선택할 수 있습니다.

03 앞에서 설정한 영상 비율에 맞춰 새로운 시퀀스가 만들어집니다. 시퀀스를 확인해 보면 시퀀스에 포함된 모든 클립에 자동 리프레임 효과가 적용되어 피사체가 중앙으로 이동된 것을 확인할 수 있습니다.

꿀팁 **시퀀스 자동 재리프레임 사용 시 주의할 점**

시퀀스 내에 속도 및 지속 시간 조정, 비율 조정, 기존의 모션 키프레임이 설정되어 있을 때는 시퀀스 자동 재프레임 창에서 '클립 중첩' 옵션을 [클립을 중첩합니다~]로 설정해야 합니다. 그래야만 모든 비디오 클립을 중첩한 후 자동 리프레임을 적용하므로 원본에 영향을 주지 않습니다.

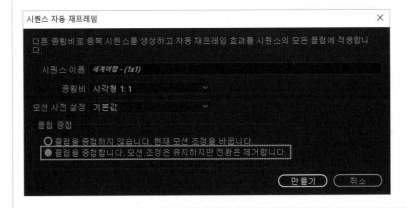

꿀팁 [자동 리프레임] 효과에 대한 자세한 내용은 유튜브 동영상 강의(https://youtu.be/BOBQlbLNz0w)를 참고해 주세요

Lesson 08

점점 빠르게, 느리게, 거꾸로 영상 속도 조절하기

해가 지는 영상을 만들고 싶다면 오랜 시간 촬영하고, 지루함을 줄이기 위해 편집으로 빠르게 돌려야겠죠? 이번 레슨에서는 영상을 빠르게, 느리게, 심지어 거꾸로 재생되는 효과와 정상 속도로 재생하다가 점점 빨라지거나 점점 느려지는 타임 리맵핑(Time Remapping) 효과도 배워 보겠습니다. 이번 레슨이 끝나면 영상의 속도를 자유자재로 조절할 수 있을 거예요.

> ▶ **유튜브 동영상 강의**
>
> **영상 속도 조절 방법(점점 빠르게, 느리게, 거꾸로)**
> https://youtu.be/FXDFEJRGMAI

속도/지속 시간을 이용하여 속도 조절하기(빠르게, 느리게, 역재생)

[**속도/지속 시간**] 기능을 이용하여 영상의 속도를 빠르게, 느리게, 거꾸로 재생하는 방법을 알아보겠습니다. 이어서 부드럽게 슬로우 모션으로 처리하는 꿀팁도 확인해 보세요.

> **예제 파일:** 프리미어 프로/Chapter 02/속도 조절.prproj

빨리 감기 효과 만들기

영상을 2배속으로 빠르게 재생해 볼까요?

01 **속도 조절.prproj** 예제 파일을 실행합니다. [**프로젝트**] 패널에서 [**사륜바이크**] 영상을 선택한 후 [**타임라인**] 패널의 V1 트랙으로 드래그하여 가져다 놓습니다.

02 영상의 속도를 변경하기 위해 ❶**[사륜바이크]** 클립을 마우스 오른쪽 버튼으로 클릭한 후 ❷**[속도/지속 시간]**을 선택합니다.

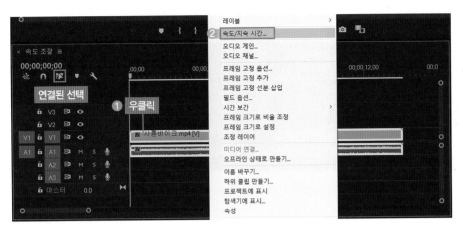

꿀팁 [타임라인] 패널에서 클립을 클릭하면 기본적으로 비디오와 오디오 클립이 동시에 선택됩니다. 만약 둘 중 하나만 선택된다면 패널 왼쪽 위에 있는 [연결된 선택] 아이콘이 활성화되어 있는지 확인해 보세요.

꿀팁 영문 버전에서는 [Speed/Duration]을 선택합니다.

03 클립 속도/지속 시간 창이 열리면 ❶'속도' 옵션에서 정상 재생 속도를 뜻하는 값인 **[100%]**를 **[200%]**로 변경해서 속도를 2배 빠르게 조정합니다. '지속 시간' 옵션은 클립의 길이를 의미합니다. 예제 클립의 길이는 14초였으나 속도를 2배 빠르게 변경하였으니 정상 클립 길이의 절반인 7초로 자동 변경된 것을 확인하고 ❷**[확인]**을 클릭하여 속도 조절을 완료합니다.

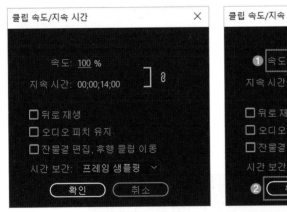

꿀팁 속도/지속 시간 오른쪽에는 [연결] 아이콘 🔗이 활성화되어 있습니다. 그러므로 '속도', '지속 시간' 옵션 중 하나만 변경하면 나머지도 같이 변경되는 것입니다. 만약, 속도 또는 지속 시간만 변경하고 싶다면 [연결] 아이콘을 클릭하여 비활성화 상태🔗로 변경하면 됩니다.

04 **[타임라인]** 패널을 보면 **[사륜바이크]** 클립의 길이도 절반으로 짧아졌습니다. 클립을 자세히 보면 클립 이름 뒤에 **[200%]**라고 속도가 표시되어 있죠? [Space bar]를 눌러 재생해 봅니다. 2배만큼 영상의 속도가 빨라진 것을 확인할 수 있습니다.

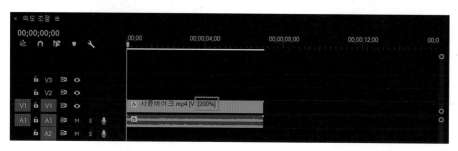

꿀팁 200%는 2배속, 400%는 4배속, 800%는 8배속으로 수치가 클수록 영상의 속도도 점점 빨라집니다.

슬로우 모션 효과 만들기

이번에는 영상을 2배속 느리게 만들어 볼까요?

01 **[타임라인]** 패널에서 **[사륜바이크]** 클립을 선택하고, 속도/지속 시간 창을 여는 ❶단축키인 [Ctrl] + [R]을 누릅니다. 앞서 실습에서 **[200%]**로 조절한 ❷'속도' 옵션을 이번에는 **[50%]**로 변경합니다. 정상 클립의 길이는 14초였 죠? '지속 시간' 옵션이 딱 2배인 28초로 변경되었다면 ❸ **[확인]**을 클릭하여 속도 조절을 완료합니다.

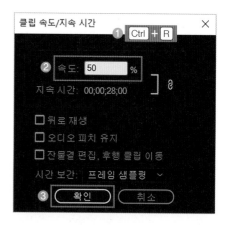

02 **[타임라인]** 패널의 **[사륜바이크]** 클립도 정상 길이보다 2배만큼 늘어났습니다. 다시 [Space bar]를 눌러 결과를 재생해 보면 2배만큼 영상의 속도가 느려진 것을 확인할 수 있습니다.

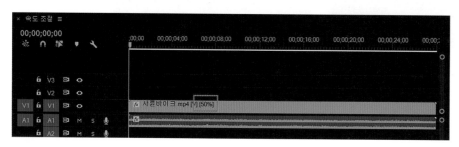

꿀팁 '속도' 옵션의 수치가 작을수록 영상의 속도는 점점 느려집니다.

금손 변신 Tip **부드러운 슬로우 모션을 만들고 싶다면?**

부드러운 슬로우 모션을 만들고 싶다면 처음부터 프레임(fps)을 높이고 촬영을 해야 합니다. 기본적으로는 30프레임으로 촬영을 진행하지만, 슬로우 모션 효과를 원한다면 60프레임 이상으로 촬영하는 것이 좋습니다.

앞의 실습에서 속도를 50%로 조정한 클립을 이용해 살펴보겠습니다. [**타임라인**] 패널에서 키보드의 오른쪽 방향키 →를 눌러서 재생헤드를 1프레임씩 이동해 보세요. 그리고 [**프로그램 모니터**] 패널에서 화면의 변화를 주의 깊게 관찰해 주세요.

▲ 2프레임일 때

▲ 3프레임일 때

[**프로그램 모니터**] 패널의 왼쪽 아래에 보면 타임코드가 있습니다. 2프레임과 3프레임의 화면은 움직이지 않고 동일한 것을 볼 수 있습니다. 계속해서 오른쪽 방향키를 눌러 보면 4프레임과 5프레임도 같은 화면입니다. 이처럼 영상을 느리게 만드는 방법은 앞에 프레임을 한 번 더 복제해서 동일한 프레임을 연속으로 보여 주는 방식입니다. 즉, 2장면 혹은 3장면을 동일하게 보여 주기 때문에 재생했을 때 끊기는 느낌이 드는 것입니다. 그래서 촬영 단계부터 높은 프레임으로 촬영하는 것이 중요합니다.

이미 촬영이 끝난 상황이라면, 프리미어 프로에서 프레임을 보간해 주는 기능을 이용해 보세요. 지금부터 부드러운 슬로우 모션을 만드는 꿀팁을 알려 드리겠습니다.

▶ 광학 흐름으로 시간 보간하기

앞에서 실습했던 내용을 이어서 진행하겠습니다.

01 [**사륜바이크**] 클립을 선택하고 단축키 Ctrl + R을 누릅니다. 속도/지속 시간 창이 열리면 '속도' 옵션을 [**50%**]로 유지하고 '시간 보간' 옵션을 [**프레임 샘플링**]에서 [**광학 흐름**]으로 변경하고 [**확인**]을 클릭합니다.

02 **[타임라인]** 패널에 빨간색 줄이 보이는 것은 현재 실시간으로 재생하기 어렵다는 뜻입니다. 이럴 때는 프리뷰 렌더링을 통해서 초록색 줄로 만들어야 합니다.

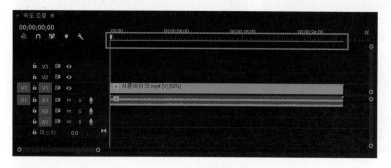

03 메뉴 바에서 **[시퀀스]** – **[시작에서 종료까지 효과 렌더링]**을 선택합니다(Enter).

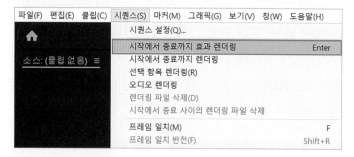

04 렌더링 창이 열리면서 프리뷰 렌더링의 진행 상황을 볼 수가 있습니다.

05 프리뷰 렌더링이 끝나면 **[타임라인]** 패널에 초록색 줄로 표시되고, 정상적으로 재생됩니다. 또한, 1프 레임씩 이동해 보아도 반복되는 프레임이 없어 부드럽게 재생되는 것을 확인할 수 있습니다.

이처럼 **[광학 흐름]** 기능을 이용하면 컴퓨터가 자동으로 누락된 프레임을 생성하여 부드럽게 슬로우 모션 을 만들 수 있습니다. 하지만 모든 영상을 완벽하게 보간해 주지는 않습니다. 그러므로 좀 더 정밀하고 높 은 품질의 영상을 원한다면 촬영 단계부터 프레임을 높여서 촬영해야 한다는 것을 한 번 더 강조합니다.

역재생 효과 만들기

영상이 거꾸로 재생되는 방법을 알아보겠습니다.

01 **[타임라인]** 패널에서 **[사륜바이크]** 클립을 선택하고, ❶단축키 Ctrl + R 을 눌러 속도/지속 시간 창을 엽 니다. ❷'속도' 옵션을 **[100%]**로 변경하여 정상 재생 속도 로 설정하고, 역재생 기능인 ❸**[뒤로 재생]**에 체크한 후 ❹ **[확인]**을 클릭합니다.

꿀팁 '속도' 옵션 값을 [−100%]로 입력해도 [뒤로 재생]에 체크한 것과 동일 한 결과를 얻을 수 있습니다.

02 [타임라인] 패널에서 [사륜바이크] 클립 이름 뒤에 표시된 [-100%]를 확인합니다. Space bar 를 눌러 재생해 보면 영상이 거꾸로 재생되는 것을 확인할 수 있습니다.

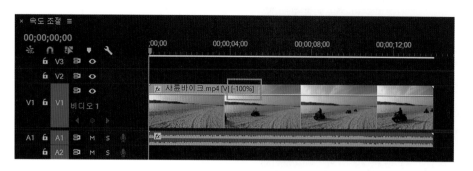

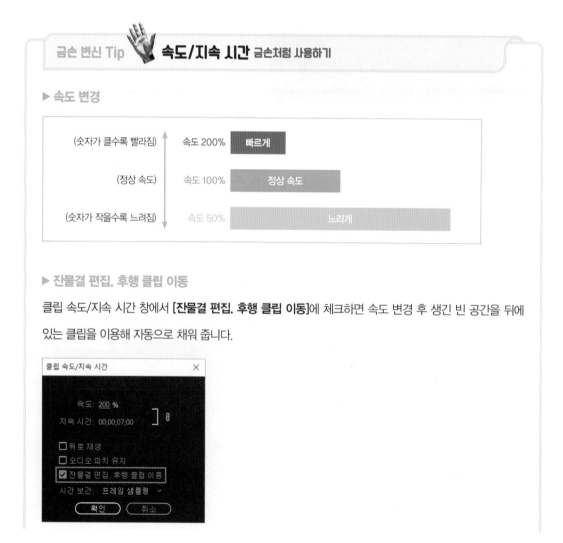

금손 변신 Tip **속도/지속 시간** 금손처럼 사용하기

▶ 속도 변경

(숫자가 클수록 빨라짐)	속도 200%	빠르게
(정상 속도)	속도 100%	정상 속도
(숫자가 작을수록 느려짐)	속도 50%	느리게

▶ 잔물결 편집. 후행 클립 이동

클립 속도/지속 시간 창에서 [잔물결 편집. 후행 클립 이동]에 체크하면 속도 변경 후 생긴 빈 공간을 뒤에 있는 클립을 이용해 자동으로 채워 줍니다.

예를 들어 아래와 같은 상황에서 [사륜바이크] 클립의 속도를 200%로 조정하면 2배속으로 빨라지면서 클립도 짧아지겠죠?

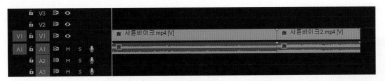

▲ 속도 변경 전 클립 배열

이런 상황에서 [잔물결 편집, 후행 클립 이동]에 체크했을 때와 하지 않았을 때의 결과를 비교해 보면 다음과 같습니다.

▲ [잔물결 편집. 후행 클립 이동] 해제

▲ [잔물결 편집. 후행 클립 이동] 체크

[잔물결 편집. 후행 클립 이동]에 체크했을 때는 속도에 따라 클립이 짧아지더라도 뒤에 있는 클립이 자동으로 빈 공간을 채워 주고, 해제했을 때는 그대로 빈 공간이 생기는 것을 확인할 수 있습니다.

속도 조정 도구를 이용하여 속도 조절하기

앞서 알아 본 방법은 속도를 직접 입력해서 영상의 빠르기를 조절했다면 이번에는 수치를 입력하지 않고 컷의 길이에 따라 속도가 자동으로 조절되는 방법을 배워 보겠습니다.

Pr 예제 파일: 프리미어 프로/Chapter 02/속도 조정 도구.prproj

01 **속도 조정 도구.prproj** 예제 파일을 실행합니다. **[타임라인]** 패널에서 **[속도 조정 도구]** 시퀀스를 보면 빈 공간 뒤에 클립이 배치되어 있습니다. **[사륜바이크]** 클립을 추가로 배치하고 빈 공간에 딱 맞도록 속도를 조정해서 채워 보겠습니다.

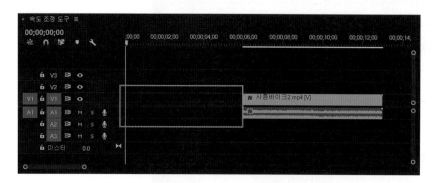

02 **[프로젝트]** 패널에서 **[사륜바이크]** 영상을 선택하여 V2 트랙으로 드래그하여 가져다 놓습니다.

03 **[도구]** 패널에서 ❶**[잔물결 편집 도구]** 아이콘을 길게 누릅니다. 하위 도구 목록이 나타나면 ❷ **[속도 조정 도구]** 아이콘을 선택합니다(R).

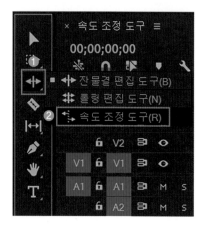

04 [속도 조정 도구]가 선택된 상태에서 ❶[사륜바이크] 클립의 끝부분에 가져다 놓으면 [속도 조정 도구] 아이콘이 나타납니다. ❷클릭한 채 V1 트랙에 있는 클립의 시작 부분까지 드래그합니다.

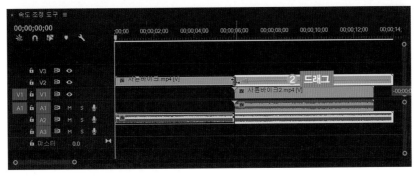

05 [사륜바이크] 클립이 빈 공간에 딱 맞게 배치되었습니다. 클립을 보면 재생 속도가 [233.33%]로 변경되면서 클립의 길이보다 짧아진 것을 알 수 있습니다. 이처럼 [속도 조정 도구]를 이용하여 원하는 만큼 속도를 빠르게 또는 느리게 조정할 수 있습니다.

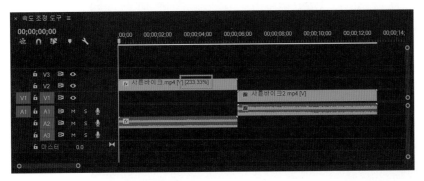

꿀팁 [속도 조정 도구]를 이용해서 클립을 줄이면 줄인 만큼 영상이 빨라지고, 클립을 늘리면 늘린 만큼 영상이 느려집니다. 속도를 원래대로 되돌리고 싶다면 클립을 선택하고 클립 속도/지속 시간 창을 열어([Ctrl] + [R]) '속도' 옵션을 [100%]로 변경합니다.

시간 다시 매핑으로 속도 조절하기

(점점 빠르게, 점점 느리게)

앞에서 다룬 클립 속도/지속 시간 창이나 [속도 조정 도구]를 이용하는 방법은 클립 전체가 빨라지거나 클립 전체가 느려지는 방법입니다. 지금부터 배울 내용은 원하는 구간을 잡아 그 부분만 점점 빠르게 혹은 점점 느리게 만드는 시간 다시 매핑(Time Remapping) 방법입니다. 집중해서 보세요.

시간 다시 매핑 효과 만들기

영상이 정상 속도로 재생되다가 속도가 점점 빨라지는 효과에 대해서 알아보겠습니다.

 예제 파일: 프리미어 프로/Chapter 02/타임 리맵핑.prproj
완성 파일: 프리미어 프로/Chapter 02/타임 리맵핑_완성본.prproj

01 **타임 리맵핑.prproj** 예제 파일을 실행합니다. [프로젝트] 패널에서 [사륜바이크] 영상을 선택한 후 [타임라인] 패널의 V1 트랙으로 드래그하여 가져다 놓습니다.

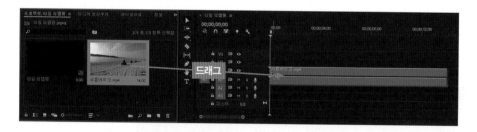

02 V1 트랙을 보면 눈 모양의 [트랙 출력 켜기/끄기] 아이콘이 보이죠? 그 오른쪽 빈 공간을 더블 클릭하여 트랙을 확장합니다. 아래와 같이 트랙의 높이가 높아질 거예요.

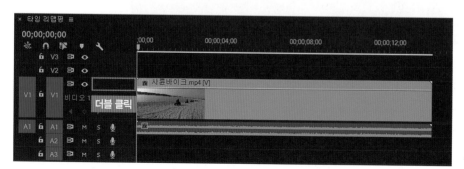

03 [선택 도구]▶가 선택된 상태에서 클립의 맨 앞쪽에 있는 ❶[fx] 아이콘에서 마우스 오른쪽 버튼을 클릭합니다. 메뉴가 나타나면 ❷[시간 다시 매핑] – [속도]를 선택합니다.

꿀팁 클립의 가운데에서 오른쪽 버튼을 클릭하면 다른 메뉴가 나옵니다. 꼭 [fx] 아이콘에서 마우스 오른쪽 버튼을 클릭해야 합니다! 그럼에도 위와 같은 메뉴가 나타나지 않는다면 [도구] 패널에서 [선택 도구]가 선택되어 있는지 확인해 보세요.

04 클립의 가운데 부분에 선이 하나 생겼죠? 마우스 포인트를 가져다 놓고 잠시 기다리면 '속도 100%'라고 표시됩니다. 이 선은 현재 속도를 나타내며, 위로 올리면 빨라지고 아래로 내리면 느려집니다.

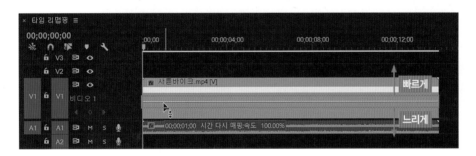

05 이제 정상 속도로 재생되다가 특정 구간만 빠르게 재생되도록 조정해 보겠습니다. 재생헤드를 ❶[00;00;02;15]로 이동한 후 다이아몬드 모양의 ❷[키프레임 추가-제거] 아이콘을 클릭하여 키프레임을 추가합니다.

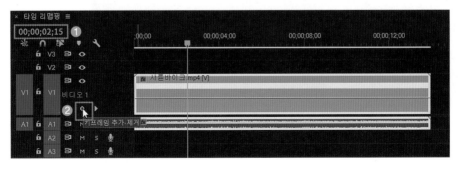

꿀팁 클립을 선택 중이어야 [키프레임 추가-제거] 아이콘이 활성화됩니다.

06 계속해서 재생헤드를 ❶[00;00;08;15]로 이동합니다. 이번에는 단축키로 키프레임을 추가해 보겠습니다. ❷[Ctrl]을 누른 채 재생헤드의 선을 클릭해서 키프레임을 추가합니다.

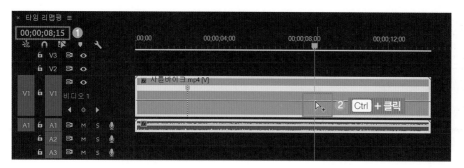

> **꿀팁** 시간 다시 매핑으로 속도를 조절하려면 키프레임으로 시작 지점과 끝 지점을 먼저 잡아 줘야 합니다. 키프레임을 선택하고 [Delete]를 누르면 키프레임을 삭제할 수 있습니다.

07 클립을 보면 [00;00;02;15] 지점과 [00;00;08;15] 지점에 키프레임이 추가된 것을 확인할 수 있습니다. 두 지점 사이 구간에 있는 속도 선에 마우스 포인트를 가져다 놓고 위로 쭉 드래그합니다.

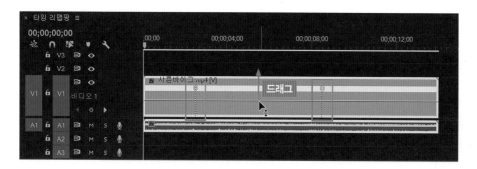

08 선을 위로 올리면 올릴수록 속도가 빨라집니다. 예제에서는 400%만큼 올렸습니다.

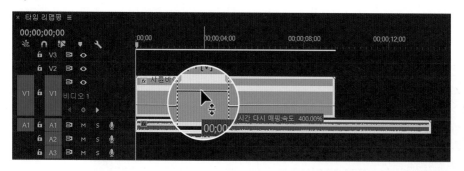

> **꿀팁** 시간 다시 맵핑은 비디오 속도만 조절할 수 있습니다. 만약 오디오 속도까지 조절하고 싶다면 오디오 클립에서 특정 구간을 잘라서 앞에서 배운 클립 속도/지속 시간 또는 [속도 조정 도구]를 이용하여 해당 구간의 속도를 조절해야 합니다. 오디오만 선택하려면 [Alt]를 누른 채 오디오 클립을 선택하거나 [타임라인] 패널의 [연결된 선택] 아이콘을 해제한 후 선택합니다.

09 [Space bar]를 눌러 영상을 재생해 봅니다. 정상 속도로 재생되다가 키프레임을 추가한 **[00;00;02;15]** 부터 영상이 급격히 빨라졌다가 다시 정상 속도로 재생되는 것을 확인할 수 있습니다.

10 속도 선을 보면 키프레임 사이 구간에서 직각으로 변하고 있죠? 이렇게 작업하면 영상이 갑자기 확 빨라지게 됩니다. 지금부터는 이 선을 완만하게 조절하여 점점 빨라지게 변경해 보겠습니다. ⊞를 눌러 시작 지점 쪽으로 타임라인을 확대합니다. 시작 지점의 키프레임을 클릭하여 왼쪽으로 드래그합니다. 키프레임이 두 쪽으로 쪼개지면서 선의 경사가 완만해집니다.

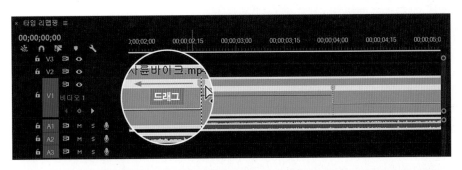

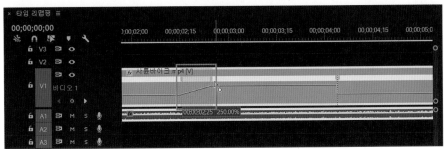

11 이번에는 끝 지점의 키프레임을 오른쪽으로 드래그하여 선을 완만하게 만듭니다. 선이 완만하면 완만할수록 영상의 속도 변화도 자연스러워집니다. Space bar 를 눌러 결과를 확인해 봅니다. 이전과는 다르게 점점 빨라졌다가 점점 느려지는 것을 확인할 수 있습니다.

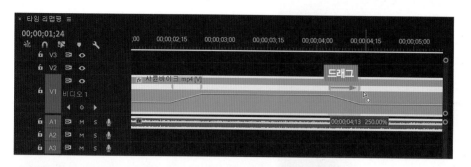

시간 다시 매핑 효과 지우기

앞에서 실습했던 시간 다시 매핑 효과를 지우고 처음 상태로 되돌리는 방법을 알아보겠습니다. 앞서 실습에 이어서 진행하면 됩니다.

01 [타임라인] 패널에서 [사륜바이크] 클립이 선택된 상태에서 ❶[효과 컨트롤] 패널을 엽니다. 비디오 효과 중 ❷'시간 다시 매핑' – '속도' 옵션을 보면 지난 실습에서 적용한 키프레임이 그대로 적용되어 있습니다. 즉, [효과 컨트롤] 패널에서도 같은 방법으로 속도를 변경할 수 있다는 의미입니다.

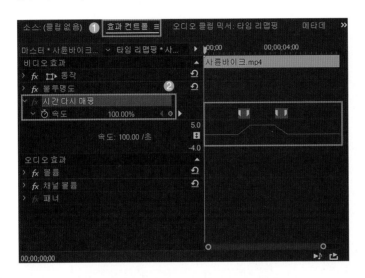

02 속도 변경을 원래대로 되돌리기 위해 '시간 다시 매핑' 옵션을 펼친 후 '속도' 옵션에 있는 시계 모양의 [애니메이션 켜기/끄기] 아이콘❷을 클릭합니다.

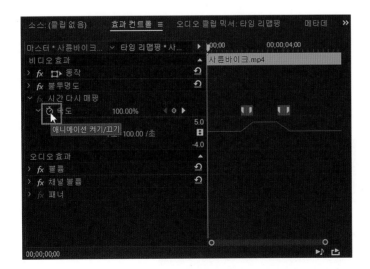

03
아래와 같은 경고 창이 나타납니다. **[확인]**을 클릭하여 모든 키프레임을 삭제합니다.

04
[효과 컨트롤] 패널과 **[타임라인]** 패널의 속도가 초기화된 것을 확인합니다.

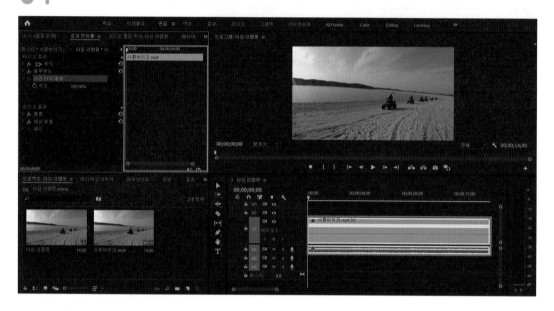

시간 다시 매핑 금손처럼 사용하기

[fx] 아이콘에서 마우스 오른쪽 버튼을 클릭하여 **[시간 다시 매핑]** – **[속도]**를 선택하면 속도를 변경할 수 있을 뿐만 아니라 단축키를 이용해서 일시 정지와 거꾸로 재생 효과까지 만들 수 있습니다.

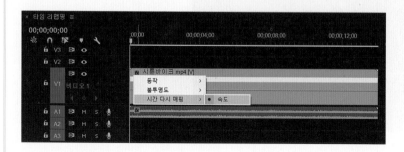

▶ 시간 다시 매핑 시 속도 선에 따른 빠르기

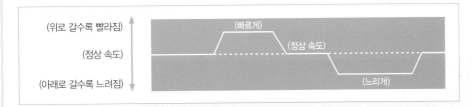

▶ 시간 다시 매핑으로 일시 정지

예를 들어 2초부터 4초 구간을 일지 정지하고 싶다면 시간 다시 매핑 상태에서 일시 정지하고 싶은 구간의 시작 지점인 [00;00;02;00]에 재생헤드를 가져다 놓고 키프레임을 추가합니다. 이어서 Ctrl + Alt 를 누른 채 키프레임을 [00;00;04;00]까지 드래그합니다.

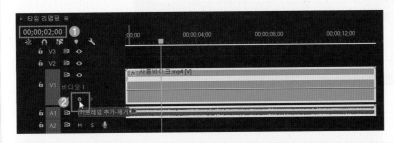

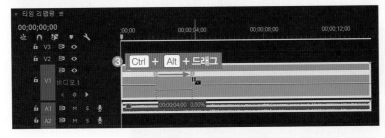

일시 정지 구간은 ||||||로 표시됩니다. 영상을 재생해 보면 정상으로 재생되다가 2초 후에 일시 정지되고, 2초 후에 다시 정상 재생되는 것을 확인할 수 있습니다.

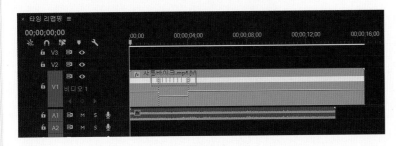

꿀팁 일시 정지 효과를 적용하면 정지한 시간만큼 전체 클립의 길이가 늘어납니다.

▶ 시간 다시 매핑으로 역재생

3초에서 5초 구간을 역으로 재생하고 싶다면 [00;00;03;00]에 키프레임을 추가합니다. 이번에는 Ctrl만 누른 채 키프레임을 [00;00;05;00]까지 드래그합니다.

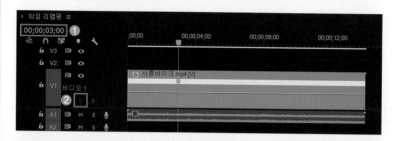

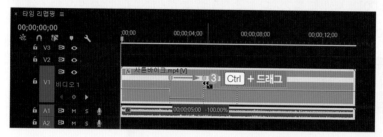

역재생 구간은 〈〈〈〈〈 로 표시됩니다. Space bar를 눌러 재생하면 정상으로 재생되다가 3초 후에 역으로 재생되고, 2초 후(5초 지점)에 다시 정상으로 재생되는 것을 확인할 수 있습니다.

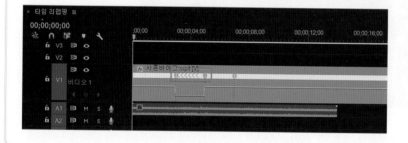

자연스럽게 화면 전환하기

화면 전환을 사용하면 컷과 컷을 자연스럽게 연결할 수 있습니다. 반대로, 컷과 컷을 다른 분위기로 전환할 때도 화면 전환을 사용합니다. 화면 전환에서 가장 많이 사용하는 [교차 디졸브]를 적용해 보고 다양하게 응용하는 방법을 알아 보겠습니다.

> ▶ **유튜브 동영상 강의**
> **1분 만에 사진으로 동영상 만드는 방법(참고 강의)**
> https://youtu.be/SkaUyPMfWKM

디졸브 효과 적용하기

화면 전환에서 가장 많이 사용하는 **[교차 디졸브]** 효과를 적용해 보면서 화면 전환 효과를 적용하는 기본적인 방법을 체험해 보세요.

> 예제 파일: 프리미어 프로/Chapter 02/디졸브 효과.prproj
> 완성 파일: 프리미어 프로/Chapter 02/디졸브 효과_완성본.prproj

01 **디졸브 효과.prproj** 예제 파일을 실행합니다. **[울릉도 여행]** 시퀀스에는 이미 편집된 클립들이 있습니다. **[도동항]**과 **[해안산책로]** 클립, **[울릉도바다]**와 **[해안산책로]** 클립이 각각 자연스럽게 연결되도록 디졸브 효과를 넣어 보겠습니다.

02 디졸브 효과를 적용하기 위해 메뉴 바에서 [창] – [효과]를 선택해서 ❶[효과] 패널을 엽니다
(Shift + 7). [효과] 패널에서 ❷[비디오 전환] – [디졸브] – [교차 디졸브] 효과를 선택하여 ❸[도동
항]과 [해안산책로] 클립 사이로 드래그합니다.

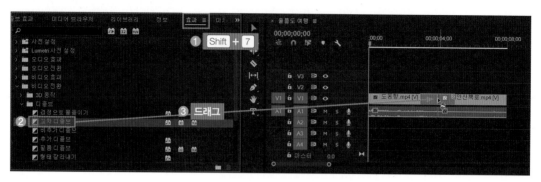

꿀팁 [교차 디졸브]는 단축키로도 쉽게 추가할 수 있습니다. 클립을 선택하지 않은 상태에서 [도동항]과 [해안산책로] 사이에 재생헤
드를 놓고 Ctrl + D를 누르면 됩니다.

03 컷 사이에 [교차 디졸브] 효과가 추가되고 문구가 표시됩니다. Space bar를 눌러 재생해 보면 앞
의 컷이 점점 사라지면서 뒤의 컷이 서서히 나오는 디졸브 효과를 확인할 수 있습니다.

04 이번에는 보라색 클립인 [울릉도바다]와 [해안산책로] 사이에 [교차 디졸브] 효과를 적용해 봅니다.

05 파란색 클립 때와 달리 아래처럼 미디어가 부족하다는 전환 경고 창이 나타납니다. [확인]을 클릭해서 창을 닫습니다.

> **꿀팁**
>
> [울릉도바다]와 [해안산책로] 클립을 자세히 보면 시작과 끝 지점에 하얀 삼각형 표시가 있을 것입니다. 이 표시는 클립의 시작 지점과 끝 지점을 나타내는 표시입니다. 즉, 앞뒤로 더는 여유 컷이 없다는 뜻입니다. 이렇게 여유 컷이 없는 상태로 화면 전환을 적용하면 미디어가 부족하여 화면이 정지된 채 전환됩니다. 화면이 뚝뚝 끊기는 느낌으로 전환될 수 있습니다. 그러므로 화면 전환효과를 적용하기 위해서는 컷 편집을 먼저 진행해야 합니다.
>
>

06 컷 편집을 진행한 후 다시 화면 전환 효과를 적용하기 위해 [도구] 패널에서 [선택 도구]▶를 선택한 후 클립 사이에 빗금 형태로 적용된 [교차 디졸브]를 선택하고 Delete를 눌러 삭제합니다.

07 **[울릉도바다]** 클립의 끝 지점 가장자리를 클릭하여 왼쪽으로 드래그합니다. 클립의 가장자리를 드래그하면 지속 시간이 얼마나 줄어드는지 표시되는데, 예제에서는 −2초만큼 클립을 줄였습니다.

08 이번에는 **[해안산책로]** 클립의 시작 지점 가장자리를 클릭하여 오른쪽으로 드래그합니다. 편집을 하고 나면 삼각형 표시가 사라집니다.

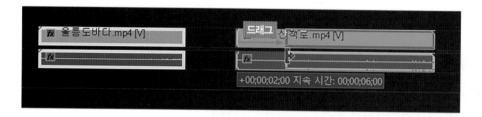

09 클립을 편집하여 빈 공간이 생겼습니다. ❶빈 공간에서 마우스 오른쪽 버튼을 클릭한 후 ❷**[잔물결 삭제]**를 선택하여 빈 공간을 삭제합니다.

꿀팁 빈 공간을 선택하고 Delete를 눌러도 삭제됩니다.

10 다시 **[효과]** 패널에서 **[교차 디졸브]**를 선택한 후 **[울릉도바다]**와 **[해안산책로]** 사이에 드래그해 봅니다. 이번에는 경고 창 없이 디졸브 효과가 정상으로 적용될 것입니다.

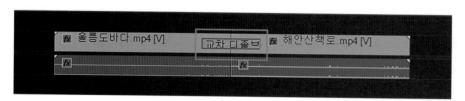

꿀팁 화면 전환을 하기 전에는 클립의 앞뒤 부분을 여유 있게 편집하는 것이 좋습니다. 그러므로 촬영 단계부터 화면 전환을 생각하여 여유 있게 촬영해야 합니다.

금손 변신 Tip **화면 전환 단축키** 금손처럼 사용하기

▶ 단축키로 한번에 기본 전환 적용하기

01 화면 전환이 필요한 클립을 드래그하여 모두 선택합니다.

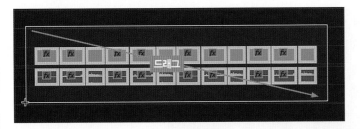

02 클립을 선택한 상태에서 단축키 `Ctrl` + `D`를 누르면 비디오 클립에 화면 전환이 적용됩니다.

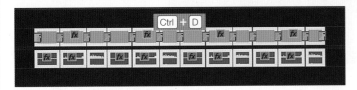

03 `Ctrl` + `Z`를 눌러 다시 되돌립니다. 이번에도 모든 클립을 선택하고 `Ctrl` + `Shift` + `D`를 누릅니다. 오디오 클립만 전환 효과가 적용됩니다.

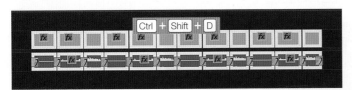

04 `Ctrl` + `Z`를 눌러 다시 되돌립니다. 이번에는 `Shift` + `D`를 누릅니다. 비디오와 오디오 클립 모두 전환 효과가 적용됩니다.

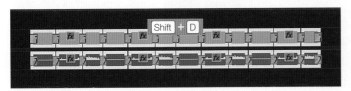

결과	단축키
비디오 기본 전환 적용	`Ctrl` + `D`
오디오 기본 전환 적용	`Ctrl` + `Shift` + `D`
비디오+오디오 기본 전환 적용	`Shift` + `D`

▶ **기본 전환 변경하기**

비디오 화면 전환의 단축키는 Ctrl + D입니다. **[교차 디졸브]**가 기본 전환으로 설정되어 있어서 Ctrl + D를 누르면 **[교차 디졸브]**가 적용되는 것입니다. **[효과]** 패널에서 **[교차 디졸브]** 효과를 보면 파란색 상자가 표시되어 있습니다. 기본 전환으로 설정되어 있다는 뜻입니다.

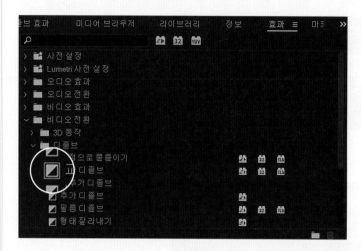

Ctrl + D를 눌렀을 때 다른 전환 효과가 적용되기를 바란다면 기본 전환 효과를 변경해야 합니다.

예를 들어 **[비디오 전환]** – **[지우기]** – **[여닫이문]** 효과를 기본 전환 효과로 적용하려면 마우스 오른쪽 버튼을 클릭하여 **[선택한 항목을 기본 전환으로 설정]**을 선택하면 됩니다.

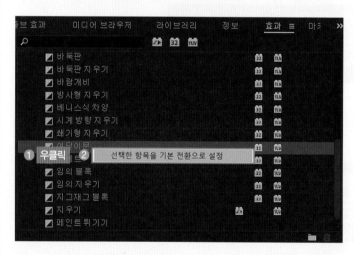

화면 전환 지속 시간 설정하기

화면 전환 효과가 지속되는 시간을 변경할 수도 있습니다.

> **Pr** **예제 파일:** 프리미어 프로/Chapter 02/디졸브 지속시간.prproj

01 **디졸브 지속시간.prproj** 예제 파일을 실행합니다. 지난 실습에서 적용해 본 **[교차 디졸브]** 효과는 기본적으로 1초 동안 지속됩니다. 지속 시간을 변경하기 위해 **[도동항]**과 **[해안산책로]** 사이에 추가된 **[교차 디졸브]**를 더블 클릭합니다.

02 전환 지속 시간 설정 창이 나타납니다. ❶ '지속 시간'을 **[00;00;02;00]**으로 변경하고 ❷**[확인]**을 클릭하여 2초로 변경합니다.

03 **[교차 디졸브]** 지속 시간이 늘어났습니다. 재생해서 앞뒤 컷의 화면 전환이 더욱 길어진 것을 확인합니다.

▶ 다양한 화면 전환 지속 시간 변경 방법

지속 시간을 변경하는 방법은 해당 효과를 더블 클릭하는 방법 말고 다음과 같은 방법도 있습니다. 편한 방법을 사용하면 됩니다.

- **방법 1:** [교차 디졸브] 효과를 선택하고 마우스 포인터를 효과 가장자리에 가져다 놓습니다. 지속 시간 변경 아이콘이 나타나면 오른쪽 혹은 왼쪽으로 드래그해서 지속 시간을 변경할 수 있습니다.

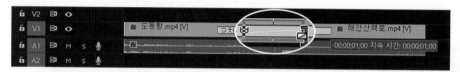

- **방법 2:** [타임라인] 패널에서 [교차 디졸브] 효과를 선택한 후 [효과 컨트롤] 패널에 표시되는 '지속 시간' 옵션 값을 변경합니다. 이때 꼭 [타임라인] 패널에서 [교차 디졸브] 효과를 선택하고 [효과 컨트롤] 패널을 확인해야 합니다. 아래처럼 보이지 않는다면 효과가 아닌 클립이 선택된 것은 아닌지 확인합니다.

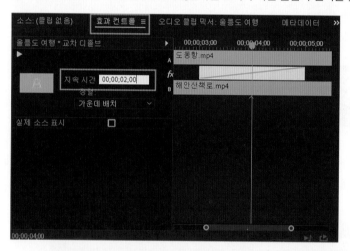

▶ 기본 지속 시간 변경

화면 전환은 기본적으로 지속 시간이 30프레임으로 되어 있습니다. 작업하는 프로젝트의 분위기상 느린 화면 전환이 필요하다면 모든 화면 전환 효과를 일일이 바꿀 것이 아니라 기본 지속 시간을 변경하여 빠르게 작업할 수 있습니다.

01 기본 지속 시간을 변경하기 위하여 메뉴 바에서 **[편집] – [환경 설정] – [타임라인]**을 선택합니다.

02 타임라인 환경 설정 창이 열리면 '비디오 전환 기본 지속 시간' 옵션이 **[30프레임]**으로 되어 있을 겁니다. 지속 시간을 **[60프레임]**으로 변경합니다. 단위인 **[프레임]**을 **[초]**로 변경하여 수정할 수도 있습니다. **[확인]**을 클릭하면 변경한 설정이 저장됩니다.

다양한 화면 전환 만들기

이번에는 디졸브 효과 외에 다양한 화면 전환을 적용하는 방법과 전환의 이동 방향을 수정하는 방법에 대하여 알아보겠습니다.

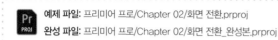

예제 파일: 프리미어 프로/Chapter 02/화면 전환.prproj
완성 파일: 프리미어 프로/Chapter 02/화면 전환_완성본.prproj

01 화면 전환.prproj 예제 파일을 실행합니다. 이번에는 [밀어내기] 효과를 적용해 보겠습니다. ❶ [효과] 패널에서 ❷[비디오 전환] – [밀기] – [밀어내기] 효과를 선택하고 ❸[해안산책로]와 [보라카이] 클립 사이에 드래그합니다.

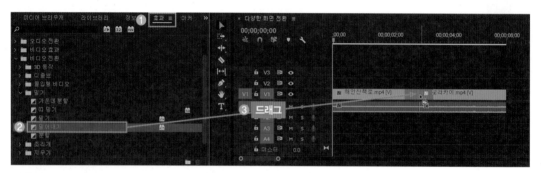

꿀팁 [비디오 전환]의 하위 목록에는 페이지 벗기기, 확대/축소, 지우기 등 다양한 화면 전환 효과가 있습니다. 적용하는 방법은 같습니다. 하나씩 적용하여 다양한 효과를 확인해 보세요. 비디오뿐만 아니라 사진, 자막 클립 위에도 화면 전환 효과가 적용됩니다.

02 클립을 재생하여 [밀어내기] 효과를 확인합니다. 다음 컷이 이전 컷을 오른쪽으로 밀어내는 것을 확인할 수 있습니다.

03 이번에는 오른쪽으로 밀어내는 것이 아니라 아래에서 위로 밀어내도록 옵션을 변경해 보겠습니다. **[타임라인]** 패널에서 **[밀어내기]** 효과를 클릭해서 선택합니다.

04 ❶**[효과 컨트롤]** 패널에서 ❷**[아래쪽에서 위쪽으로]** 삼각형을 클릭합니다. 방향은 삼각형을 클릭하면 바로 변경됩니다.

꿀팁 오른쪽과 화면이 다르다면 [타임라인] 패널에서 [밀어내기] 효과를 선택했는지 다시 확인해 보세요. 이처럼 전환 효과의 세부 설정은 [효과 컨트롤] 패널에서 변경할 수 있습니다. [효과 컨트롤] 패널의 단축키는 Shift + 5 입니다.

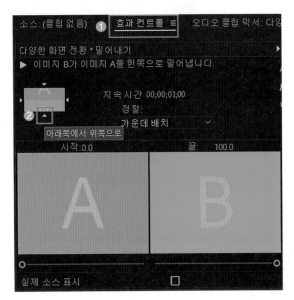

05 다시 영상을 재생해 보면 이번에는 아래에서 위로 화면이 전환되는 것을 확인할 수 있습니다.

06 세부 설정을 확인하기 위해 **[밀어내기]** 효과를 선택한 후 다시 **[효과 컨트롤]** 패널을 확인합니다. 스크롤을 아래로 내려 **[실제 소스 표시]**에 체크하면 영상을 미리 볼 수 있으며, 화면 전환 시작과 끝의 타이밍도 설정할 수 있습니다. 이외에도 테두리 폭과 색상을 지정하면 화면 전환 시 테두리 효과를 표현할 수도 있습니다.

꿀팁 화면 전환 종류에 따라 세부 설정을 변경할 수 있는 옵션이 다릅니다. 전환 효과를 적용하고 [효과 컨트롤] 패널에서 다양한 설정을 직접 확인하고 적용해 보세요.

프리미어 프로 다양한 화면 전환 효과 미리 보기

프리미어 프로에는 아래에서 소개하는 효과 외에도 다양한 화면 전환을 제공합니다. 정렬, 방향, 지속 시간 등 화면 전환의 세부 설정은 **[효과 컨트롤]** 패널에서 수정할 수 있습니다.

▲ 조리개 다이아몬드형(Iris Diamond)

▲ 조리개 십자형(Iris Cross)

▲ 띠 지우기(Band Wipe)

▲ 바둑판 지우기(Checker Wipe)

▲ 시계 방향 지우기(Clock Wipe)

▲ 바람개비(Pinwheel)

▲ 페인트 튀기기(Paint Splatter)

▲ 페이지 벗기기(Page Peel)

밤샘 금지

긴 영상 효율적으로 편집하는
하위 클립 만들기

Lesson02에서는 [소스 모니터] 패널에서 시작 및 종료 표시를 잡아 빠르게 편집하는 방법을 배웠죠? 하지만, 시작 및 종료 표시는 한 구간만 잡을 수 있습니다. 시작 표시를 잡은 상태에서 다른 시작 표시를 잡으면 그 전에 잡아 놓았던 시작 표시가 없어지게 됩니다. 그렇다면, 긴 영상에서 필요한 구간이 많을 땐 어떻게 작업해야 할까요? 지금부터 긴 영상을 효율적으로 편집하는 하위 클립(Subclip)에 대하여 알아보겠습니다.

▶ 유튜브 동영상 강의

원하는 부분만 짧은 클립으로 만드는 방법
https://youtu.be/XwS9o8MTzQw

[소스 모니터] 패널에서 하위 클립 만들기

예제 파일: 프리미어 프로/Chapter 02/하위 클립 만들기.prproj
완성 파일: 프리미어 프로/Chapter 02/하위 클립 만들기_완성본.prproj

01 하위 클립 만들기.prproj 예제 파일을 실행합니다. ❶[말레이시아] 영상을 더블 클릭하여 [소스 모니터] 패널을 실행합니다. [말레이시아] 영상에서 국기 부분만 선택하여 독립적인 클립을 만들겠습니다. ❷[00;00;00;00]에 시작 표시를 잡고(Ⅰ). ❸[00;00;04;29]에 종료 표시를 잡습니다(O).

꿀팁 시작/종료 표시를 잡는 자세한 방법은 **083쪽 시작 표시, 종료 표시 잡아 빠르게 편집하기**를 참고하세요.

02 [소스 모니터] 패널의 ❶화면에서 마우스 오른쪽 버튼을 클릭하여 ❷[하위 클립 만들기]를 선택합니다. 영문 버전은 [Make Subclip]입니다(Ctrl + U).

03 하위 클립 만들기 창이 나타납니다. ❶'이름' 옵션에 클립 이름을 입력하고 ❷[확인]을 클릭합니다. 예제에서 는 [말레이시아 국기]라고 입력했습니다.

04 [프로젝트] 패널에 [말레이시아 국기] 영상이 새롭게 생성되었습니다. 이처럼 원하는 구간을 설정하여 하위 클립을 만들면 새롭게 영상이 생성되어 [프로젝트] 패널에 추가됩니다.

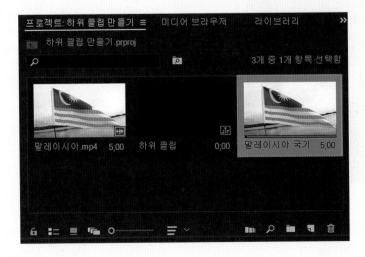

05 이번에는 단축키를 사용하여 하위 클립을 만들어 보겠습니다. **[소스 모니터]** 패널에서 해상 모스크 부분만 구간을 설정하기 위해 **[00;00;05;00]**에 시작 표시를 잡고(⌊I⌋), **[00;00;09;29]**에 종료 표시를 잡습니다(⌊O⌋).

06 ①⌊Ctrl⌋을 누른 채 **[소스 모니터]** 패널의 화면을 **[프로젝트]** 패널로 드래그합니다. 이전과 마찬가지로 하위 클립 만들기 창이 열립니다. ②'이름' 옵션을 입력하고 ③**[확인]**을 클릭합니다. 예제에서는 **[해상모스크]**로 입력했습니다.

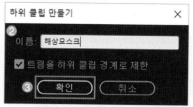

07 마찬가지로 [**프로젝트**] 패널에 [**해상모스크**] 영상이 생성되었습니다. 하나였던 영상을 독립적인 영상으로 개별 편집할 수 있게 되었습니다.

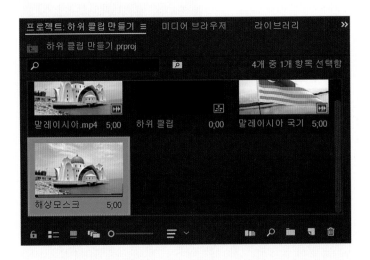

[타임라인] 패널에서 하위 클립 만들기

이번에는 [**타임라인**] 패널에서 이미 컷 편집이 된 클립을 하위 클립으로 만들어 보겠습니다.

> **예제 파일**: 프리미어 프로/Chapter 02/하위 클립 만들기2.prproj
> **완성 파일**: 프리미어 프로/Chapter 02/하위 클립 만들기2_완성본.prproj

01 **하위 클립 만들기2.prproj** 예제 파일을 실행합니다. [**타임라인**] 패널에는 이미 컷 편집된 시퀀스가 있습니다. 지금부터 컷 편집된 주황색 클립을 하위 클립으로 만들겠습니다. ❶주황색 클립에서 마우스 오른쪽 버튼을 클릭하여 ❷[**하위 클립 만들기**]를 선택합니다.

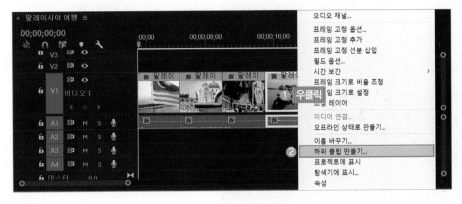

> **꿀팁** 주황색 클립을 선택하고 단축키 Ctrl + U 를 눌러도 됩니다.

02 하위 클립 만들기 창이 열리면 ❶'이름' 옵션을 입력하고 ❷[확인]을 클릭합니다. 예제에서는 [코타키나발루]로 입력했습니다.

03 [프로젝트] 패널에 [코타키나발루] 영상이 생성되었습니다. 이처럼 편집한 일부 클립을 자주 사용할 것 같다면 하위 클립으로 만들어 활용하면 편리합니다.

꿀팁 [코타키나발루] 영상을 더블 클릭하여 [소스 모니터] 패널에서 영상을 확인해 보세요. 컷 편집된 구간만 영상으로 만들어진 것을 확인할 수 있습니다.

금손 변신 Tip **하위 클립 만들기** 금손처럼 사용하기

▶ [프로젝트] 패널에서 하위 클립 구별하는 방법

[프로젝트] 패널을 [목록 보기]로 전환해 보세요. 아이콘으로 클립을 구별할 수 있습니다. 일반 영상 아이콘█은 비디오와 오디오 파형으로 되어 있지만, 하위 클립 아이콘█은 양쪽으로 시작/종료 표시가 추가되어 있습니다.

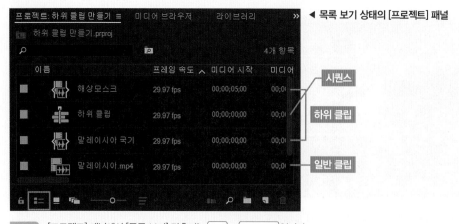

◀ 목록 보기 상태의 [프로젝트] 패널

꿀팁 [프로젝트] 패널에서 [목록 보기] 단축키는 Ctrl + Page Up 입니다.

▶ 하위 클립 만들기 창에서 [트림을 하위 클립으로 제한]의 체크를 해제하면?

하위 클립 만들기 창에는 **[트림을 하위 클립 경계로 제한]**에 기본으로 체크되어 있습니다. 체크를 해제하면 어떻게 될까요? 지금부터 비교해 보겠습니다.

먼저 아래 이미지는 옵션에 체크한 후 생성한 하위 클립을 **[타임라인]** 패널에 배치했을 때의 모습입니다. 클립의 맨 앞과 뒤에 조그마한 하얀 삼각형이 보이나요? 삼각형 표시는 클립의 시작 지점과 끝 지점을 나타내는 표시입니다. 즉, 앞뒤로 더는 늘릴 컷이 없다는 뜻이지요. 이처럼 **[트림을 하위 클럽 경계로 제한]**에 체크한 후 하위 클립을 만들면 잡아 놓은 구간만 클립으로 사용할 수 있습니다.

▲ 옵션에 체크한 후 하위 클립을 만들었을 때

이번에는 옵션의 체크를 해제했을 때의 모습입니다. 앞서와 다르게 삼각형 표시가 없습니다. 즉, 앞뒤로 클립을 늘릴 수 있는 상태이며, 앞뒤로 클립에 여유가 있다는 뜻입니다. 하위 클립을 만든 원본 영상의 길이만큼 마음껏 조정할 수 있습니다.

▲ 옵션 체크를 해제한 후 하위 클립을 만들었을 때

즉, 옵션에 체크하면 선택한 구간 이외의 구간을 잘라서 버리는 거고, 체크를 해제하면 선택한 구간을 제외한 나머지 구간을 숨김 상태로 처리한다고 이해하면 쉽습니다.

▶ 하위 클립 구간 편집

하위 클립을 만든 후에 하위 클립의 구간을 다시 수정할 수도 있습니다. [프로젝트] 패널에서 하위 클립을
마우스 오른쪽 버튼으로 클릭하여 [하위 클립 편집]을 선택하면 됩니다.

하위 클립 편집 창이 열리면 하위 클립 항목에서 '시작'과 '끝' 옵션의 시간을 조절할 수 있으며, [트림을 하
위 클립 경계로 제한] 옵션 체크 여부를 수정할 수 있습니다. 또한 [마스터 클립으로 변환]에 체크하면 하위
클립을 다시 원본 영상으로 되돌릴 수 있습니다.

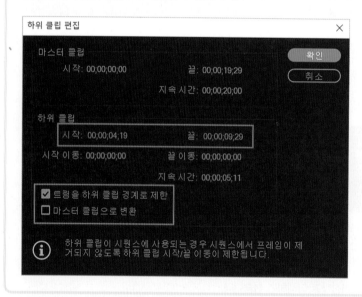

Chapter 03

실전 연습으로
유튜브 영상 편집하기

화면 분할, 모자이크, 영상 합성, REC 녹화 효과 등 유튜브에서 자주 활용할

기능을 실습합니다. 예제 소스와 예제 파일 그리고 완성 파일까지 모두 제공해

드립니다. 눈으로 백 번 익히는 것보다 손으로 한 번 익히는 것이 실력 향상에

도움이 됩니다. 하나하나 따라 하면서 다양한 편집 스킬을 익혀 보세요.

[금손 변신 Tip]과 다양한 꿀팁도 놓치지 마세요.

Lesson 01

색상 매트를 이용하여
배경 색상 바꾸기

기본적으로 프리미어 프로의 배경 색상은 검은색입니다. 배경은 영상의 전체 분위기를 좌우할 수 있으므로 상황에 따라 적절한 색으로 변경하는 것이 좋겠죠? 색상 매트 기능을 이용하여 원하는 색으로 배경 색상을 변경해 보겠습니다.

▶ 유튜브 동영상 강의

배경 색상 바꾸는 방법
https://youtu.be/wleXkCz3dVQ

▶ 완성 미리 보기

 예제 파일: 프리미어 프로/Chapter 03/색상 매트.prproj
완성 파일: 프리미어 프로/Chapter 03/색상 매트_완성본.prproj

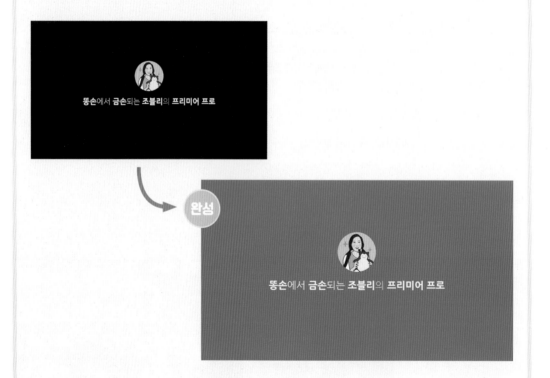

01 **색상 매트.prproj** 예제 파일을 실행합니다. ❶**[프로젝트]** 패널 오른쪽 아래에서 ❷**[새 항목]** 아이콘█을 클릭하고 ❸**[색상 매트]**를 선택합니다.

꿀팁 메뉴 바에서 [파일] - [새로 만들기] - [색상 매트]를 선택해도 됩니다.

02 새 색상 매트 창에서 비디오의 해상도와 프레임 레이트, 픽셀 종횡비를 설정합니다. 기본적으로 현재 작업하고 있는 시퀀스 설정 값과 동일한 값이 표시되므로 그대로 **[확인]**을 클릭합니다.

03 이어서 색상 피커 창이 나옵니다. 여기서 사용할 배경 색상을 선택합니다. 직접 원하는 색을 찾아 선택하거나 오른쪽 아래에 있는 색상 코드를 입력하면 됩니다. ❶색상 코드로 **[#ED334F]**를 입력하고 ❷**[확인]**을 클릭합니다.

04 끝으로 이름 선택 창이 나옵니다. 여기서 ❶색상 매트의 이름을 입력하고 ❷**[확인]**을 클릭합니다. 예제에서는 **[핫핑크 매트]**로 입력했습니다.

05 **[프로젝트]** 패널에서 작성한 이름으로 생성된 색상 매트를 확인한 후 **[타임라인]** 패널의 V1 트랙
에 드래그하여 가져다 놓습니다.

꿀팁 배경으로 사용하는 클립이기 때문에 트랙의 맨 하단에 있는 비디오1(V1) 트랙에 배치해야 합니다. 만약, 색상 매트를 위쪽 트랙
에 배치한다면 색상 매트 아래에 있는 클립은 모두 가려서 보이지 않게 됩니다. 트랙의 순서는 항상 유의해 주세요.

06 검은색 배경이 핫핑크로 바뀐 것을 확인합니다. 색상 매트를 적용한 후라도 **[타임라인]** 패널에
서 색상 매트 클립을 더블 클릭하여 색상을 변경할 수 있습니다.

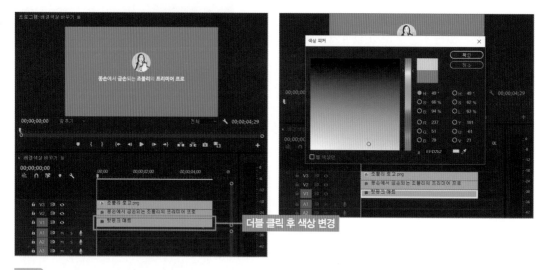

꿀팁 [프로젝트] 패널에서도 색상 매트를 더블클릭하여 색상을 변경할 수 있습니다.

Lesson 02
레거시 제목에서 그라디언트 배경 만들기

검은색 배경을 핑크, 노랑 등 단색 배경이 아닌 여러 가지 색상이 섞인 그라디언트 배경으로 변경할 수도 있습니다. 단색 배경과는 다른 색다른 느낌을 연출할 수 있어요. 이어서 색상 사이트를 이용하여 세련된 브이로그를 만드는 꿀팁도 챙겨 가세요.

▶ 완성 미리 보기

예제 파일: 프리미어 프로/Chapter 03/그라디언트 배경.prproj
완성 파일: 프리미어 프로/Chapter 03/그라디언트 배경_완성본.prproj

완성

01 그라디언트 배경.prproj 예제 파일을 실행합니다. 이어서 메뉴 바에서 **[파일]** – **[새로 만들기]** – **[레거시 제목]**을 선택합니다.

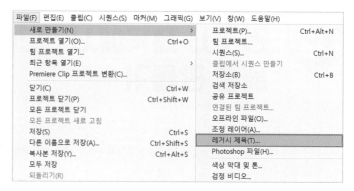

02 새 제목 창에서 비디오의 해상도와 프레임 레이트, 픽셀 종횡비를 설정합니다. 기본적으로 현재 작업하고 있는 시퀀스 설정 값과 동일한 값이 표시되므로 그대로 두고 ❶'이름' 옵션을 입력하고 ❷**[확인]**을 클릭합니다. 예제에서는 **[그라디언트 배경]**으로 입력하겠습니다.

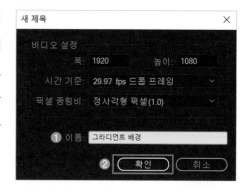

03 레거시 제목 창이 열리면 왼쪽에는 도구가, 중앙에는 화면이, 오른쪽에는 속성이 표시됩니다. **[레거시 제목 속성]** 패널의 맨 아래에 있는 ❶**[배경]**에 체크하여 활성화한 후 하위 옵션에서 ❷'칠 유형'을 **[단색]**에서 **[선형 그라디언트]**로 변경합니다.

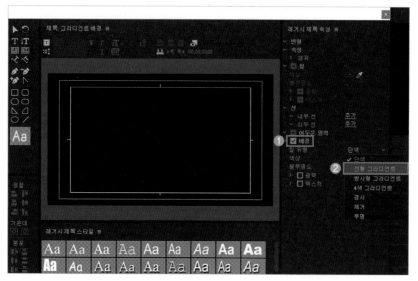

꿀팁 레거시 제목은 **276쪽 레거시 제목으로 예능 자막 만들기**에서 다시 한 번 자세히 확인할 수 있습니다.

꿀팁 '칠 유형'을 [4색 그라디언트]로 설정하면 4가지 색상을 혼합하여 배경 색상을 만들 수 있습니다.

04 2개의 색상을 선택할 수 있는 그라디언트 막대가 나타납니다. ❶왼쪽 색상 중지를 클릭해서 선택하고, ❷원하는 색상을 선택하거나 색상 코드를 입력합니다. 예제에서는 색상 코드로 [#7DB0E5]를 입력했습니다.

05 마찬가지로 ❶오른쪽 색상 중지를 클릭하고 원하는 색상을 적용합니다. 예제에서는 [#F8D1E4] 색상을 사용했습니다. 이어서 ❷두 중지점을 각각 좌우 끝으로 드래그합니다. 중지점 간격이 좁아지면 그라디언트 색상의 경계가 뚜렷해지고, 넓어지면 부드럽게 적용됩니다.

꿀팁 '각도' 옵션으로 그라디언트 각도를 변경하면 다양한 느낌의 그라디언트를 연출할 수 있습니다.

06 화면에서 그라디언트 배경을 확인한 후 맨 오른쪽 위에 있는 ▣를 클릭해서 창을 닫습니다.

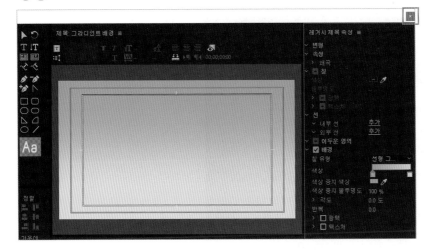

07 [프로젝트] 패널을 보면 [그라디언트 배경]이 생성되어 있습니다. [그라디언트 배경]을 선택하고 [타임라인] 패널의 V1 트랙으로 드래그합니다.

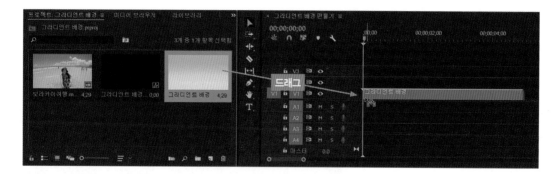

08 이어서 그라디언트 배경 위에 영상을 올리겠습니다. [프로젝트] 패널에서 [보라카이여행] 영상을 선택하여 [타임라인] 패널의 V2 트랙으로 드래그합니다.

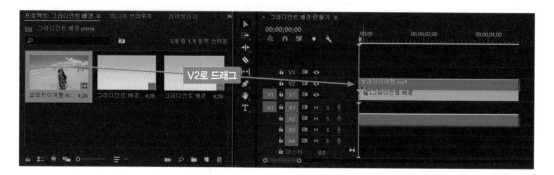

09 [보라카이여행] 영상이 화면을 꽉 채워서 애써 만든 배경이 보이지 않습니다. 그러므로 영상 크기를 줄여서 배경이 보이도록 하겠습니다. [타임라인] 패널에서 [보라카이여행] 클립을 선택한 후 ❶ [효과 컨트롤] 패널을 확인합니다. '동작' 옵션의 하위 옵션인 ❷'비율 조정' 옵션 값을 [75]로 입력합니다.

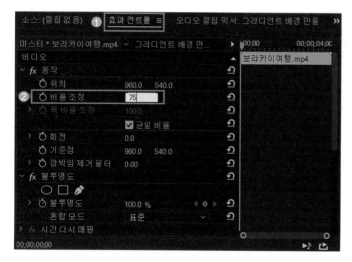

꿀팁 [효과 컨트롤] 패널이 보이지 않을 때는 메뉴 바에서 [창] – [효과 컨트롤]을 선택하거나 단축키 [Shift] + [5]를 누릅니다.

10 [프로그램 모니터] 패널을 보면 영상이 75%로 줄어들면서 그라디언트 배경이 나타납니다. 이렇게 그라디언트 배경을 활용하면 단색 배경보다 입체감과 공간감을 잘 표현하는 세련된 영상을 만들 수 있습니다.

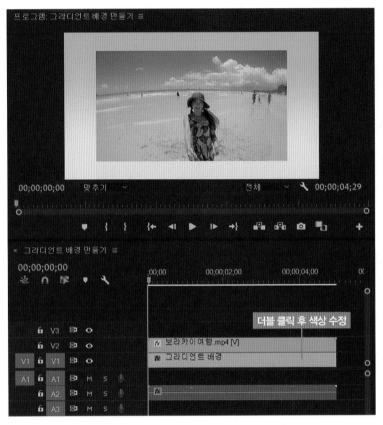

꿀팁 그라디언트 색상을 수정하고 싶다면 [프로젝트] 패널 혹은 [타임라인] 패널에서 [그라디언트 배경]을 더블 클릭하여 레거시 제목 창을 이용합니다.

▶ 색상 피커 기본 사용법

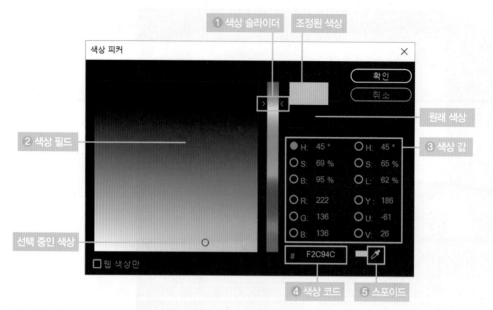

❶ 색상 슬라이더에서는 원하는 색상 계열을 선택합니다.

❷ 색상 필드에서 밝고 어두움, 탁하고 선명함 정도를 선택합니다.

❸ 색상 값에서는 HSB(색조, 채도, 명도), HSL(색조, 채도, 광도), RGB(빨강, 녹색, 파랑), YUV(광도 및 색상 차이 채널)의 값을 입력해서 원하는 색상을 선택할 수 있습니다.

❹ 색상 사이트 등에서 추천해 주는 색상 코드를 직접 입력하여 색상을 선택할 수 있습니다.

❺ 스포이드는 영상 등에서 출력되는 색을 직접 클릭하여 동일한 색상을 선택할 수 있습니다.

▶ 색상 추천 사이트

색 감각이 없어 속상하신가요? 걱정하지 마세요. 색상 조합을 추천해 주는 사이트들이 많이 있습니다. 배경 색을 선택하거나 자막 작업을 할 때 색상 추천 사이트에서 제안하는 색 조합으로 작업해 보세요. 색 조합만 잘해도 영상의 품질이 훨씬 좋아집니다.

이러한 색상을 가져올 때는 색상 코드를 이용하거나 다음과 같이 색상 피커 창에서 [스포이드]를 선택한 후 원하는 색상을 클릭해서 추출하는 방법도 있습니다.

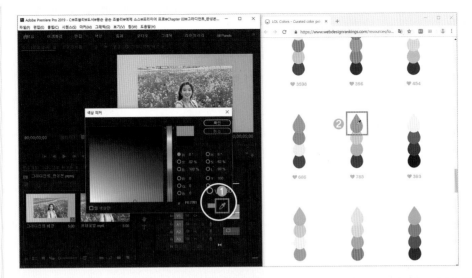

꿀팁 색상 추천 사이트와 프리미어 프로 창을 나란하게 배치해서 사용하면 프리미어 프로 외부에 있는 화면의 색상까지도 추출할 수 있습니다. 프리미어 프로 맨 상단인 제목 표시줄을 더블 클릭하면 프리미어 프로 창 크기를 줄일 수 있습니다.

▲ https://uigradients.com

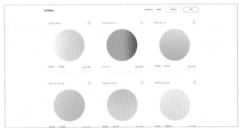

▲ https://webgradients.com

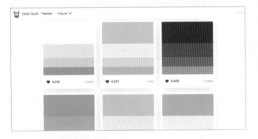

▲ https://colorhunt.co

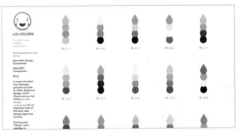

▲ https://www.webdesignrankings.com/
resources/lolcolors/

이 외에도 인터넷에서 '색상 사이트 추천' 등으로 검색하면 다양한 사이트를 찾을 수 있습니다. 색상 사이트로 멋지게 작업해 보세요!

03 4분할 영상 만들고 중첩
관리하기 (크기 및 위치 변경)

한 화면에 여러 장면을 넣고 싶을 때는 화면 분할을 이용해 보세요. 브이로그에서 가장 많이 사용하는 4분할 효과를 배우면서 영상의 크기와 위치를 변경하는 방법을 알아보겠습니다. 또한, 작업한 영상을 섬네일 이미지로 쉽게 출력하는 꿀팁도 확인해 보세요.

▶ 유튜브 동영상 강의

화면 분할 쉽게 만들기
https://youtu.be/Vy_ttVE8KjU

▶ 완성 미리 보기

 예제 파일: 프리미어 프로/Chapter 03/4분할.prproj
완성 파일: 프리미어 프로/Chapter 03/4분할_완성본.prproj

완성

크기와 위치를 조절하여 4분할 영상 만들기

01 4분할.prproj 예제 파일을 실행합니다. 4분할 영상을 만들기 위해서는 영상 4개가 필요하겠죠? 먼저 [프로젝트] 패널에서 [비디오1] 영상을 [타임라인] 패널의 V1 트랙에 드래그하여 가져다 놓습니다.

02 4분할 영상을 만들기 위해 영상 크기를 줄이겠습니다. [타임라인] 패널에서 ❶[비디오1] 클립을 선택하고 ❷[효과 컨트롤] 패널을 확인합니다.

꿀팁 [타임라인] 패널에서 반드시 [비디오1] 클립을 선택해야 이어지는 과정과 동일한 패널 화면이 보입니다.

03 [효과 컨트롤] 패널에서 ❶'동작' 옵션을 펼치고 하위 옵션 중 ❷'비율 조정' 옵션 값을 [50]으로 변경합니다. [프로그램 모니터] 패널에서 [비디오1] 클립의 화면 크기가 반으로 줄어든 것을 확인합니다.

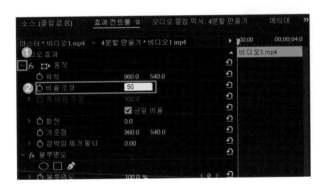

꿀팁 옵션의 하위 옵션을 펼칠 때는 해당 옵션 명 왼쪽에 있는 아이콘 █ 을 클릭하면 됩니다.

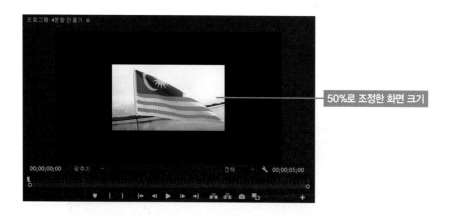

50%로 조정한 화면 크기

04 크기를 줄였으니 이제는 위치를 수정하여 **[비디오1]** 클립을 화면에서 왼쪽 위에 배치하겠습니다. **[효과 컨트롤]** 패널의 '동작' – '위치' 옵션 값을 **[480, 270]**으로 변경합니다. **[프로그램 모니터]** 패널에서 **[비디오1]** 영상이 왼쪽 위에 배치되었습니다. 나머지 영상도 영상 크기와 위치 값을 변경하여 4분할 영상을 완성해 보겠습니다.

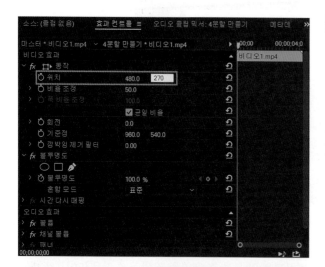

꿀팁 위치 값은 X ,Y 좌표로 입력하며, X는 영상의 가로, Y는 영상의 세로 축을 의미합니다. 수치를 클릭하여 값을 입력해도 되며, 클릭한 채 좌우로 드래그하면 실시간으로 영상이 이동되는 것을 확인할 수 있습니다. 또한, [선택 도구]를 선택한 후 [프로그램 모니터] 패널에서 영상을 더블 클릭하여 파란색 박스를 활성화한 후 직접 영상을 드래그하여 옮길 수도 있습니다.

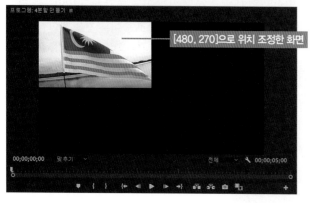

[480, 270]으로 위치 조정한 화면

05 [프로젝트] 패널에서 [비디오2], [비디오3], [비디오4] 영상을 각각 [타임라인] 패널의 V2, V3, V4 트랙에 드래그하여 가져다 놓습니다.

꿀팁 [타임라인] 패널에 V3 트랙까지만 보이더라도 V3 트랙까지 배치한 후 추가로 영상을 드래그하여 가져다 놓으면 자동으로 V4 트랙이 생성됩니다.

06 이제 각 클립의 크기와 위치를 변경합니다. [타임라인] 패널에서 [비디오2] 클립을 선택하고 [효과 컨트롤] 패널을 확인합니다. 앞에서 했던 작업과 동일하게 '비율 조정' 옵션을 [50]으로 변경하고, '위치' 옵션 값은 [1440, 270]으로 변경합니다.

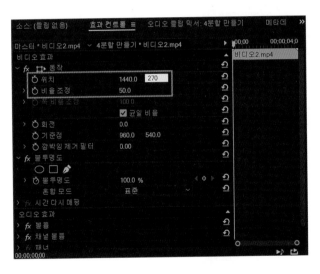

07 이제 [비디오3]과 [비디오4] 클립이 남았죠? 앞서와 같은 방법으로 [프로젝트] 패널에서 각 클립을 선택한 후 [효과 컨트롤] 패널에서 '비율 조정' 옵션과 '위치' 옵션을 다음과 같이 변경합니다.

옵션	비디오3	비디오4
비율 조정	50	50
위치	480, 810	1440, 810

꿀팁 [타임라인] 패널에 여러 트랙을 배치했을 때 헷갈리기 쉽습니다. 그러므로 [타임라인] 패널에서 클립을 제대로 선택했는지 꼭 확인하면서 작업해 주세요.

08 [프로그램 모니터] 패널을 보면 브이로그에서 자주 사용하는 4분할 영상이 완성되었습니다.

중첩 기능으로 클립 합치고 관리하기

01 4분할 영상처럼 [타임라인] 패널에 클립이 여러 개 쌓이면 관리가 힘들겠죠? 이럴 땐 클립을 하나로 합쳐 주는 중첩(Nest) 기능을 이용해 보세요. [타임라인] 패널에서 ❶범위를 드래그하여 모든 클립을 선택하고 ❷마우스 오른쪽 버튼을 클릭하여 ❸[중첩]을 선택합니다.

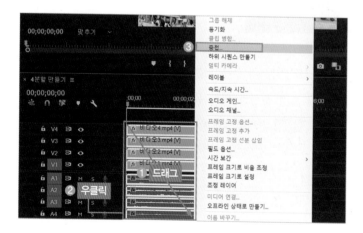

02 중첩된 시퀀스 이름 창이 열리면 ❶'이름' 옵션을 입력하고 ❷[확인]을 클릭합니다. 예제에서는 [4분할 중첩]으로 입력했습니다.

03 [타임라인] 패널을 확인하면 앞에서 입력한 이름으로 하나의 클립만 남아 있습니다. 또한 [프로젝트] 패널을 보면 [4분할 중첩] 시퀀스가 생성되었습니다.

꿀팁 [프로젝트] 패널이나 [타임라인] 패널에서 [4분할 중첩] 시퀀스를 더블 클릭하면 원본 클립을 확인할 수 있습니다.

04 4분할 영상이 화면을 꽉 채우기 때문에 영상 크기를 줄여서 배경이 보이도록 하겠습니다. [타임라인] 패널에서 [4분할 중첩] 클립을 선택하고 ❶[효과 컨트롤] 패널에서 ❷'동작' 옵션의 하위 옵션인 '비율 조정' 옵션 값을 [80]으로 조정합니다.

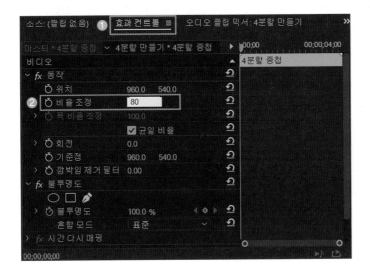

05 [프로그램] 모니터 패널을 보면 4분할 영상의 크기가 한번에 조절되었죠? 이처럼 중첩 기능을 이용하면 여러 클립을 한 번에 제어할 수 있어 편리합니다.

06 마지막으로 배경 색상을 변경하겠습니다. [프로젝트] 패널 오른쪽 아래에서 ❶[새 항목] 아이콘을 클릭하고 ❷[색상 매트]를 선택합니다. ❸원하는 색으로 색상 매트를 생성합니다.

꿀팁 색상 매트 사용법은 **162쪽 색상 매트를 이용하여 배경 색상 바꾸기**에서 자세히 확인할 수 있습니다.

07 색상 매트를 배경으로 넣으려면 가장 아래쪽 트랙에 배치해야 합니다. [타임라인] 패널에서 ❶[4분할 중첩] 클립을 선택하여 V2 트랙으로 드래그하여 옮기고, ❷[프로젝트] 패널에서 [색상 매트]를 선택하여 V1 트랙에 배치합니다.

08 영상을 재생해서 결과를 확인합니다. 4분할 영상의 크기와 배경 색상을 변경하니 이전에 꽉 찼던 4분할 영상하고 또 다른 느낌이죠? 다양하게 응용하여 브이로그에 활용해 보세요.

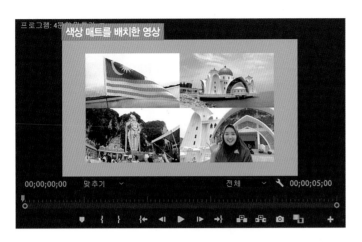

 **금손 변신 Tip** 🖐 **영상 배치와 위치 값** 금손처럼 사용하기

실습에서 입력한 위치 값은 FHD(1920x1080) 영상이며, 비율 조정 값이 50%라는 가정에서 적합한 수치입니다.

480x270	1440x270
480x810	1440x810

▲ FHD(1920x1080) 영상에서 비율 조정 값이 50%일 때 4분할 위치

다른 해상도의 영상은 비율 조정과 위치 값을 상황에 맞게 직접 조절해서 작업해야 합니다. 또한, 수치를 입력해도 위치가 딱 맞지 않을 때는 **[효과 컨트롤]** 패널의 '동작' – '기준점' 옵션을 초기화해 주세요. 기준점 옵션 값을 초기

화하려면 해당 옵션 오른쪽 옆에 있는 **[효과 재설정]** 아이콘🔁을 클릭하면 됩니다.

기본적으로 기준점은 해당 클립의 정중앙에 위치합니다. 위치뿐만 아니라 크기나 회전을 조정할 때도 기준점 위치에서 움직임이 설정됩니다. **[효과 컨트롤]** 패널에서 '동작' 옵션을 선택하면 **[프로그램 모니터]** 패널에서 해당 클립의 기준점을 확인할 수 있습니다. 클립을 이동하다가 실수로 기준점을 잡고 움직일 수 있으니 주의해야 합니다.

금손 변신 Tip **작업한 영상 빠른 교체 및 분할 화면 섬네일 이미지로 저장하기**

▶ 편집이 끝난 후 빠르게 영상을 교체하고 싶다면?

힘들게 화면 분할을 완료했는데 갑자기 영상을 교체하고 싶다면 어떻게 해야 할까요? 다시 비율과 위치를 조절하는 작업을 반복해야 할까요? 그럴 때는 Alt 를 기억해 주세요!

방법은 간단합니다. **[프로젝트]** 패널에서 변경할 영상을 선택하고 Alt 를 누른 채 **[타임라인]** 패널에서 교체할 클립으로 드래그하여 놓아 주세요. 변경한 옵션 값은 유지된 채 순식간에 영상만 교체됩니다.

▶ **분할 영상을 섬네일 이미지로 출력하고 싶다면?**

4분할은 브이로그 섬네일 이미지로 자주 사용하는 효과입니다. 앞에서 작업한 화면 분할을 섬네일 이미지로 쉽게 출력하는 방법이 있습니다.

[프로그램 모니터] 패널에서 출력하고 싶은 화면이 나오는 위치로 재생헤드를 가져다 놓습니다. 이어서 아래쪽에 있는 카메라 모양의 **[프레임 내보내기]** 아이콘을 클릭합니다([Ctrl] + [Shift] + [E]).

프레임 내보내기 창에서 경로와 파일 이름, 형식 등을 지정하여 이미지로 출력할 수 있으며, **[프로젝트로 가져오기]**에 체크하면 캡처된 이미지가 **[프로젝트]** 패널에 삽입됩니다.

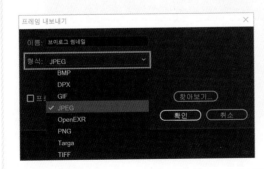

자르기 효과를 이용하여
2분할 만들기

브이로그에서 4분할 만큼 2분할 효과도 자주 사용합니다. 영상의 위치와 크기를 이용했던 4분할과 달리 이번에는 [자르기] 효과를 이용해서 영상의 일부분을 자르고, 자유롭게 화면 분할하는 방법을 알아보겠습니다. 영상에서 필요하지 않은 내용이 있다면 과감히 잘라내 보세요.

▶ **유튜브 동영상 강의**

화면 분할 쉽게 만들기
https://youtu.be/Vy_ttVE8KjU

▶| **완성 미리 보기**

 예제 파일: 프리미어 프로/Chapter 03/2분할.prproj
 완성 파일: 프리미어 프로/Chapter 03/2분할_완성본.prproj

완성

01 2분할.prproj 예제 파일을 실행합니다. **[프로젝트]** 패널에서 **[패러글라이딩_1]** 영상을 **[타임라인]** 패널의 V1 트랙으로 드래그합니다.

02 ❶**[효과]** 패널의 ❷검색 창에 '자르기'를 입력해서 검색합니다. ❸**[자르기]** 효과를 선택하여 **[패러 글라이딩_1]** 클립으로 드래그합니다.

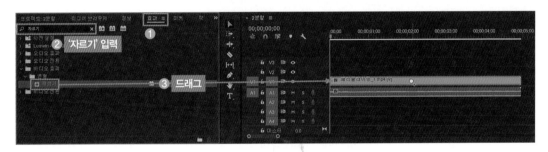

> **꿀팁** [효과] 패널 단축키는 Shift + 7 입니다. 영문 버전에서는 'Crop'으로 검색해야 합니다.

03 **[타임라인]** 패널에서 **[패러글라이딩_1]** 클립을 선택하고 ❶**[효과 컨트롤]** 패널을 확인합니다. 비디오 효과 항목에서 ❷'자르기' 옵션을 펼친 후 ❸'왼쪽', '위', '오른쪽', '아래' 옵션 값을 입력하면 입력한 비율만큼 영상이 잘립니다. 예제에서는 '왼쪽' 옵션을 **[28%]**, '오른쪽' 옵션을 **[22%]**로 변경하였습니다.

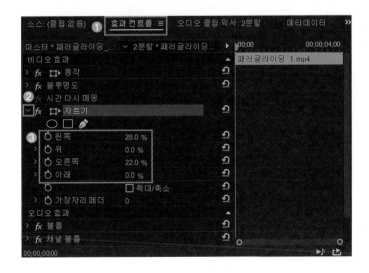

04 [**프로그램 모니터**] 패널을 보면 [**자르기**] 효과에서 설정한 값만큼 영상의 왼쪽과 오른쪽이 잘려나
간 것을 확인할 수 있습니다. 이처럼 [**자르기**] 효과를 이용하면 원하는 부분을 쉽게 자를 수 있
습니다. 이번에는 영상의 위치와 비율을 수정하겠습니다.

🍯**꿀팁** [효과 컨트롤] 패널에서 '자르기' 옵션의 이름을 클릭하면 [프로그램 모니터] 패널에 파란색 가이드라인이 나타납니다. [선택 도
구]를 선택한 후 가이드라인을 조절하면 [프로그램 모니터] 패널 화면에서도 자유롭게 영상을 자를 수 있습니다.

05 다시 ❶[**효과 컨트롤**] 패널에서 ❷'동작' 옵션의 하위 옵션인 '위치' 옵션을 [**350, 540**]으로, '비율
조정' 옵션을 [**60**]으로 변경합니다. [**패러글라이딩_1**] 영상이 왼쪽으로 정렬되었으며 크기도 변
경되었습니다.

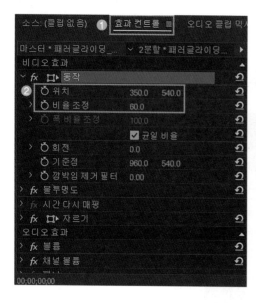

06 이번에는 [**프로젝트**] 패널에서 [**패러글라이딩_2**] 영상을 선택하고 [**타임라인**] 패널의 V2 트랙으로 드래그해서 배치합니다.

07 앞서와 동일하게 ❶[**효과**] 패널에서 ❷[**자르기**] 효과를 [**패러글라이딩_2**] 클립으로 드래그해서 적용합니다.

08 [**타임라인**] 패널에서 [**패러글라이딩_2**]를 선택하고 ❶[**효과 컨트롤**] 패널을 확인합니다. ❷'위치' 옵션 값을 [**1245, 540**], '비율 조정' 옵션 값을 [**60**]으로 변경합니다.

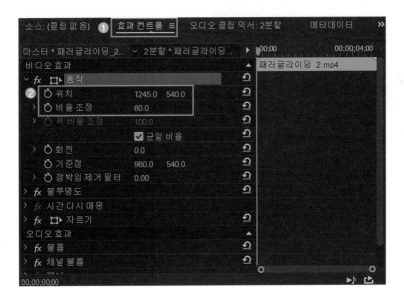

09 계속해서 [효과 컨트롤] 패널에 있는 ❶'자르기' 옵션을 펼치고 ❷'왼쪽' 옵션을 [3%]로 변경하여 왼쪽 부분만 조금 잘라냅니다.

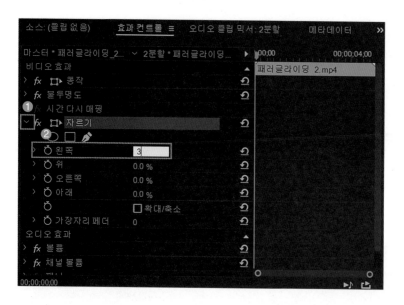

10 영상을 재생하여 2분할 화면을 확인합니다. 이처럼 [자르기] 효과를 적용한 후 '위치', '비율 조정' 옵션을 변경하면 화면 분할을 쉽게 만들 수 있습니다.

11 마지막으로 색상 매트를 이용하여 배경을 흰색으로 변경해 주세요. 흰색으로 배경을 변경하니 전보다 깔끔한 영상이 되었죠? 색상 매트 사용 방법을 아직도 모른다면 162쪽을 복습해 주세요.

꿀팁 [프로그램 모니터]에서 스패너 모양의 아이콘🔧을 클릭하여 [눈금자 표시](Show Rulers), [안내선 표시](Show Guides)를 선택해 보세요. 위의 이미지처럼 눈금자가 표시되며, 눈금자에서 화면으로 드래그하면 안내선이 나타납니다(해당 기능은 프리미어 프로 CC 2019 13.1 버전부터 사용할 수 있습니다).

 **영상을 대각선으로 자르고 싶다면?**

영상을 대각선으로 자르고 싶다면 [선형 지우기] 효과를 이용해 보세요! [효과] 탭에서 '선형 지우기'로 검색 해서 쉽게 찾을 수 있으며 영문 버전에서는 'Linear Wipe'로 검색하면 됩니다.

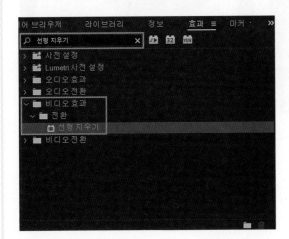

예제 실습과 같은 방법으로 영상 클립에 [선형 지우기] 효과를 적용하고 [효과 컨트롤] 패널에서 '선형 지우 기' 옵션의 하위 옵션인 '변환 완료' 옵션 값에서 얼마나 지울 것인지 범위를 정할 수 있습니다. 이어서 '지 우기 각도' 옵션에서 각도를 지정하면 대각선으로 영상을 자를 수 있습니다.

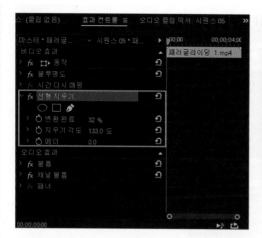

한쪽을 자르고 반대쪽도 자르고 싶다면 처음 추가할 때처럼 **[프로젝트]** 패널에서 **[타임라인]** 패널로 **[선형 지우기]** 효과를 한번 더 드래그해서 추가해야 합니다. 그런 다음 **[효과 컨트롤]** 패널에서 추가된 두 번째 '선형 지우기' 옵션 값을 변경합니다. 이때 '지우기 각도' 옵션을 마이너스 값으로 설정해야 반대쪽 대각선 이 잘리게 됩니다.

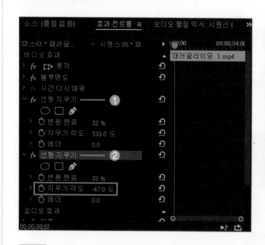

꿀팁 [선형 지우기] 효과를 한 번 더 추가할 때 [효과 컨트롤] 패널에서 '선형 지우기' 옵션을 선택하고 Ctrl + C 를 눌러 복사한 후 Ctrl + V 를 눌러 붙여넣기해도 됩니다.

Lesson 05

마스크 도구를 이용하여 동그라미 안에 영상 넣기

마스크는 비디오에서 특정 부분만 보여주거나 가리는 역할을 합니다. 여기서는 프리미어 프로의 마스크 기능을 살펴보며, 동그란 원형 안에 영상을 넣어 보겠습니다.

▶ 유튜브 동영상 강의

동그라미 영상 쉽게 만드는 방법
https://youtu.be/jf88vcbiAjM

▶ 완성 미리 보기

예제 파일: 프리미어 프로/Chapter 03/동그라미 영상.prproj
완성 파일: 프리미어 프로/Chapter 03/동그라미 영상_완성본.prproj

완성

01 **동그라미 영상.prproj** 예제 파일을 실행합니다. **[프로젝트]** 패널에서 **[판다]** 영상을 선택하여 **[타임 라인]** 패널의 V2 트랙에 드래그하여 가져다 놓습니다.

꿀팁 V1 트랙에 배경을 넣을 예정입니다. 그래서 V2 트랙에 영상을 배치했습니다.

02 **[판다]** 클립을 선택하고 ❶**[효과 컨트롤]** 패널 에서 '불투명도' 옵션의 하위 옵션 중 타원 모양의 ❷**[타원 마스크 만들기]**를 클릭합니다.

꿀팁 예제에서 타원 마스크로 실습해 본 후에는 오른쪽에 있는 사각형이나 펜툴 마스크를 선택하여 다양한 모양으로 영상을 잘라 보세요.

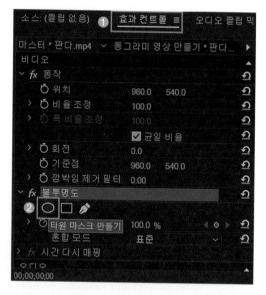

03 **[프로그램 모니터]** 패널을 확인하면 타원 모양의 마스크가 생성되고, 영상이 마스크 부분에서만 표시되는 것을 확인할 수 있습니다. 마스크에 있는 조절 점을 클릭한 채 드래그하면 마스크 영역 을 수정할 수 있습니다. 정원에 가깝게 마 스크의 모양을 적절하게 조절합니다.

04 마스크 영역 중앙에 커서를 가져다 두면 손모양의 아이콘으로 변합니다. 그 상태에서 마스크를 드래그하면 마스크의 위치를 조정할 수 있습니다. 아래처럼 마스크 영역을 이동하여 판다 얼굴 부분이 보이도록 배치합니다.

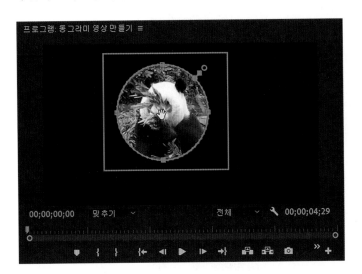

05 ❶[효과 컨트롤] 패널에서 '불투명도' 옵션을 보면 ❷'마스크(1)'이 추가된 것을 확인할 수 있습니다. ❸'마스크 페더' 옵션 값을 [0]으로 변경합니다. 값이 작을수록 마스크 경계가 날카로워지고, 클수록 부드럽게 표현됩니다.

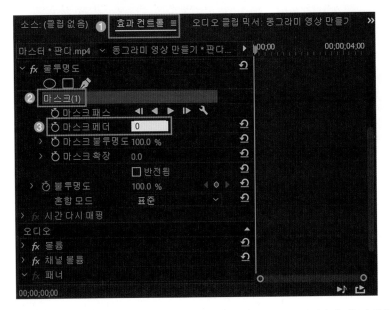

꿀팁 마스크 도형을 한 번 더 클릭하면 마스크(2)가 생성됩니다. 마스크는 여러 개 만들 수 있습니다.

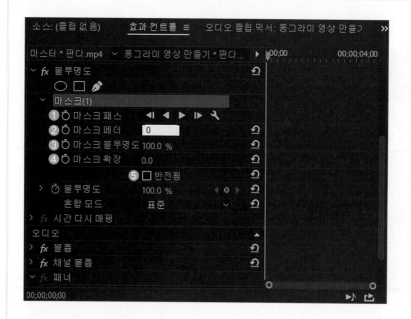

① **마스크 패스(Mask Path):** 대상의 움직임을 포착하여 마스크를 추적합니다.

② **마스크 페더(Mask Feather):** 마스크의 가장자리를 날카롭게 만들거나 부드럽게 만듭니다.

▲ 마스크 페더 0일 때

▲ 마스크 페더 300일 때

③ **마스크 불투명도(Mask Opacity):** 마스크의 불투명도를 결정합니다. 0은 투명하여 마스크가 완전히 보이지 않으며, 100에 가까울수록 마스크가 불투명해집니다.

④ **마스크 확장(Mask Expansion):** 마스크 영역을 확장하거나 축소합니다. 음수는 축소되고, 양수는 확장됩니다.

⑤ **반전됨(Inverted):** 체크하면 활성화되며, 마스크 영역 이외의 부분에 영상이 표시됩니다.

06 마스크 설정을 완료한 후 ❶[효과 컨트롤] 패널에서 ❷'동작' 옵션의 '위치' 값을 변경해 보세요. 영상이 움직이면서 영상과 연결된 마스크도 함께 움직입니다. 예제에서는 [675, 610]으로 설정하여 영상을 화면 왼쪽으로 이동해 보았습니다.

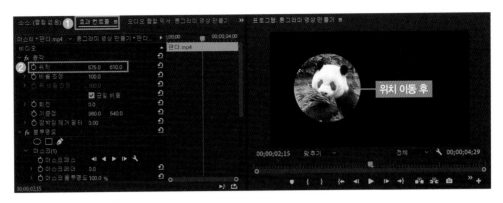

> 꿀팁 위치 값은 절대적인 값이 아니므로 원하는 위치로 변경하면 됩니다.

07 끝으로 초록색(#76A21E) 색상 매트를 생성하여 V1 트랙에 배치하여 완성합니다. 오른쪽 빈 여백에 자막을 삽입하거나 색상 매트 대신 이미지를 배치하면 PIP(Picture In Picture) 화면을 만들 수 있습니다. 이때는 마스크의 페더 값을 높여서 경계를 부드럽게 해야 자연스럽게 합성할 수 있습니다.

> 꿀팁 색상 매트 사용법은 **162쪽 색상 매트를 이용하여 배경 색상 바꾸기**에서 자세히 확인할 수 있으며, 자막 편집은 **Chapter 04. 유튜브 영상 편집의 꽃, 자막 다루기**에서 자세히 확인할 수 있습니다.

톡톡 튀는 느낌의
만화책 레이아웃 만들기

마스크 도구를 이용하여 동그라미 안에 영상을 넣는 실습을 잘 응용하면 만화책과 같은 느낌의 영상을 만들 수 있습니다. 만화책 레이아웃에 영상을 삽입하는 것이지요. 마스크 펜 도구의 사용 방법과 함께 재미있는 영상을 완성해 보세요.

> ▶ 유튜브 동영상 강의

인스타그램 템플릿 무료 공유 및 사용 방법(참고 강의)
https://youtu.be/5DK7dOAGybk

▶ 완성 미리 보기

 예제 파일: 프리미어 프로/Chapter 03/만화책 효과.prproj
완성 파일: 프리미어 프로/Chapter 03/만화책 효과_완성본.prproj

완성

01 만화책 효과.prproj 예제 파일을 실행합니다. [프로젝트] 패널에서 ❶[레이아웃] 이미지 소스를 [타임라인] 패널의 V3 트랙에, ❷[만화소스_1] 영상을 V2 트랙에 각각 드래그하여 배치합니다.

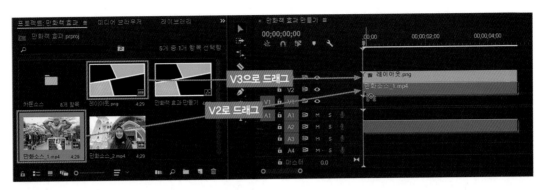

꿀팁 레이아웃 이미지에서 검은색으로 표시된 부분은 투명한 영역입니다. 그러므로 레이아웃 이미지를 위쪽 트랙에 배치하더라도 아래에 있는 영상이 표시됩니다.

02 [만화소스_1] 클립부터 위치와 크기를 조정하여 오른쪽 아래에 표시되게 조정하겠습니다. [타임라인] 패널에서 [만화소스_1] 클립을 선택하고 ❶[효과 컨트롤] 패널을 확인합니다. ❷'동작' 옵션의 하위 옵션인 '위치' 옵션을 [1200, 590]로, '비율 조정' 옵션을 [90]으로 변경합니다.

03 위치와 비율 조정을 조정해도 영상 일부분이 왼쪽 위에 튀어나오죠? 이럴 때 [펜 도구]를 이용하여 불필요한 부분을 자르면 됩니다. '불투명도' 하위 옵션에서 [펜 도구]를 클릭합니다.

04 [**프로그램 모니터**] 패널에서 다음과 같은 순서대로 오른쪽 아래 영역의 꼭짓점을 클릭합니다. 마지막 지점을 클릭할 때는 반드시 처음 클릭한 꼭짓점을 클릭해야 하나의 연결된 패스가 완성됩니다.

05 처음 클릭한 지점을 제대로 클릭해서 패스를 완성했다면 다음과 같이 마스크가 생성되며, 해당 마스크 내에서만 영상이 표시됩니다.

> **꿀팁** 패스(마스크)는 꼭짓점(조절점)을 클릭한 채 드래그하여 형태를 수정할 수 있습니다. 마스크의 파란색 가이드 선은 [효과 컨트롤] 패널에서 '불투명도' 하위 옵션인 '마스크(1)' 옵션이 선택된 상태라야 표시됩니다.

06 계속해서 왼쪽 위에 있는 영역에도 영상을 배치하겠습니다. [**프로젝트**] 패널에서 [**만화소스_2**] 영상을 V1 트랙에 드래그하여 가져다 놓습니다.

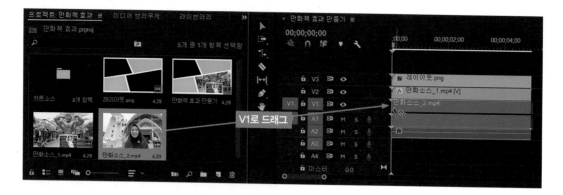

07 [타임라인] 패널에서 [만화소스_2] 클립을 선택한 후 ❶[효과 컨트롤] 패널에서 ❷'위치' 옵션은 [390, 295], '비율 조정' 옵션은 [60]으로 조정합니다. 이어서 앞의 실습과 같은 방법으로 ❸❹ [펜 도구]를 클릭한 후 [프로그램 모니터] 패널에 마스크를 생성합니다.

꿀팁 노란색과 초록색인 부분도 영상을 배치하고 싶다면 [프로젝트] 패널에서 [카툰소스] 폴더에 있는 [레이아웃_2] 이미지를 배치 해서 사용하면 됩니다.

08 마지막으로 말풍선 등을 배치하여 만화책 느낌을 강화하겠습니다. ❶[프로젝트] 패널에서 ❷[카 툰소스] 폴더를 더블 클릭하여 열어 보면 다양한 말풍선 이미지가 포함되어 있습니다.

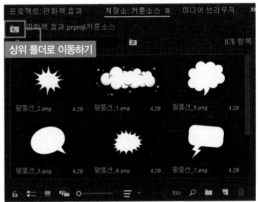

꿀팁 [카툰소스] 폴더에서 다시 [프로젝트] 폴더로 돌아갈 때는 패널 탭에서 [프로젝트] 패널을 클릭하거나 말풍선 목록 왼쪽 위에 있 는 [상위 폴더로 이동하기] 아이콘을 클릭하면 됩니다.

09 말풍선을 선택하여 [타임라인] 패널로 드래그하여 배치합니다. [프로그램 모니터] 패널에서 배치한 말풍선을 더블 클릭한 후 기준점이 표시되면 드래그하여 원하는 위치에 배치할 수 있습니다. 276쪽을 참고하여 자막까지 추가하면 더욱 개성 있는 영상을 완성할 수 있어요.

 **영상을 좀 더 만화처럼 표현하기**

[효과] 패널에서 '포스터화'(Posterize) 또는 '중간값'(Median)으로 검색한 후 클립으로 드래그하여 효과를 적용해 보세요. 영상의 색상을 단순화시켜 주는 효과로 좀 더 만화처럼 표현할 수 있습니다. 효과를 적용한 후에는 [효과 컨트롤] 패널에서 강도를 설정하면 됩니다.

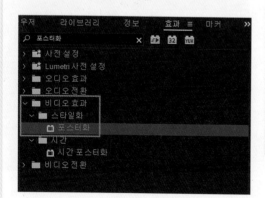 

▲ 포스터화(Posterize) 효과를 적용해 완성한 영상

Lesson 07
트랙 매트 키를 이용하여 텍스트 안에 영상 넣기

여행 영상을 색다르게 편집하고 싶으신가요? 여행지에서 촬영했던 풍경을 텍스트 안에 넣어 보세요. 멋진 인트로 여행 영상을 만들 수 있습니다. [트랙 매트 키]를 이용하여 텍스트 안에 영상을 합성하는 방법을 배워 보겠습니다.

▶ 유튜브 동영상 강의

텍스트, 도형 안에 영상(이미지) 넣기
https://youtu.be/CDCl2kzVKME

▶ 완성 미리 보기

Pr PROJ **예제 파일:** 프리미어 프로/Chapter 03/텍스트_트랙매트.prproj
완성 파일: 프리미어 프로/Chapter 03/텍스트_트랙매트_완성본.prproj

완성

01 **텍스트_트랙매트.prproj** 예제 파일을 실행합니다. 예제 파일을 확인하면 'BORACAY SUNSET'라 고 텍스트가 입력되어 있습니다. 지금부터 이 텍스트 안에 영상을 넣어 보겠습니다. **[프로젝트]** 패널에서 텍스트 안에 넣을 **[보라카이]** 영상을 선택하여 **[타임라인]** 패널의 V1 트랙으로 드래그합니다.

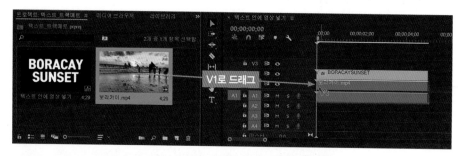

02 자막 안에 영상을 넣으려면 **[트랙 매트 키]** 효과가 필요합니다. ❶**[효과]** 패널에서 ❷'트랙 매트 키'로 검색해서 찾고, ❸**[트랙 매트 키]** 효과를 **[보라카이]** 클립으로 드래그합니다.

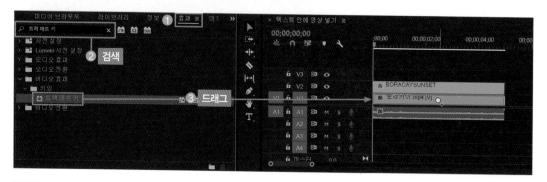

꿀팁 [트랙 매트 키] 효과를 찾을 때 영문 버전은 'Track Matte Key'로 검색합니다. 실습에서 효과를 드래그할 때 실수로 영상 클립 이 아닌 텍스트 클립에 배치되지 않도록 주의하세요.

03 효과 상세 설정을 변경하기 위해 [보라카이] 클립이 선택된 상태에서 ❶[효과 컨트롤] 패널을 확인합니다. ❷'트랙 매트 키' 옵션을 찾고, 하위 옵션 중 ❸'매트' 옵션에서 합성할 트랙을 지정합니다. 예제에서는 텍스트 클립이 V2 트랙에 있으므로 [비디오2]로 설정합니다.

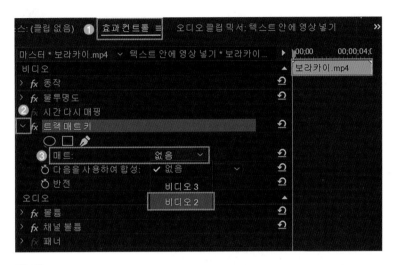

🍯꿀팁 '매트'는 합성할 대상의 트랙을 선택하는 옵션입니다. 편집 중에 배치한 트랙의 위치가 예제와 다를 수 있으므로 텍스트 트랙이 어디에 있는지 확인하고 지정해야 합니다.

04 영상을 재생하여 텍스트 속에서 영상이 재생되는 것을 확인합니다.

🍯꿀팁

예제에서는 텍스트로 실습했지만 포토샵이나 일러스트레이터에서 도형을 만들어서 가져와도 됩니다. 중요한 것은 PNG 포맷처럼 배경이 투명한 상태여야 합니다. [트랙 매트 키] 효과를 사용하면 어떠한 모양으로도 영상을 합성할 수 있습니다.

Lesson 08 키프레임 설정으로 움직이는 사진 만들기

키프레임이란 위치, 크기, 회전, 다양한 효과 등 옵션 값이 시간에 따라 변경되도록 설정한 프레임이라고 생각하면 됩니다. 이번 레슨에서는 키프레임으로 부드럽게 움직이는 사진을 만들어 보겠습니다. 예제에서는 사진으로 실습하지만 영상, 텍스트, 오디오 효과 등 모든 키프레임의 사용 방법은 같습니다.

▶ 유튜브 동영상 강의

사진으로 동영상 만드는 방법
https://youtu.be/SkaUyPMfWKM

 예제 파일: 프리미어 프로/Chapter 03/사진 애니메이션.prproj
완성 파일: 프리미어 프로/Chapter 03/사진 애니메이션_완성본.prproj

🍴 움직이는 사진 애니메이션 만들기

01 사진 애니메이션.prproj 예제 파일을 실행합니다. [**프로젝트**] 패널에서 [**여행사진**] 이미지 소스를 [**타임라인**] 패널의 V1 트랙으로 드래그합니다.

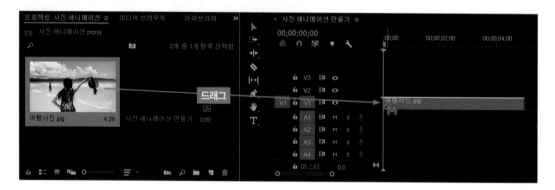

02 [타임라인] 패널에서 [여행사진] 클립을 선택하고 ❶[효과 컨트롤] 패널을 확인합니다. '동작' 옵션의 하위 옵션인 ❷'위치' 옵션을 [480, 540]으로 변경하고, '비율 조정' 옵션은 [40]으로 변경하여 위치는 왼쪽, 크기는 원본의 40%로 조정했습니다.

03 키프레임을 이용하여 왼쪽에서 오른쪽으로 움직이는 사진 애니메이션을 만들겠습니다. [효과 컨트롤] 패널에서 ❶재생헤드를 [00;00;00;00]으로 이동하고, '위치' 옵션에서 스톱워치 모양의 [애니메이션 켜기/끄기] 아이콘을 클릭하여 애니메이션을 활성화합니다.

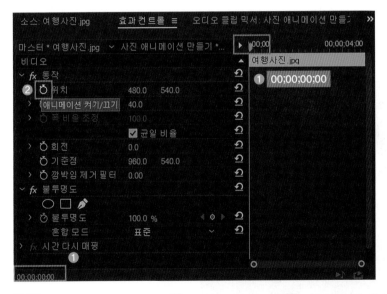

꿀팁 [애니메이션 켜기/끄기] 아이콘을 클릭하면 파란색 아이콘으로 변경됩니다. 해당 옵션 값에 대한 애니메이션이 활성화되며, 이후 옵션 값을 변경하면 키프레임이 추가됩니다. 참고로 '불투명도' 옵션은 기본적으로 애니메이션 활성화 상태이므로 옵션 값을 변경하면 곧바로 키프레임이 추가됩니다.

04 타임라인을 확인해 보면 **[00;00;00;00]** 위치에 다이아몬드 모양처럼 생긴 키프레임이 생성되었죠? 0초에서 위치 값을 저장한 것입니다. 이번에는 ❶재생헤드를 **[00;00;02;00]**으로 이동하여, '위치' 옵션 값 중 가로만 **[960]**으로 변경합니다. 옵션 값이 바뀌면서 자동으로 키프레임이 추가되는 것을 확인할 수 있습니다.

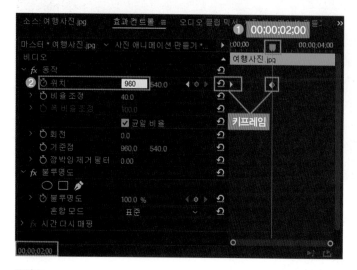

꿀팁 옵션 값을 수정할 때는 옵션 값을 클릭하여 직접 숫자를 입력하거나 옵션 값에서 클릭한 채 드래그하여 [프로그램 모니터] 화면에서 실시간으로 변화 값을 확인하는 방법이 있습니다.

05 영상을 재생해 보면 왼쪽에서 오른쪽으로 움직이는 애니메이션을 확인할 수 있습니다.

🍴 일시 정지 애니메이션 만들기

01 계속해서 오른쪽으로 움직이다가 1초간 일시 정지시켜 보겠습니다. 일시 정지는 1초 간 위치 값이 같으면 되겠죠? ❶재생헤드를 **[00;00;03;00]**으로 이동한 후 ❷'위치' 옵션에서 다이아몬드처럼 생긴 **[키프레임 추가/제거]** 아이콘을 클릭하여 키프레임을 추가합니다. 이전과 변화가 없는 키프레임을 추가하여 2초부터 3초 구간은 움직이지 않도록 설정한 것입니다. 이처럼 옵션 값을 변경하지 않은 채 키프레임을 추가할 때는 **[키프레임 추가/제거]** 아이콘을 클릭하면 됩니다.

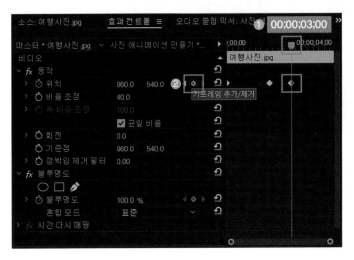

꿀팁 잘못 지정한 키프레임을 삭제할 때는 클릭해서 선택하고 [Delete]를 누르면 됩니다. 만약 모든 키프레임을 삭제하고 싶다면 옵션에 있는 [애니메이션 켜기/끄기] 아이콘 🕐을 클릭하여 애니메이션 기능을 끄면 됩니다. 또한, 키프레임을 선택하고 좌우로 드래그하여 위치를 조정할 수도 있습니다.

02 1초간 정지 후 다시 움직이도록 ❶재생헤드를 **[00;00;04;20]**으로 옮기고, '위치' 옵션에서 가로 값만 **[1440]**으로 변경합니다. 마찬가지로 옵션 값이 바뀌면서 자동으로 키프레임이 추가됩니다.

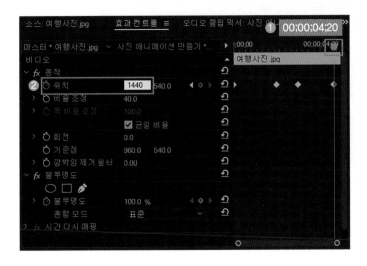

03 영상을 재생하여 사진의 움직임과 속도를 확인해 보세요. 왼쪽에서 오른쪽으로 움직이다가 1초간 정지하고, 다시 오른쪽으로 움직이죠? 속도는 기계적인 움직임처럼 일정합니다. 점점 빠르게 움직이거나 점점 느리게 멈추도록 움직임을 부드럽게 하고 싶으면 어떻게 해야 할까요? 이어서 키프레임의 보간 방법을 알아보겠습니다.

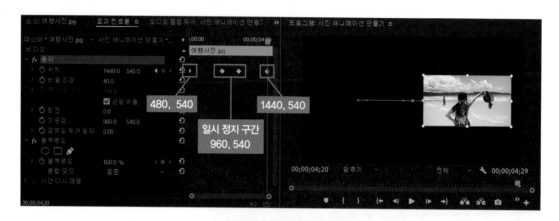

움직임이 부드러운 애니메이션 만들기

01 움직임을 부드럽게 하고 싶다면 키프레임의 속도를 조정하면 됩니다. '위치' 옵션에서 **[애니메이션 켜기/끄기]** 아이콘 왼쪽에 있는 아이콘 ▶을 클릭하여 하위 옵션을 펼치면 타임라인에 속도 그래프가 표시됩니다. 그래프 선이 위쪽일수록 빨라지고, 아래쪽일수록 느려집니다. 지금은 일정한 속도로 움직이고 있어서 그래프 선이 일직선으로 표시되는 것입니다.

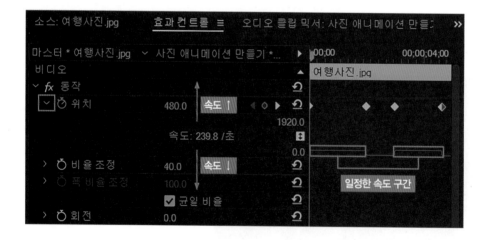

02 [효과 컨트롤] 패널의 타임라인에서 범위를 드래그 해서 ❶키프레임을 모두 선택하고 키프레임 위에서 마우스 오른쪽 버튼을 클릭하여 ❷[시간 보간] - [베지어]를 선택합니다.

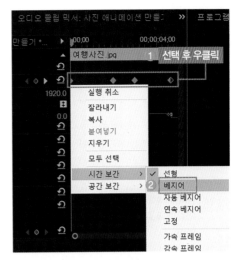

03 키프레임이 다이아몬드 모양에서 모래시계 모양으로 변경되며, 그래프 선도 일직선에서 곡선으로 변경되었죠? 이제는 일정한 속도로 움직이는 것이 아니라 이전보다 빠르게 시작하여 점점 속도를 줄이고, 잠시 멈췄다가 다시 서서히 빨라지는 움직임이 되었습니다.

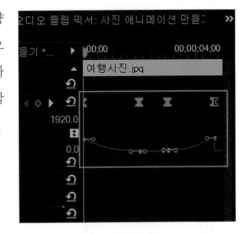

04 키프레임을 선택하면 해당 그래프 선에 핸들이 표시되며, 이 핸들을 위로 드래그하면 속도가 빨라지고 아래로 드래그하면 속도가 느려집니다. 예제처럼 첫 키프레임의 그래프 선 핸들을 위로 올린다면 시작할 때 아주 빠르게 시작하고 점점 느려지는 움직임이 되는 것입니다.

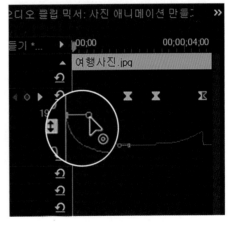

꿀팁 지금까지 '위치' 옵션을 이용한 키프레임 실습을 진행했는데요, 다른 옵션에서 사용하더라도 원리는 모두 같습니다. 앞의 실습을 참고하여 '비율 조정'과 '회전' 옵션도 키프레임을 설정하면서 연습해 보세요. '불투명도' 옵션은 기본적으로 애니메이션이 켜진 상태여서 옵션 값만 변경해도 키프레임이 추가되니 주의해야 합니다.

REC 녹화 효과 만들기

촬영자 시점으로 영상을 편집하고 싶을 때는 REC 녹화 효과를 사용해 보세요. 밋밋해 보이는 브이로그도 현장감 있는 영상으로 변신합니다. 깜빡이는 녹화 표시와 시간 코드를 사용하여 더욱 생동감 있는 REC 효과 만들기 방법을 알아보겠습니다.

▶ 유튜브 동영상 강의

REC 녹화 효과 만들기
https://youtu.be/42ta4krUKfo

▶ 완성 미리 보기

예제 파일: 프리미어 프로/Chapter 03/REC 녹화 효과.prproj
완성 파일: 프리미어 프로/Chapter 03/REC 녹화 효과_완성본.prproj

완성 HD

녹화 화면처럼 영상 꾸미기

REC 녹화 화면처럼 보이는 소스를 배치하고, 빨간 빛이 깜박거리는 녹화 표시를 만들어 보겠습니다.

01 REC 녹화 효과.prproj 예제 파일을 실행합니다. [프로젝트] 패널에서 ❶[홍콩 브이로그] 영상을 드래그하여 [타임라인] 패널의 V1 트랙에 가져다 놓습니다. 계속해서 ❷[REC 소스]를 드래그하여 [타임라인] 패널의 V2 트랙에 배치합니다.

02 지금부터는 REC 앞에 빨간색 녹화 표시를 만들어 보겠습니다. [도구] 패널에서 ❶[펜 도구]를 길게 누르면 나오는 도구 목록에서 ❷[타원 도구]를 선택합니다.

03 [타원 도구]를 선택했으면 [프로그램 모니터] 패널에서 REC 왼쪽에 드래그하여 동그라미를 그립니다. 이때 Shift 를 누른 채 드래그하면 정원을 그릴 수 있습니다.

꿀팁 [프로그램 모니터] 패널을 확대하면 동그라미를 좀 더 쉽게 그릴 수 있습니다. 패널을 선택(정확하게는 마우스 포인터가 확대할 패널에 위치하면 됩니다)하고 1 왼쪽에 있는 ~ 를 누르면 패널이 전체화면으로 확대되며, ~ 를 한 번 더 누르면 이전으로 돌아갑니다.

04 동그라미를 빨간색으로 변경하겠습니다. **[타임라인]** 패널에서 **[그래픽]** 클립을 선택하고 ❶**[효과 컨트롤]** 패널을 확인합니다. **[효과 컨트롤]** 패널에서 스크롤을 아래로 내려 ❷'모양(모양01)' 옵션을 찾고, 하위 옵션 중 동그라미 색상을 변경하기 위해 ❸'칠' 옵션의 색상을 클릭합니다.

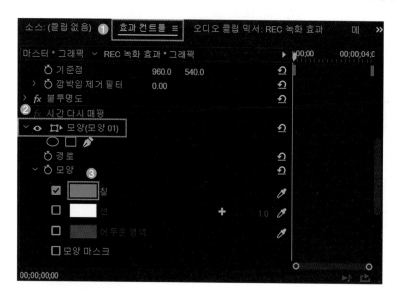

꿀팁 [효과 컨트롤] 패널이 보이지 않을 때는 메뉴 바에서 [창] − [효과 컨트롤]을 선택해 주세요. 단축 키는 Shift + 5 입니다.

05 색상 피커 창이 열리면 ❶색상 코드를 **[#E51717]**(진한 빨강)으로 설정한 후 ❷**[확인]**을 클릭하여 색상 변경을 완료합니다.

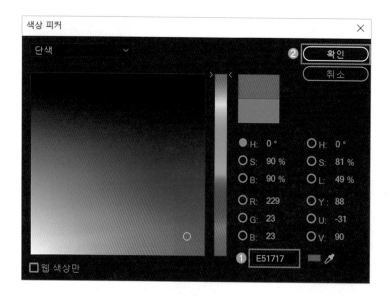

06 녹화 표시를 회색에서 빨간색으로 변경했습니다. 이제 REC 소스와 녹화 표시를 **[홍콩 브이로그]** 클립 길이만큼 늘려야 합니다. ❶**[선택 도구]**를 선택한 후 **[타임라인]** 패널에서 ❷**[REC 소스]** 클립의 오른쪽 끝부분을 클릭한 채 드래그하여 **[홍콩 브이로그]** 클립만큼 늘려 줍니다.

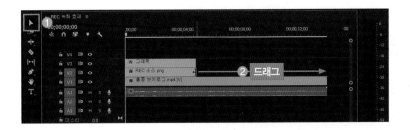

07 **[그래픽]** 클립도 위와 같은 방법으로 **[홍콩 브이로그]** 클립 길이만큼 늘려 줍니다.

> **꿀팁** 이미지, 자막, 그래픽 클립은 제약 없이 길이를 줄이거나 늘릴 수 있습니다.

08 지금부터는 녹화 중인 느낌을 연출하기 위해 녹화 표시가 깜박거리는 애니메이션을 만들어 보겠습니다. **[타임라인]** 패널에서 **[그래픽]** 클립을 선택하고 ❶**[효과 컨트롤]** 패널을 확인합니다. 깜박거리는 애니메이션은 불투명도를 100% → 0% → 100%로 변경하면 됩니다. 먼저 ❷재생헤드를 **[00;00;00;00]**으로 설정하고, '불투명도' 옵션의 하위 옵션인 ❸'불투명도' 옵션에서 다이아몬드처럼 생긴 **[키프레임 추가/제거]** 아이콘을 클릭하여 키프레임을 추가합니다.

> **꿀팁** '불투명도' 옵션은 기본값이 [100%]이며, 해당 그래픽이 완전히 보이는 상태입니다. 값이 낮아질수록 그래픽이 점점 투명해지며, [0%]일 때는 보이지 않게 됩니다.

> **꿀팁** 재생헤드의 시간은 [효과 컨트롤] 패널, [프로그램 모니터] 패널, [타임라인] 패널 모두 동일한 값으로 표시됩니다.

09 ❶재생헤드를 [00;00;00;15]으로 이동하여, ❷'불투명도' 옵션 값을 [0%]로 변경합니다. 옵션 값이 바뀌면서 자동으로 키프레임이 추가됩니다.

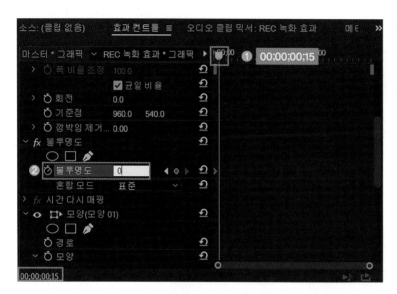

꿀팁 키보드 ←, → 방향키를 누르면 재생헤드가 1프레임씩 이동합니다. 또한 Shift 를 누른 채 키보드의 ←, → 방향키를 누르면 5프레임씩 이동합니다.

10 ❶재생헤드를 [00;00;01;00]으로 이동한 뒤, ❷'불투명도' 옵션 값을 [100%]로 변경하여 키프레임을 추가합니다. 이렇게 100% → 0% → 100% 옵션 값에 키프레임이 생성되면서 녹화 표시가 한 번 깜박거리게 됩니다.

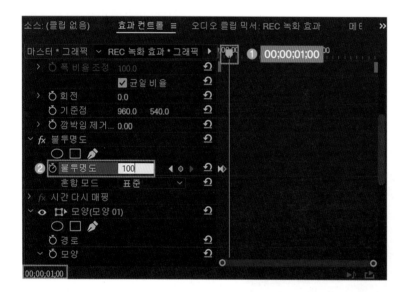

11 녹화 표시가 여러 번 깜박거리도록 표현하기 위해 앞에서 만든 키프레임을 모두 복사하겠습니다. ❶[효과 컨트롤] 패널에 있는 타임라인에서 마우스 오른쪽 버튼을 클릭하고 ❷[모두 선택]을 선택합니다(Ctrl + A). 타임라인에 있는 키프레임이 모두 선택됩니다.

12 키프레임이 모두 선택되었으면 다시 ❶마우스 오른쪽 버튼을 클릭하여 ❷[복사]를 선택합니다(Ctrl + C).

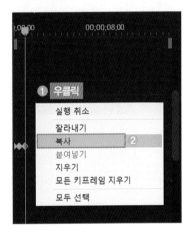

13 ❶재생헤드를 [00;00;01;00]에 놓고, ❷마우스 오른쪽 버튼을 클릭하여 ❸[붙여넣기]를 선택합니다(단축키는 Ctrl + V). 재생헤드가 있는 곳을 기준으로 복사했던 키프레임이 붙여넣기됩니다.

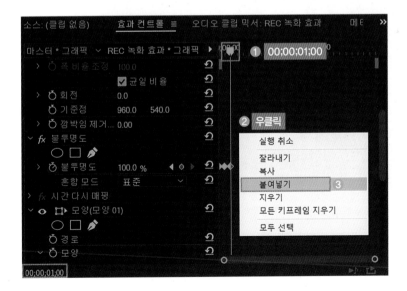

14 녹화 표시가 계속 깜박거리도록 반복하겠습니다. 단축키만으로 빠르게 작업해 볼까요? ❶ Ctrl + A를 눌러 키프레임을 모두 선택한 후 Ctrl + C를 눌러 키프레임을 복사합니다. ❷ 재생헤드를 [00;00;02;00]에 가져다 놓고, ❸ Ctrl + V를 눌러 키프레임을 붙여넣습니다.

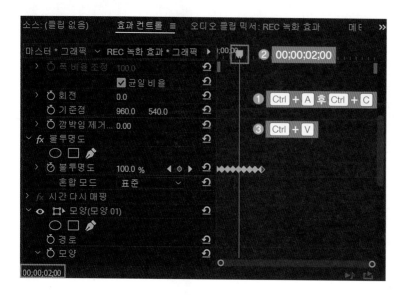

15 계속해서 키프레임을 전체 선택한 후 [복사], 재생헤드 이동 후 [붙여넣기]를 실행합니다. 키프레임이 두 배씩 늘어나기 때문에 생각보다 빠르게 작업할 수 있습니다. [홍콩 브이로그] 클립 길이만큼 키프레임을 추가했으면 재생헤드를 [00;00;00;00]에 가져다 놓고 Space bar 를 눌러 깜박이는 녹화 표시를 확인합니다.

꿀팁 키프레임을 붙여넣기할 때는 항상 재생헤드를 맨 마지막 키프레임에 위치시켜 놓고 실행합니다.

꿀팁 컴퓨터 사양에 따라 재생이 제대로 되지 않을 수 있습니다. 그럴 때는 메뉴 바에서 [시퀀스] - [시작에서 종료까지 렌더링]을 선택하여 프리뷰 렌더링을 하면 정상적으로 재생됩니다.

🍴 시간 코드(Time code) 삽입하기

녹화 표시가 깜박이는 프로젝트를 완성했으면 이어서 시간 코드를 활용하여 실시간으로 녹화되고 있는 모습을 연출해 보겠습니다.

01 **[프로젝트]** 패널과 그룹으로 묶여 있는 ❶**[효과]** 패널에서 ❷검색 창에 '시간 코드'를 입력합니다.

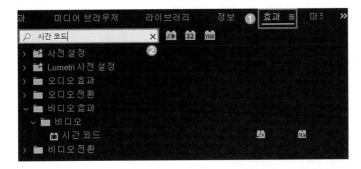

> **꿀팁** [효과] 패널이 보이지 않을 때는 메뉴 바에서 [창]–[효과]를 선택합니다. 영문 버전에서 [시간 코드] 효과는 'Time code'로 검색해 주세요.

02 **[시간 코드]** 효과를 클릭한 채 **[타임라인]** 패널의 **[REC 소스]** 클립으로 드래그하여 적용합니다.

03 **[프로그램 모니터]** 패널에서 **[시간 코드]** 효과를 확인합니다. 효과의 위치 등 세부 설정은 **[효과 컨트롤]** 패널에서 수정할 수 있습니다.

04 [타임라인] 패널에서 [REC 소스] 클립을 선택하고 ❶[효과 컨트롤] 패널을 확인합니다. '시간 코드' 옵션의 하위 옵션 중 ❷'위치', '크기', '불투명도' 옵션을 자유롭게 조절해 봅니다. 예제에서는 '위치' 옵션을 [1650, 235], '크기' 옵션을 [10%], '불투명도' 옵션을 [0%]로 변경하고, '필드기호' 옵션의 체크를 해제했습니다.

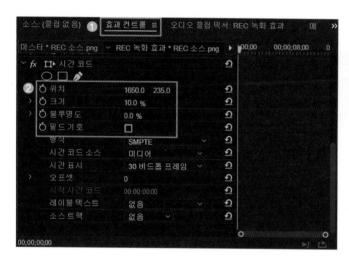

05 지금부터는 [시간 코드] 효과에 표시되는 시간을 수정하겠습니다. '시간 코드' 옵션의 하위 옵션 중 '시간 코드 소스' 옵션을 [미디어]에서 [생성]으로 변경합니다. '시간 코드 소스' 옵션을 [생성] 으로 변경하니 '시작 시간 코드' 옵션이 활성화되고, 기본적으로 [00:00:00:00]으로 설정되어 있습니다. 이제 [시간 코드] 효과의 시간이 [00;00;00;00]부터 시작해서 증가할 것입니다. Space bar 를 눌러 최종 결과를 확인해 보세요.

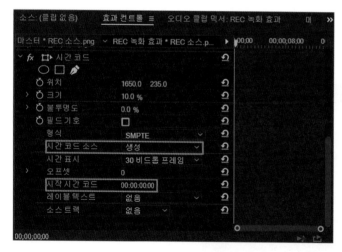

> 꿀팁 시작 시간을 변경하려면 '시작 시간 코드' 옵션 값을 클릭하여 변경하면 됩니다.

Lesson 10

자동으로 따라다니는 모자이크 효과 만들기

브이로그를 제작할 때 허가 없이 촬영한 경우라면 초상권 보호를 위해 다른 사람은 모자이크 처리를 해야겠죠? 정지된 이미지라면 한 번만 모자이크하면 되겠지만, 영상은 그렇지 않습니다. 이번 레슨에서는 모자이크 효과를 만들고 움직이는 대상에 효율적으로 모자이크하는 방법까지 알아보겠습니다.

▶ **유튜브 동영상 강의**

자동으로 따라다니는 모자이크(마스크 추적하기)
https://youtu.be/h798oiXpZ-Y

▶ **완성 미리 보기**

예제 파일: 프리미어 프로/Chapter 03/모자이크 효과.prproj
완성 파일: 프리미어 프로/Chapter 03/모자이크 효과_완성본.prproj

완성

모자이크 효과 만들기

특정 부분을 지정하여 모자이크 처리하는 방법부터 알아보겠습니다.

01 **모자이크 효과.prproj** 예제 파일을 실행합니다. 모자이크 효과를 추가하기 위해 ❶**[효과]** 패널
에서 ❷검색 창에 '모자이크'를 입력하여 검색합니다.

꿀팁 영문 버전에서는 'mosaic'으로 검
색합니다.

02 **[효과]** 패널에서 **[비디오 효과]** – **[스타일화]**에 있는 **[모자이크]** 효과를 선택하여 **[타임라인]** 패널에
있는 **[모자이크]** 클립으로 드래그합니다.

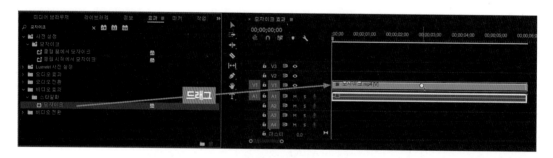

03 **[프로그램 모니터]** 패널을 보면 전체
적으로 모자이크 처리된 것을 확
인할 수 있습니다.

04 [모자이크] 효과의 세부 설정을 하기 위해 ❶[효과 컨트롤] 패널에서 '모자이크' 옵션의 하위 옵션 중 ❷'가로 블록'과 '세로 블록' 옵션을 확인합니다. 기본값이 [10]으로, 값이 클수록 정밀한 모자이크가 됩니다. 각각 [100]으로 변경해 보겠습니다.

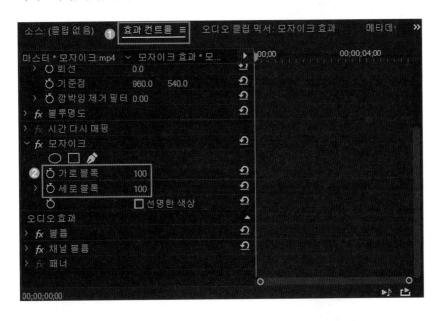

05 이제 얼굴 부분만 모자이크가 표현되도록 마스크 작업을 하겠습니다. [효과 컨트롤] 패널에서 '모자이크' 옵션을 보면 타원, 사각형, 펜 모양의 아이콘이 보이죠? 이 도구들을 활용하면 특정 부분만 모자이크 처리할 수 있습니다. 타원 모양의 [타원 마스크 만들기] 아이콘을 클릭합니다.

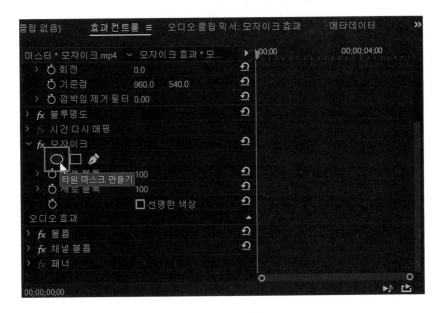

06 **[프로그램 모니터]** 패널을 보면 파란색으로 타원 영역이 표시되며, 그 부분만 모자이크 효과가 적용되었습니다.

07 정확하게 얼굴만 모자이크 처리하기 위해 마스크를 수정하겠습니다. 마스크에 있는 조절점들을 드래그하여 영역 크기를 수정하고, 영역 중앙을 드래그하여 위치를 조정합니다.

08 Space bar 를 눌러 영상을 재생합니다. 사람은 움직이는데 마스크 영역은 그대로여서 모자이크가 점점 빗나가는 것을 확인할 수 있습니다.

마스크 추적하기

사람이 움직일 때마다 마스크 영역도 같이 움직여야 원하는 부위에 제대로 모자이크 처리가 되겠죠? 모자이크가 특정한 움직임을 따라다닐 수 있도록 마스크 추적 방법을 알아보겠습니다.

> **Pr** 예제 파일: 프리미어 프로/Chapter 03/모자이크 효과_2.prproj

01 모자이크 효과_2.prproj 예제 파일을 실행합니다. **[타임라인]** 패널에서 **[모자이크]** 클립을 선택하고 **[효과 컨트롤]** 패널을 확인합니다. 현재 생성되어 있는 모자이크가 사람의 얼굴을 따라갈 수 있도록 마스크를 추적해 보겠습니다.

02 재생헤드를 추적할 위치에 가져다 놓습니다. 예제에서는 영상 처음부터 마스크를 추적하기 위해 **①[00;00;00;00]**으로 이동하겠습니다. '모자이크' – '마스크(1)' 옵션에 있는 **②**'마스크 패스' 옵션에서 **[선택한 마스크 앞으로 추적]** 아이콘을 클릭합니다.

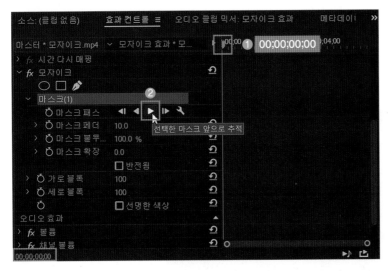

> 꿀팁 마스크를 자동으로 추적할 수도 있고, 수동으로 키프레임을 생성하여 마스크 영역을 따라다니게 할 수도 있습니다.

> 꿀팁 마스크 도형을 한 번 더 클릭하면 마스크(2)가 생성됩니다. 2명 이상을 모자이크할 때는 마스크 도형을 한 번 더 클릭해 주세요.

03 추적 창이 열리고 프리미어 프로에서 자동으로 마스크를 추적합니다. 진행률 처리 속도는 클립의 길이에 따라, 컴퓨터 사양에 따라 결정됩니다.

04 추적이 완료되면 **[효과 컨트롤]** 패널에 있는 타임라인에 '마스크 패스' 옵션의 키프레임이 생성된 것을 확인할 수 있습니다. 사람이 움직이는 방향에 따라 마스크의 크기와 위치를 1프레임씩 처리하여 자동 생성한 것입니다.

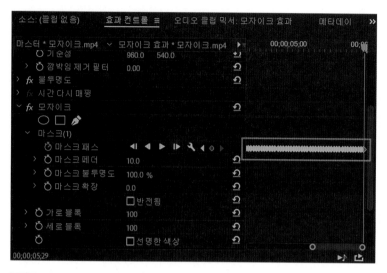

> **꿀팁** [효과 컨트롤] 패널에서도 [Backspace] 왼쪽에 있는 [+], [−]를 눌러 타임라인을 확대/축소할 수 있습니다.

05 영상을 재생해 봅니다. 이제는 사람이 움직이면 모자이크 영역도 같이 움직이는 것을 확인할 수 있습니다. 이처럼 마스크 추적을 이용하면 따라다니는 모자이크를 쉽게 만들 수 있습니다.

> **꿀팁** [효과] 패널에서 '가우시안 흐림'(Gaussian Blur)을 검색하여 효과를 적용한 후 마스크를 추적하면 이미지가 흐리고 부드럽게 적용된 모자이크 효과를 표현할 수 있습니다.

모자이크 금손처럼 사용하기

▶ 실습과 반대로 얼굴만 보이고 배경을 모자이크 처리하고 싶다면?

마스크 영역인 얼굴만 보이고 나머지 배경을 모자이크 처리하고 싶다면 마스크 반전을 이용해 보세요. [효과 컨트롤] 패널의 '모자이크' – '마스크' 옵션에는 '반전됨' 옵션이 있습니다. 여기를 체크하면 마스크 영역이 반전되어 모자이크가 반대 영역으로 표시됩니다. 영상을 재생하여 확인해 보면 실습에서와 달리 얼굴이 보이고 배경 부분이 모자이크되었죠?

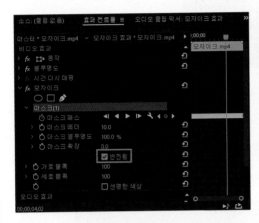

꿀팁 모자이크에서 마스크를 생성해야 하위 옵션으로 '마스크' 옵션이 나타납니다.

▶ 특정 구간에만 모자이크 효과를 삭제할 수 있나요?

특정 구간만 모자이크 효과를 삭제하고 싶다면 클립을 잘라내서 모자이크 효과를 삭제하는 방법과 키프레임을 이용한 방법이 있습니다.

- **클립을 잘라내서 모자이크 효과 삭제하기:** 아래처럼 모자이크 효과가 필요 없는 구간의 시작과 끝 지점에서 클립을 잘라 분리합니다(Ctrl + K). [효과 컨트롤] 패널에서 '모자이크' 옵션 왼쪽에 있는 [fx] 아이콘을 클릭하여 [모자이크] 효과를 꺼 버리면 해당 클립만 모자이크 효과가 보이지 않겠죠? 이후로도 다시 켤 일이 없을 것 같다고 판단되면 '모자이크' 옵션을 선택한 후 Delete를 눌러 삭제해도 됩니다.

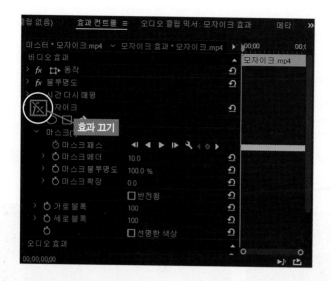

- **키프레임 적용하여 모자이크 효과 삭제하기:** '마스크 불투명도' 옵션 값이 [100%]라면 모자이크 효과가 나타납니다. 반면 불투명도가 [0%]일 때는 모자이크가 보이지 않습니다. 그러므로 REC 녹화 효과 실습에서 키프레임을 적용했던 것과 같은 방법으로 '마스크 불투명도' 값을 100% → 0% → 100%로 변경해서 특정 구간에서 모자이크 효과가 보이지 않게 처리하면 됩니다.

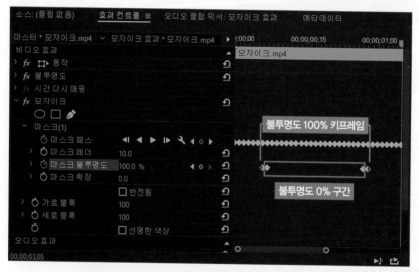

꿀팁 키프레임에 대한 자세한 사항은 **202쪽 키프레임 설정으로 움직이는 사진 만들기**를 참고해 주세요.

Lesson 11

스냅사진 찰칵! 효과 만들기

놓치고 싶지 않은 순간을 촬영하셨나요? 순간적인 장면을 스냅사진 효과로 만들어 보세요. 한 장면을 더욱 돋보이게 만들 수 있습니다. '찰칵' 효과음과 함께 사용하여 사진 찍히는 모습을 재미있게 편집해 보세요.

▶ 유튜브 동영상 강의

스냅사진 찰칵 효과 만들기
https://youtu.be/QaLxlyuNflE

▶ 완성 미리 보기

 예제 파일: 프리미어 프로/Chapter 03/스냅사진 효과.prproj
완성 파일: 프리미어 프로/Chapter 03/스냅사진 효과_완성본.prproj

완성

영상 정지 화면 만들기

먼저 순간 포착하고 싶은 영상을 정지 화면으로 만들어 보겠습니다.

01 **스냅사진 효과.prproj** 예제 파일을 실행합니다. 예제 파일에는 **[점프샷]** 영상이 클립으로 삽입되어 있습니다. 점프하는 순간 찰칵! 사진 찍히는 효과를 만들기 위해 ❶재생헤드를 점프하는 순간인 **[00;00;02;05]**로 이동합니다. ❷**[점프샷]** 클립에서 마우스 오른쪽 버튼을 클릭한 후 ❸**[프레임 고정 선분 삽입]**을 선택합니다.

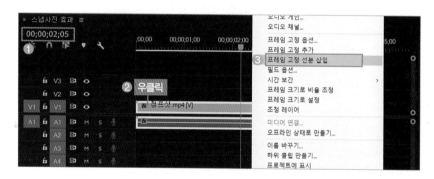

꿀팁 재생헤드를 반드시 찰칵! 순간에 위치시키고 [프레임 고정 선분 삽입]을 선택해야 합니다. 영문 버전은 [Insert Frame Hold Segment]를 선택합니다.

02 **[프레임 고정 선분 삽입]**을 선택한 순간 재생헤드 뒤쪽으로 2초간 정지된 이미지가 삽입됩니다. 영상을 재생하여 점프하는 순간 영상이 정지되는 것을 확인합니다.

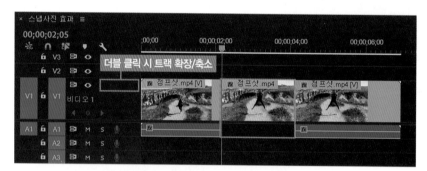

꿀팁 캡처 이미지는 이해도를 높이기 위해 트랙을 확장한 모습입니다.

03 사진 찍히는 효과를 높이기 위해 '찰칵' 효과음을 삽입하겠습니다. **[프로젝트]** 패널에서 **[찰칵]** 효과음을 선택하여 정지 영상 아래쪽 A1 트랙으로 드래그합니다.

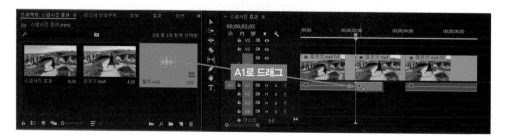

04 정지 영상 클립을 '찰칵' 효과음 길이만큼 줄여 보겠습니다. 정지 영상 클립의 가장자리에서 Ctrl
을 누른 후 마우스 포인터가 빨간색 에서 노란색 으로 변하면 왼쪽으로 드래그합니다.

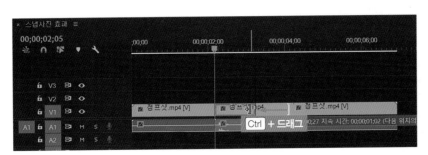

꿀팁 클립 길이를 줄일
때는 [선택 도구]를 선택 중
이어야 합니다.

05 Ctrl 을 눌러 노란색 포인터일 때 클립의 길이를 줄이면 뒤에 있는 클립들이 자동으로 따라와 공
백이 생기지 않습니다. 영상을 재생하여 '찰칵' 사진 찍히는 효과를 확인해 봅니다.

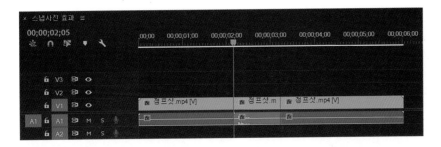

스냅사진 효과 만들기

이번에는 지난 실습에서 좀 더 나아가 정지된 이미지를 스냅사진처럼 꾸며 보겠습니다.

Pr 예제 파일: 프리미어 프로/Chapter 03/스냅사진 효과_2.prproj

01 **스냅사진 효과_2.prproj** 예제 파일을 실행합니다. **[점프샷]** 클립을 선택하고 Alt 를 누른 채 V2 트
랙으로 드래그합니다. Alt 를 누른 채 클립을 드래그하면 복제가 됩니다.

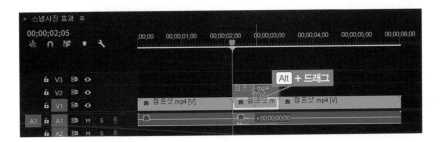

02 클립이 복제되었습니다. V1 트랙의 클립은 스냅사진의 배경으로, V2 트랙의 클립은 스냅사진처럼 꾸밀 것입니다. 동일한 클립이라 작업 시 헷갈릴 수 있으므로 우선 V1 트랙에서 눈 모양의 **[트랙 출력 켜기/끄기]** 아이콘을 클릭하여 V1 트랙을 잠시 숨깁니다.

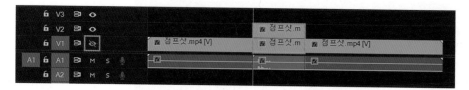

> **꿀팁** [트랙 출력 켜기/끄기] 아이콘을 클릭하여 숨김 처리하면 해당 트랙 전체가 보이지 않습니다.

03 V2 트랙에 있는 **[점프샷]** 클립을 선택하고 ❶**[효과 컨트롤]** 패널을 확인합니다. ❷'동작' 옵션을 펼친 후 ❸'비율 조정' 옵션을 **[75]**로 변경하여 화면 크기를 줄입니다.

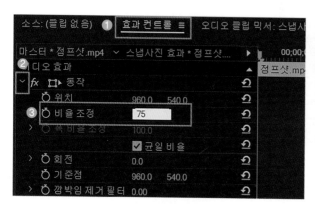 

04 이미지에 테두리를 추가하여 스냅사진 느낌을 더해 보겠습니다. **[도구]** 패널에서 ❶**[펜 도구]**를 길게 누른 후 하위 목록에서 ❷**[사각형 도구]**를 선택합니다. **[프로그램 모니터]** 패널에서 점프샷 화면 크기만큼 드래그하여 사각형을 그립니다.

05 추가된 **[그래픽]** 클립이 선택된 상태로 ❶**[효과 컨트롤]** 패널을 보면 ❷'모양(모양01)' 옵션이 있습니다. 하위 옵션 중 배경을 채우는 ❸'칠' 옵션의 체크를 해제하고, 테두리에 해당하는 ❹'선' 옵션에 체크합니다. ❺선 두께는 **[30]**으로 변경하여 테두리를 완성합니다.

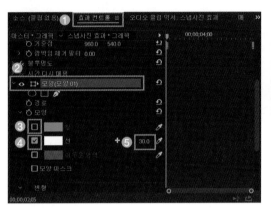

꿀팁 '선' 옵션에 있는 두께 값이 클수록 테두리가 두껍게 표현되겠죠?

06 **[타임라인]** 패널에서 ❶**[그래픽]** 클립의 위치와 길이를 **[점프샷]** 클립과 동일하게 맞춥니다. 이어서 ❷V1 트랙의 **[트랙 출력 켜기/끄기]** 아이콘을 클릭하여 V1 트랙의 화면을 켜 줍니다.

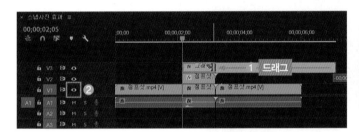

07 스냅사진 효과가 돋보이도록 배경을 흐릿하게 만들겠습니다. ❶**[효과]** 패널에서 ❷**[색조]** 효과를 찾아 ❸V1 트랙에 있는 정지 영상 클립에 드래그합니다.

꿀팁 영문 버전은 'Tint'로 검색하세요.

08 [색조] 효과를 적용했더니 배경이 흑백으로 변경되었죠? 색상을 변경하여 조금 더 흐릿하게 수정하겠습니다.

09 V1 트랙에 있는 정지 영상 클립을 선택하고 ❶[효과 컨트롤] 패널을 보면 '색조' 옵션이 추가되어 있습니다. 하위 옵션 중 ❷'검정으로 매핑'의 색상을 클릭하여 [흰색(#FFFFFF)]으로 변경합니다. ❸'농도 조절량' 옵션은 [70%]로 변경합니다.

꿀팁 '검정으로 매핑' 옵션의 색상을 흰색으로 변경하면 배경화면이 흰색 톤으로 변경됩니다. 그 후 '농도 조절량' 옵션으로 불투명도를 조정하면 흰색으로 흐릿한 배경화면이 완성되는 것입니다. '검정으로 매핑' 옵션을 노란색으로 변경하면 어떻게 될까요? 직접 실습해 보세요.

10 영상을 재생하여 결과를 확인합니다. 이어지는 실습에서 플래시가 터지는 효과까지 추가하여 최종 결과를 완성할 수 있습니다.

플래시 효과 만들기

사진을 찍는 듯한 효과를 극대화하기 위해 마지막으로 플래시 효과를 추가합니다. 영상이 재생되다가 번쩍이는 플래시 효과와 함께 자연스럽게 스냅사진 효과로 전환되도록 표현해 보겠습니다.

> **Pr** **예제 파일:** 프리미어 프로/Chapter 03/스냅사진 효과_3.prproj

01 **스냅사진 효과_3.prproj** 예제 파일을 실행합니다. **[프로젝트]** 패널 오른쪽 아래에서 ❶**[새 항목]** 아이콘을 클릭한 후 ❷**[색상 매트]**를 선택합니다.

> **꿀팁** 색상 매트 사용법은 **162쪽 색상 매트를 이용하여 배경 색상 바꾸기**에서 자세히 확인할 수 있습니다.

02 ❶색상은 흰색(#FFFFFF), 이름은 '흰색 매트'로 색상 매트를 추가한 후 ❷**[타임라인]** 패널의 V4 트랙으로 드래그합니다.

> **꿀팁** 임의의 색상 매트를 추가한 후 색상 부분을 더블 클릭해서 색을 변경할 수 있고, 이름 부분을 클릭해서 색상 매트 이름을 변경할 수 있습니다.

> **꿀팁** [타임라인] 패널에서 V4 트랙이 보이지 않아도 그 부근에 드래그하면 자동으로 트랙이 추가됩니다.

03 색상 매트로 플래시 효과를 만들겠습니다. 플래시 효과에 비해 **[흰색 매트]** 클립이 상당히 길죠? **[흰색 매트]** 클립의 길이를 6프레임으로 짧게 조절한 후 시작 위치를 아래처럼 **[그래픽]** 클립보다 3프레임 앞쪽에 배치합니다. 예제는 **[00;00;02;02]**에서 **[00;00;02;08]** 길이로 배치했습니다.

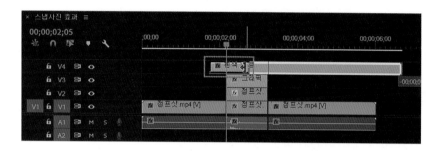

04 **[흰색 매트]** 클립이 선택된 상태에서 ❶**[효과 컨트롤]** 패널을 확인합니다. '불투명도' 옵션으로 '번쩍'이는 효과를 구현해 보겠습니다. ❷재생헤드를 **[00;00;02;05]**로 이동한 후 '불투명도' 옵션의 하위 옵션인 ❸'불투명도'의 **[키프레임 추가/제거]** 아이콘을 클릭하여 키프레임을 생성합니다.

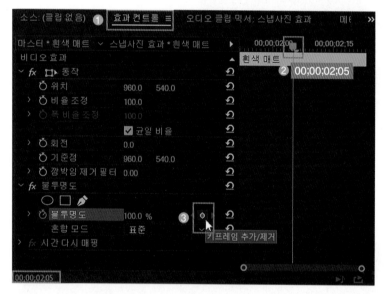

꿀팁 [00;00;02;05] 위치는 스냅사진 효과가 나타나는 시작 시간입니다. 그 시간에 맞춰서 불투명도를 100%로 설정한 것입니다.

꿀팁 '불투명도' 옵션은 기본으로 애니메이션 기능이 켜져 있습니다.

05 '번쩍'이는 효과를 만들기 위해서는 색상 매트의 불투명도가 0% → 100% → 0%가 되어야 합니다. 3프레임 전인 ❶[00;00;02;02]로 이동하고 ❷'불투명도' 옵션 값을 [0%]로 변경합니다. 애니메이션이 켜져 있으므로 수치를 변경하면 자동으로 키프레임이 생성됩니다.

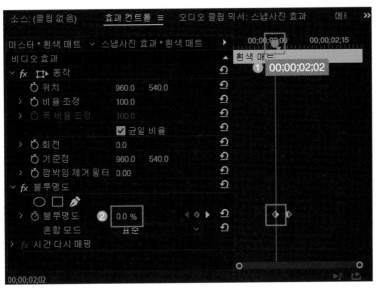

꿀팁 키보드 ← 또는 → 방향키를 누르면 재생헤드가 1프레임씩 이동됩니다. 여기서는 3프레임 전으로 이동해야 되니까 ←를 3번 누르면 되겠죠?

06 마지막으로 ❶재생헤드를 [00;00;02;08]로 이동한 후 ❷'불투명도' 옵션 값을 [0%]로 변경하여 키프레임을 생성합니다. 3프레임 간격으로 불투명도가 0% → 100% → 0%가 되었습니다.

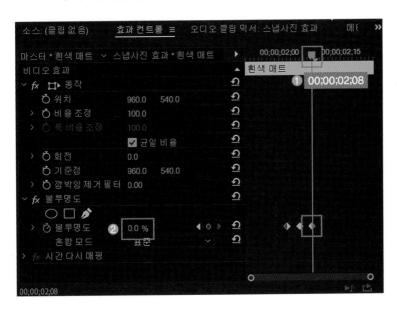

07 영상을 재생하여 플래시 효과를 확인합니다. **[흰색 매트]** 불투명도가 빠르게 켜졌다 꺼지면서 '번쩍'이는 효과를 연출했습니다. '번쩍'하는 시간이 너무 짧다면 불투명도 설정한 키프레임의 간격을 조절하면 됩니다. 최종 완성 결과는 **스냅사진 효과_완성본.prproj** 파일에서 확인할 수 있습니다.

Lesson 12

모퉁이 고정 효과로 화면 속 영상 합성하기

모퉁이 고정(Corner Pin) 효과를 이용하면 이미지의 모퉁이를 조절하여 형태를 왜곡할 수 있습니다. 모퉁이 고정 효과를 활용하여 이미지 속 모니터에서 영상이 재생되는 모습으로 합성해 보겠습니다.

▶I 완성 미리 보기

 예제 파일: 프리미어 프로/Chapter 03/스크린 합성.prproj
완성 파일: 프리미어 프로/Chapter 03/스크린 합성_완성본.prproj

완성

01 **스크린 합성.prproj** 예제 파일을 실행합니다. **[프로젝트]** 패널에서 ❶**[노트북]** 영상은 **[타임라인]** 패널의 V1 트랙에, ❷**[합성영상]** 영상은 V2 트랙에 드래그하여 배치합니다.

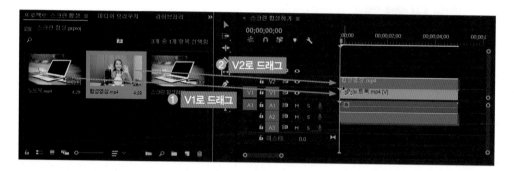

02 ❶**[효과]** 패널의 검색 창에서 ❷'모퉁이 고정'을 입력해서 검색한 후 ❸**[모퉁이 고정]** 효과를 선택하여 **[합성영상]** 클립으로 드래그합니다.

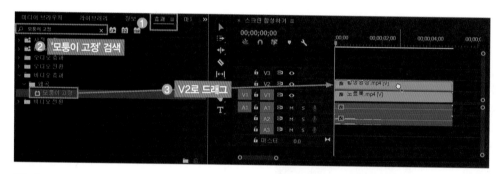

꿀팁 **[효과]** 패널 단축키는 [Shift] + [7]입니다. 영문 버전에서 모퉁이 고정은 'Corner Pin'으로 검색해야 합니다.

03 **[타임라인]** 패널에서 **[합성영상]** 클립을 선택하고 ❶**[효과 컨트롤]** 패널을 확인합니다. 비디오 효과 항목에서 ❷'모퉁이 고정' 옵션을 클릭하고 ❸**[프로그램 모니터]** 패널을 보면 꼭짓점에 조절점이 나타납니다.

꿀팁 조절점이 잘 보이지 않는다면 [프로그램 모니터] 패널의 왼쪽 아래에서 화면 크기를 축소해 보세요.

04 [**프로그램 모니터**] 패널에서 조절점을 드래그하면 영상의 모양을 변경할 수 있습니다. 조절점을 모두 조절하여 아래쪽에 있는 노트북 화면 위에 배치되도록 조정해 보세요.

05 영상을 재생하여 결과를 확인합니다. 모니터 화면에서 영상이 재생되는 것을 확인할 수 있죠? 이처럼 [**모퉁이 고정**](Corner Pin) 효과를 이용하면 영상의 크기나 위치를 왜곡시킬 수 있으며 TV, 노트북, 전광판 등 다양한 화면 위에 합성할 수 있습니다.

꿀팁 좀 더 자연스럽게 합성하고 싶다면 영상의 색감을 주변 이미지와 비슷하게 맞춰 주세요. 색 보정은 **Chapter 06. 브이로그 촬영 시 필수품, 색 보정하기**에서 자세히 확인할 수 있습니다.

꿀팁

[효과 컨트롤] 패널에서 '모퉁이 고정' 옵션의 하위 옵션 값을 변경하여 세밀하게 조정할 수도 있습니다. 또한, 키프레임을 생성하여 움직임을 줄 수도 있습니다.

Lesson 13

크로마키 영상 합성하기

영상을 합성하고 싶다면 특정 배경색 앞에서 촬영해 보세요. 편집 단계에서 특정한 색을 추출하여 간편하게 제거할 수 있습니다. 이런 기법을 '크로마키'라고 합니다. 일반적으로 크로마키 배경색은 사람의 피부색과 다른 초록색(그린 스크린) 또는 파란색(블루 스크린)을 사용합니다. 크로마키 촬영 시 배경색 계열과 유사한 색의 옷을 입으면 옷도 배경으로 인식되어 같이 제거되겠죠? 지금부터 프리미어 프로에서 크로마키 합성하는 방법을 알아보겠습니다.

▶ 완성 미리 보기

 예제 파일: 프리미어 프로/Chapter 03/크로마키.prproj
완성 파일: 프리미어 프로/Chapter 03/크로마키_완성본.prproj

완성

크로마키 배경 제거하기

배경을 합성하기 위해 단색 배경에서 촬영한 영상을 준비한 후 해당 영상에서 배경에 있는 색을 선택하여 제거하는 방법부터 알아보겠습니다.

01 **크로마키.prproj** 예제 파일을 실행합니다. 예제 파일에는 **[그린스크린]** 영상이 삽입되어 있습니다. 영상은 양초에 불을 붙이는 장면이며, 초록색 배경 앞에서 촬영되었습니다. 이 촬영 소스에 다른 배경을 합성하기 위해서는 초록색 배경을 제거해야 합니다.

02 ❶**[효과]** 패널에서 ❷**[울트라 키]** 효과를 검색해서 찾고, ❸**[울트라 키]** 효과를 **[타임라인]** 패널의 **[그린스크린]** 클립으로 드래그합니다.

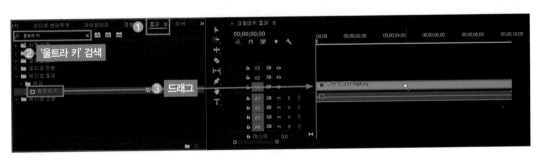

> **꿀팁** [효과] 패널의 단축키는 Shift + 7 이며, 영문 버전에서 [울트라 키] 효과는 'Ultra Key'로 검색해야 합니다.

03 [울트라 키] 효과를 적용해도 아직은 아무런 반응이 없죠? [그린스크린] 클립을 선택하고 ❶[효과 컨트롤] 패널을 확인합니다. ❷'울트라 키' 옵션을 찾고 하위 옵션 중 '키 색상'에 있는 [스포이드] 아이콘 을 클릭합니다. ❸[프로그램 모니터] 패널에서 제거할 색을 클릭하면 됩니다. 예제에서는 초록 색 배경을 클릭하겠습니다.

04 초록색 배경이 제거되면서 배경이 검은색으로 표현됩니다. 검은색으로 보이는 것은 실제 검은 색 배경이 아니고 투명하다는 뜻입니다.

꿀팁 [프로그램 모니터] 패널 오른쪽 아래에서 [설정] 아이콘 을 클릭하여 [투명도 격자](Transparency Grid)를 선택하면 배경 의 투명도를 확인할 수 있습니다. 배경이 격자 무늬로 표시되는 것은 투명하다는 뜻입니다.

깔끔하게 배경 합성하기

[울트라 키] 효과의 세부 설정을 알아보고 정밀하게 합성하는 방법을 알아보겠습니다.

> **Pr** **예제 파일:** 프리미어 프로/Chapter 03/크로마키_2.prproj

---

01 크로마키_2.prproj 예제 파일을 실행합니다. 합성할 배경을 배치하기 위해 효과가 적용된 ①[그린스크린] 클립을 V2 트랙으로 드래그해서 옮깁니다. 그런 다음 [프로젝트] 패널에서 ②[크리스마스 트리] 영상을 선택하여 V1 트랙으로 드래그합니다.

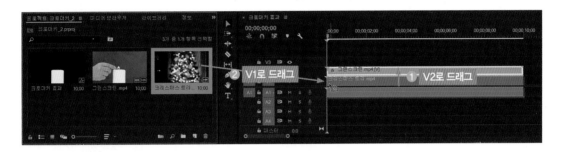

02 영상을 재생하여 [크리스마스 트리] 배경과 합성된 것을 확인합니다. 얼핏 보면 합성이 잘 된 듯 하지만, 확대해서 자세히 확인하면 초록색 배경이 남아 있습니다.

> **꿀팁** [프로그램 모니터] 패널의 왼쪽 아래에서 화면 배율을 수정할 수 있습니다. [100%]를 선택하면 영상을 원본 크기로 확인할 수 있습니다. 작업할 때는 [맞추기]로 설정하고 작업하는 것을 추천합니다.

03 초록색 배경을 깔끔하게 제거하기 위해서는 [울트라 키] 효과의 여러 가지 옵션 값을 수정해야 합니다. [그린스크린] 클립을 선택하고 ①[효과 컨트롤] 패널에서 '울트라 키' 옵션을 찾고, 하위 옵션 중 ②'출력'을 [합성]에서 [알파 채널]로 변경합니다.

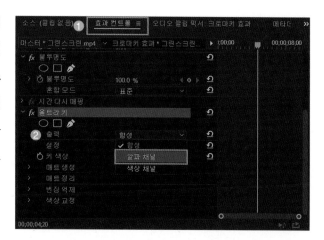

04 알파 채널로 변경하면 화면이 흰색과 검은색으로 표시됩니다. 흰색은 영상에서 표시되는 부분이고 검은색은 투명하게 보이는 부분입니다. 회색은 깔끔하게 처리되지 않아 노이즈로 보이는 부분입니다. 흰색과 검은색이 명확하고 회색 부분을 최소화해야 깔끔하게 합성됩니다.

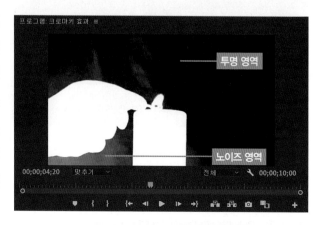

꿀팁 위 화면은 손과 양초를 모두 확인하기 위해 재생헤드를 [00;00;04;20]에 놓고 확인하고 있습니다.

05 '울트라 키' 옵션 중 '설정' 옵션을 [높음]으로 변경합니다. '설정' 옵션만 변경해도 회색 부분이 많이 줄어들었습니다.

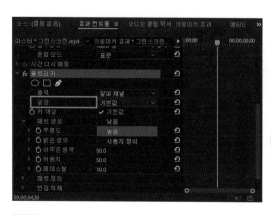 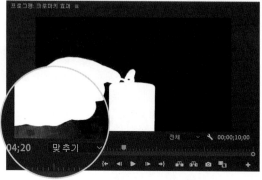

꿀팁 크로마키 작업은 촬영 환경(조명의 위치 등)에 따라 결과가 달라질 수 있습니다.

06 손 아래 부분에 남아 있는 회색 부분까지 깔끔하게 제거하기 위해 '울트라 키' 옵션 중 ❶'매트 생성' 옵션을 펼친 후 ❷'어두운 영역' 옵션을 [35]로 변경합니다. '어두운 영역' 옵션은 소스에서 어두운 영역의 불투명도를 증가할 때 사용합니다.

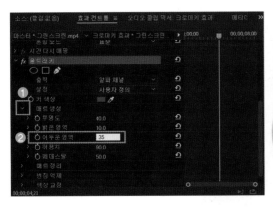
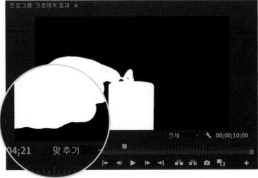

 **금손 변신 Tip** 🖐 **매트 생성(Matte Generation) 옵션 알아보기**

- **투명도(Transparency):** 키 색상으로 지정한 소스의 투명도를 제어합니다.

- **밝은 영역/어두운 영역(Highlight/Shadow):** 키 색상으로 지정한 이미지의 밝은 영역/어두운 영역에서 불투명도를 증가시킵니다.

- **허용치(Tolerance):** 키 색상으로 제거한 후 전경 이미지에 남아 있는 키 색상을 필터링합니다.

- **페데스탈(Pedestal):** 키 색상을 제거할 때 거칠게 빠지거나 저조도 영상에서 주로 발생하는 노이즈를 필터링합니다.

> **꿀팁** '울트라 키' 옵션의 하위 옵션 설정 값은 절댓값이 아닙니다. 소스마다 적절한 값을 찾는 것이 중요합니다.

07 '울트라 키' 옵션 중 ❶'출력' 옵션을 다시 [합성]으로 변경합니다. 이어서 '울트라 키' 옵션의 하위 옵션인 ❷'매트 정리' 옵션을 펼칩니다. ❸'매트 정리' 옵션에는 알파 채널의 가장자리를 다듬을 수 있는 하위 옵션이 포함되어 있습니다. 각 값들을 조금씩 조정해 보세요.

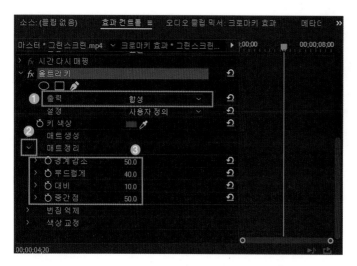

꿀팁 예제에서는 손가락 부근에 남아 있는 초록색 배경을 지우기 위해 알파 채널의 크기를 줄일 수 있는 '경계 감소' 옵션을 [50], 가장자리를 흐리게 처리하는 '부드럽게' 옵션을 [40]으로 수정하였습니다. 소스마다 설정 값이 달라지니 적절한 값으로 변경하면 됩니다.

08 최종 완성한 영상을 재생하여 합성 결과를 확인합니다. 예제의 완성 결과는 **크로마키_완성본.prproj** 파일에서 확인할 수 있습니다.

꿀팁 크로마키로 촬영한 대상과 합성하는 이미지의 색상이 비슷해야 자연스럽게 합성됩니다. '울트라 키' 하위 옵션인 '색상 교정'에서 간단하게 채도와 색조, 밝기를 보정할 수도 있지만, 더욱 정밀한 색상 보정은 **Chapter 06. 브이로그 촬영 시 필수품, 색 보정하기**에서 확인해 보세요.

밤샘 금지
마스터 클립 효과로 한방에 효과 적용하기

지금까지 진행해 본 실습에서 비디오 효과를 적용할 때는 [효과] 패널에서 해당 효과를 찾아 [타임라인]에 있는 클립에 일일이 드래그하는 방식이었습니다. 같은 영상의 클립이라도 편집하면서 클립을 나눴다면 각 클립마다 효과를 추가해야 했지요. 이런 번거로움은 마스터 클립을 활용하면 해결할 수 있습니다. 마스터 클립에 효과를 적용하여 빠르고 똑똑하게 편집해 보세요. 원본 영상 자체에 효과를 추가하여 편집된 클립이라도 한 번에 효과가 적용되게 하는 방법입니다. 임의의 프로젝트를 실행한 후 아래 실습으로 마스터 클립 효과 적용 방법을 알아보세요.

01 ①[**프로젝트**] 패널에서 ②영상을 더블 클릭하여 [**소스 모니터**] 패널을 확인합니다. 이어서 ③[**효과**] 패널에서 원하는 효과를 찾아 ④[**소스 모니터**] 패널로 드래그해 보세요. 예제에서는 [**흑백**](Black&White) 효과를 적용하겠습니다.

02 [타임라인] 패널에서 편집된 영상 클립을 확인합니다. 예제에서는 노란색 클립의 원본 영상에 효과를 적용했습니다. 클립이 나누어져 있더라도 원본 영상(마스터 클립)에 효과를 적용했더니 나누어진 모든 클립이 흑백으로 변경된 것을 확인할 수 있습니다. 마스터 클립 효과를 적용하면 [fx] 아이콘에 빨간색 선 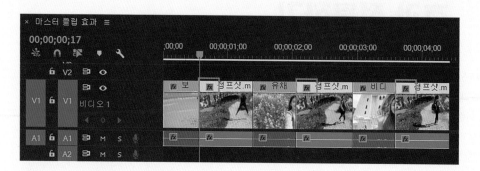 이 나타납니다.

03 마스터 효과가 적용된 클립을 선택하고 [효과 컨트롤] 패널을 확인합니다. [효과 컨트롤] 패널 바로 아래에 있는 [마스터] 탭을 클릭해서 선택해 보면 마스터 클립에 적용된 효과를 확인할 수 있고, 여기서 효과를 추가하거나 삭제할 수도 있습니다.

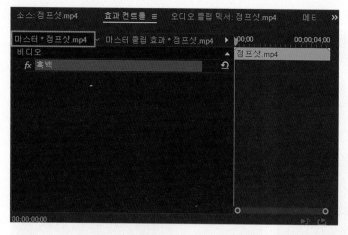

꿀팁 기본 효과(동작, 불투명도, 속도), 비틀기 안정기 효과, 롤링 셔터 복구 효과, 오디오 효과는 마스터 클립에 적용할 수 없습니다.

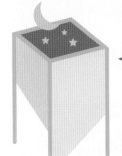

프리미어 프로에서 자주 사용하는 효과 알아보기

예제에서 실습한 효과 외에 자주 사용하는 비디오 효과를 소개합니다. 하나씩 직접 적용해서 확인하는 것이 가장 효과적인 학습 방법이지만 여러분의 바쁜 시간을 조금이나마 줄여 드리고자 미리 보기 이미지를 준비했습니다.

확대(Magnify): 이미지의 특정 부분을 확대합니다. 원과 정사각형 모양으로 확대할 수 있습니다.

거울(Mirror): 이미지의 한 면을 다른 면에 반사하여 거울에 비친 듯한 효과를 만들어 줍니다. 반사 각을 조정하여 여러 방향으로 효과를 적용할 수 있습니다.

복제(Replicate): 이미지를 복제하여 타일 모양으로 화면을 채워 줍니다. 픽셀 수를 조정하여 화면의 개수를 설정할 수 있습니다.

가로로 뒤집기(Horizontal Flip) & 세로로 뒤집기(Vertical Flip): 이미지의 가로 또는 세로 방향으로 화면을 뒤집어 줍니다.

파도 비틀기(Wave Warp): 물결이 흐르는 듯한 모양을 만들어 줍니다. 정사각형, 원형, 삼각형, 사인 물결 등 물결 유형과 높이, 폭, 속도 등을 설정할 수 있습니다. 텍스트에 적용하여 물결 모양처럼 움직이는 효과를 만들 수도 있습니다.

렌즈 플레어(Lens Flare): 카메라 렌즈로 밝은 빛을 비출 때 생기는 효과를 연출합니다.

조명 효과(Lighting Effects): 이미지에 조명을 추가합니다. 조명의 유형과 방향, 강도, 색상을 조정할 수 있습니다.

비틀기 안정기(Warp Stabilizer): 흔들리는 화면을 안정적이고 매끄럽게 조정해 줍니다. 효과를 적용하면 '바로 백그라운에서 클립 분석' 문구와 함께 분석이 진행되며, 완료되면 안정화 처리가 됩니다. 진행 과정은 **[효과 컨트롤]** 패널에서 확인할 수 있습니다.

위와 같은 효과가 주로 사용하는 효과이며, 이 외에도 다양한 효과를 제공합니다. 시간이 날 때 **[효과]** 패널에서 원하는 효과를 검색하여 사용해 보세요. 세부 설정은 **[효과 컨트롤]** 패널에서 변경할 수 있으며, 한글 버전은 한글로, 영문 버전은 영문으로 검색해야 합니다.

재생 시 화질이 깨진다면?
재생 해상도 설정하기

영상을 재생할 때 화질이 깨져서 보이거나 버벅거려서 당황스러웠던 경험 있으시죠? 그럴 때는 재생 해상도를 변경하면 됩니다.

[소스 모니터] 또는 [프로그램 모니터] 패널에서 화면 오른쪽 아래를 보면 '재생 해상도 선택' 옵션에서 [전체], [1/2], [1/4]을 선택해서 재상 해상도를 결정할 수 있습니다. 영상이나 자막이 뭉개져 보인다면 원본의 해상도로 재생할 수 있도록 [전체]를 선택하면 되고, 고해상도 영상을 재생하여 버벅거리면 [1/2] 또는 [1/4]로 해상도를 낮춰 주세요. 해상도가 낮아지지만 부드럽게 재생할 수 있습니다.

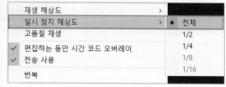

만약 재생 해상도를 [1/4]로 설정해서 정확한 내용을 확인할 수 없다면, 일시 정지 해상도만 [전체]로 변경하면 됩니다. 스패너 모양의 [설정] 아이콘🔧을 클릭한 후 [일시 정지 해상도]를 선택해서 변경할 수 있습니다. 이렇게 설정하면 재생할 때는 낮은 품질이지만 부드럽게 재생되고, 일시 정지할 때만 정확한 초점으로 원본 영상을 확인할 수 있어서 효율적으로 편집할 수 있습니다.

Chapter 04

유튜브 영상 편집의 꽃,
자막 다루기

프리미어 프로에서 자막 작업은 크게 2가지 방법으로 진행합니다.

[도구] 패널에 있는 [문자 도구]를 이용하는 방법과 프리미어 프로 옛날

자막기인 레거시 제목 창을 이용하는 방법입니다.

이번 챕터에서는 유튜브에서 자주 사용하는 예능 자막, 옆으로 흘러가는 자막,

자동으로 늘어나는 자막 바 등 다양한 자막 효과를 실습해 보겠습니다.

자막 작업 속도를 10배 이상 빠르게 처리할 수 있는 꿀팁도 알려드립니다.

효율적으로 편집하여 밤새는 일이 없도록 꼭 확인해 주세요.

기본 자막 만들기

Lesson 01

[문자 도구]를 이용하여 텍스트를 입력하고 수정하는 방법을 자세히 배워 보겠습니다. [문자 도구]는 프리미어 프로 버전 2017.1(2017년 4월)에 업데이트된 기능입니다. 그러므로 [도구] 패널에 [문자 도구]가 보이지 않는다면 최신 버전으로 업데이트하거나 276쪽부터 배우게 될 레거시 제목 창에서 자막 작업을 해야 합니다.

▶ 유튜브 동영상 강의

자막의 모든 것
https://youtu.be/qwSkRpA1l6g

▶ 완성 미리 보기

 예제 파일: 프리미어 프로/Chapter 04/기본 자막.prproj
완성 파일: 프리미어 프로/Chapter 04/기본 자막_완성본.prproj

01 **기본 자막.prproj** 예제 파일을 실행합니다. 자막 편집을 위해 작업 영역을 **[그래픽]** 레이아웃으로 변경합니다. 메뉴 바에서 **[창]** – **[작업 영역]** – **[그래픽]**을 선택해도 됩니다.

> **꿀팁** [그래픽] 레이아웃으로 변경하면 화면 오른쪽에 [기본 그래픽] 패널이 표시됩니다.

02 자막을 입력하기 위해 **[도구]** 패널에서 **[문자 도구]T**를 선택하고 **[프로그램 모니터]** 패널에서 화 면을 클릭하면 빨간색 상자가 표시되면서 자막 입력 상태가 됩니다.

> **꿀팁** [문자 도구]를 선택하고 화면을 클릭해도 빨간색 상자가 보이지 않는다면 프리미어 프로의 오류입니다. 가끔 그런 현상이 나타 나며, 임시 해결 방법으로 [프로그램 모니터] 패널을 아래쪽으로 확대하면 나타나곤 합니다.

03 ❶[말레이시아]를 입력 후 Enter 를 눌러 줄을 바꾸고 [여행 브이로그]를 입력하여 두 줄로 자막을 작성하겠습니다. 자막 입력이 끝나면 [도구] 패널에서 ❷[선택 도구]▶를 선택해 입력을 완료합니다. 자막 입력을 마쳤는데 'ㅁㅁㅁ'로 표시되었나요? 이는 한글을 지원하지 않는 영문 글꼴을 사용했기 때문입니다. 이럴 때는 한글을 지원하는 글꼴로 변경해야 합니다.

04 자막을 수정해 보겠습니다. [타임라인] 패널에서 생성된 자막 클립을 선택한 후 ❶[기본 그래픽] 패널의 ❷[편집] 탭에서 ❸자막 문구를 한 번 더 클릭합니다. 선택한 자막을 세밀하게 설정할 수 있는 옵션이 나타납니다. 자막의 글꼴과 크기를 변경하기 위해서 ❹'텍스트' 영역에서 글꼴을 [BM JUA_TTF] 배달의 민족, 주아체로 변경하겠습니다. 크기는 [250], 정렬은 [가운데 정렬], 행간은 [−75]로 설정합니다.

꿀팁 [효과 컨트롤] 패널에서도 자막을 수정할 수 있습니다.

꿀팁 [선택 도구]가 선택된 상태에서 자막 안쪽을 클릭한 채 드래그하면 자막 위치를 옮길 수 있습니다.

05 이번에는 자막의 색과 테두리 설정을 변경하겠습니다. 윗줄과 아랫줄 자막 색을 다르게 설정하기 위해서 **[프로그램 모니터]** 패널에서 ❶자막을 더블 클릭한 후 ❷윗줄만 드래그합니다. ❸**[기본 그래픽]** 패널에서 ❹'모양' 영역의 '칠' 옵션은 **[흰색(#FFFFFF)]**으로 변경합니다. 이어서 ❺'선' 옵션에 체크한 후 ❻**[파란색(#0566A3)]**, 폭 **[15]**로 변경합니다.

꿀팁 '칠' 옵션은 글자의 색상이고, '선' 옵션은 테두리 색상입니다. 테두리를 설정하려면 먼저 '선' 옵션에 체크한 후 색 및 폭을 변경합니다.

06 이번에는 **[프로그램 모니터]** 패널에서 자막의 ❶아랫줄만 드래그하여 선택합니다. **[기본 그래픽]** 패널에서 ❷'칠' 옵션은 **[옅은 노랑색(#F7E59D)]**, ❸'선' 옵션은 **[파란색 (#0566A3)]**, 폭 **[15]**로 변경합니다.

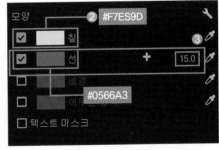

07 자막의 아랫줄만 선택되어 있는 상태로 [**기본 그래픽**] 패널의 '텍스트' 영역에서 ❶크기는 [135], ❷기준선 이동은 [−60]으로 변경하여 아랫줄 자막만 크기와 위치를 조절합니다.

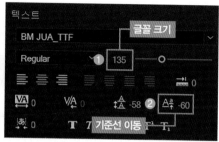

08 전체적으로 자간을 조정하고 그림자 효과를 추가하겠습니다. 자막을 전체 선택하기 위해 [**도구**] 패널에서 ❶[**선택 도구**]를 선택합니다. [**기본 그래픽**] 패널의 '텍스트' 영역에서 ❷자간을 [−10]으로 변경하여 글자 사이의 간격을 줄이고, ❸[**포 이탤릭**] 아이콘을 클릭하여 글자를 기울입니다. '모양' 영역에서는 ❹'어두운 영역' 옵션에 체크하여 그림자를 추가하고, ❺색상은 [**파란색(#0566A3)**], ❻불투명도는 [**100%**], 각도는 [**135도**], 거리는 [**7**], 크기는 [**8**], 흐림 효과는 [**0**]으로 입력합니다.

꿀팁 '어두운 영역' 옵션의 색상을 테두리와 같은 색상으로 설정하면 두께감 있는 자막으로 표현할 수 있습니다.

09 마지막으로 이미지 소스를 배치하여 예쁘게 꾸며 보겠습니다. **[프로젝트]** 패널에서 **[비행기소스]**
와 **[야자수소스]**를 선택하여 자막 클립 위에 각각 드래그하여 배치합니다.

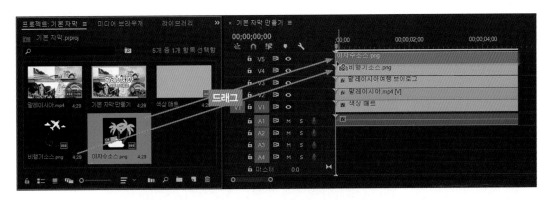

10 이미지 소스를 아래와 같이 배치합니다. 영상의 제목과 같이 강조해야 할 자막을 작업할 때는
실습처럼 내용과 어울리는 이미지 소스를 추가로 배치하여 돋보이게 꾸미면 효과적입니다.

꿀팁

인공지능 자막 프로그램 등을 이용하면 자동으로 자막을 생성할 수 있습니다.

유튜브 동영상 강의(https://youtu.be/vGPyyJ2C1sA)를 참고해서 자동으로 자막을 만들어 보세요.

 **금손 변신 Tip** **[문자 도구]와 [기본 그래픽] 패널** 금손처럼 사용하기

▶ **자막을 세로로 입력하고 싶다면?**

[도구] 패널에서 [문자 도구]를 길게 누르면 [세로 문자 도구]를 선택할 수 있으며 [프로그램 모니터] 패널을 클릭하면 세로 자막을 입력할 수 있습니다.

▶ **자막을 화면 한가운데로 정렬하고 싶다면?**

[도구] 패널에서 [선택 도구]를 선택한 후 [프로그램 모니터] 패널에서 [Ctrl]을 누른 채 자막을 드래그해 보세요. 빨간 선이 표시되면서 가운데로 정렬할 수 있습니다.

[기본 그래픽] 패널의 [편집] 탭 '정렬 및 변형' 영역에서 조정할 수도 있습니다. [세로 가운데] 아이콘 을 클릭하면 세로로 가운데 정렬되며, [가로 가운데] 아이콘 을 클릭하면 가로로 가운데 정렬됩니다.

▶ 자막을 자유자재로 수정하고 싶다면? [기본 그래픽] 패널 '텍스트' 영역

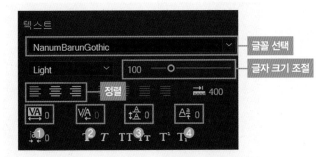

① **자간(Tracking):** 글자와 글자 사이를 조절합니다.

② **커닝(Kerning):** 글자와 글자 사이의 빈 칸을 줄이거나 늘릴 때 사용합니다.

③ **행간(Leading):** 글의 줄과 줄 사이를 조절합니다.

④ **기준선 이동(Baseline Shift):** 글자의 기준선 위치를 조절합니다(위 첨자, 아래 첨자 만들 때 사용).

▶ 자막 색상, 테두리, 배경을 설정하고 싶다면? [기본 그래픽] 패널 '모양' 영역

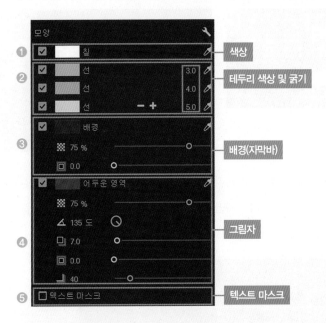

① **칠:** 글자 색상을 변경합니다.

② **선:** 테두리 색상 및 굵기를 변경합니다. ➕를 누르면 최대 10개까지 추가할 수 있습니다.

③ **배경:** 글자의 배경을 설정합니다. 배경 색상, 불투명도, 크기를 조정할 수 있습니다.

④ **어두운 영역:** 글자의 그림자를 설정합니다. 색상, 불투명도, 각도, 거리, 크기, 흐림 효과를 조정할 수 있습니다.

⑤ **텍스트 마스크:** 글자의 특정 부분만 보이거나 숨길 수 있습니다. 273쪽을 참고하세요.

▶ 자막 추가할 때 주의해야 할 점

이미지처럼 자막을 세 번 나눠서 입력한다고
가정하겠습니다. 자막을 추가할 때 [타임라인]
패널에서 자막 클립을 선택할 때와 선택하지
않을 때가 있습니다. 얼핏 보기에는 결과가 같
아 보이지만 큰 차이가 있습니다.

[타임라인] 패널에서 자막을 선택하고 자막을 추가할 때는 자막 클립이 따로 생성되지 않고 현재 선택 중인
클립에 계속 쌓이게 됩니다. 따라서 자막을 수정할 때 [효과 컨트롤] 패널에서 수정할 자막을 찾고 그 안에
있는 하위 옵션에서 수정해야 합니다.

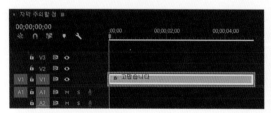

▲ 하나의 클립에 작성한 자막

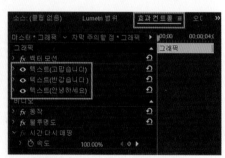

반대로 [타임라인] 패널에서 자막 클립을 선택하지 않고 자막을 추가하면 새로운 클립이 하나씩 생성되어
쌓이게 되고, 이후 필요한 자막 클립을 선택해서 수정하면 됩니다. 이처럼 자막을 입력할 때 클립을 선택
했는지 하지 않았는지 사소한 차이로 작업의 효율성이 달라지니 주의해서 작업해야 합니다.

▲ 클립을 선택하지 않고 자막을 추가했을 때

Lesson 02
자막 배경 추가하고 대상에 따라 위치 고정시키기

프리미어 프로 CC 2019(버전 13.1)에서는 텍스트 배경 기능이 새롭게 추가되었습니다. 배경 기능을 이용하면 자막 바 효과를 쉽게 만들 수 있으며, 자막의 가독성 또한 높일 수 있습니다. 자막 배경 추가 방법과 특정 자막의 위치를 유동적으로 고정하는 방법을 알아봅니다.

▶ 완성 미리 보기

예제 파일: 프리미어 프로/Chapter 04/인터뷰 자막.prproj
완성 파일: 프리미어 프로/Chapter 04/인터뷰 자막_완성본.prproj

01 **인터뷰 자막.prproj** 예제 파일을 실행합니다. [도구] 패널에서 ①[문자 도구]를 선택한 후 ②③[프로그램 모니터] 패널에서 자막을 입력합니다. 예제에서는 오디오 음성과 동일하게 [안녕하세요. 저는 지금 울릉도 관음도를 걷고 있습니다.]라고 입력하겠습니다.

꿀팁 텍스트 입력이 끝나면 [도구] 패널에서 [선택 도구]를 선택해서 입력을 완료해 주세요.

02 ❶[기본 그래픽] 패널의 [편집] 탭 '텍스트' 영역에서 ❷글꼴은 [NanumBarunGothic], ❸크기는 [65], 그리고 ❹[텍스트 가운데 맞춤]으로 설정했습니다. 이어서 '정렬 및 변형' 영역에서 ❺[가로 가운데] 아이콘을 클릭해서 자막을 정 가운데로 배치합니다.

 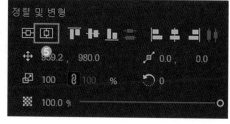

> **꿀팁** [타임라인] 패널에서 자막 클립을 선택하고 [기본 그래픽] 패널을 확인해야 위와 같은 화면이 나옵니다. [기본 그래픽] 패널은 [그래픽] 레이아웃일 때 기본으로 표시되는 패널입니다.

03 자막을 입력해도 화면에 따라 잘 보이지 않을 때가 있죠? 이럴 때는 자막에 배경을 설정하여 자막을 돋보이게 할 수 있습니다. [기본 그래픽] 패널의 [편집] 탭 '모양' 영역에서 자막 색상에 해당하는 ❶'칠' 옵션의 색상을 [검은색(#000000)]으로 변경합니다. ❷'배경' 옵션에 체크하고, ❸색상은 [흰색(#FFFFFF)], ❹불투명도는 [75%], 크기는 [15]로 변경합니다.

04 자막 뒤에 배경이 생성되어 가독성이 높아졌습니다. 이번에 는 반응형 자막을 추가하기 위해 [기본 그래픽] 패널의 [편집] 탭 바로 아래에 있는 레이어 목록에서 ❶[새 레이어] 아이콘을 클릭 하고 ❷[텍스트]를 선택합니다.

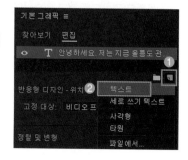

05 [프로그램 모니터] 패널과 자막 레이어 목록에 [새 텍스트 레이어]가 생성된 것을 확인합니다. 텍스트 레이어가 추가될 때는 기존의 자막 설정을 참고하여 만들어집니다. 즉, [새 텍스트 레이어]도 흰색 배경에 검은색 글씨로 추가됩니다.

06 [프로그램 모니터] 패널에서 ❶새로운 자막을 더블 클릭하고, 내용을 수정합니다. 예제에서는 [조블리]로 수정하겠습니다. [기본 그래픽] 패널의 '텍스트' 영역에서 ❷자막 크기는 [55], '모양' 영역에서 ❸'칠' 옵션의 색상은 [흰색(#FFFFFF)], ❹'배경' 옵션의 색상은 [하늘색(#86B1E7)], ❺투명도는 [100%]로 변경합니다.

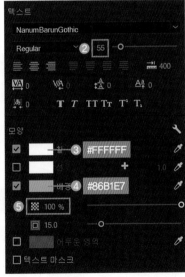

꿀팁 자막에 테두리가 표시되었거나 두껍게 표현되었다면 '모양' 영역의 '선' 옵션이 체크되어 있는지 확인해 보세요. 실습에서는 '선' 옵션의 체크가 해제된 상태입니다.

07 이름 자막의 위치를 다음과 같이 내용 자막 앞쪽으로 변경하겠습니다. **[선택 도구]**를 이용하여
직접 옮길 수도 있지만 자막이 작을 때는 선택이 힘들 수도 있습니다. 이럴 때는 **[기본 그래픽]**
패널의 '정렬 및 변형' 영역에서 위치⬥ 값을 입력해서 변경합니다. 가로, 세로 값을 **[260, 892]**로 변
경하여 배치합니다.

꿀팁 위치 값을 모를 때는 직접 값을 입력할 것이 아니라, 입력 값 부분을 클릭한 채로 드래그하면 수치가 변경되면서 [프로그램 모
니터] 패널에서 실시간으로 변화된 결과를 볼 수 있습니다.

08 이름 자막이 완성되었습니다. 하지만 다음과 같이 아래쪽 자막의 길이가 바뀌면 이름 자막의
위치가 애매해집니다. 이처럼 아래쪽 자막의 길이가 변경될 때를 대비하여 이름 자막이 아래쪽
내용 자막을 따라다니면서 항상 왼쪽 위에 고정되도록 설정해 보겠습니다.

09 [기본 그래픽] 패널의 [편집] 탭에서 ❶이름 자막 레이어를 선택하고, '반응형 디자인' 영역의 ❷ '고정 대상' 옵션에서 [안녕하세요. 저는 지금~] 자막을 선택합니다.

꿀팁 '고정 대상'은 고정시킬 대상을 선택하는 옵션입니다. 그러므로 자막 레이어 목록에서는 고정할 자막을, '고정 대상'에서는 고정의 기준이 될 자막을 선택합니다.

10 고정 대상을 선택 후에는 어느 쪽으로 고정할 것인지 선택합니다. '고정 대상' 오른쪽 끝에 있는 아이콘에서 위치를 지정할 수 있습니다. 예제는 이름 자막을 왼쪽 끝에 고정할 것이므로 왼쪽 부분을 클릭해서 파란색으로 활성화합니다.

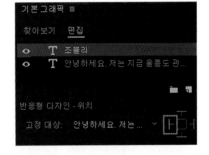

11 이제 자막 내용을 자유롭게 수정해서 이름 자막의 위치가 항상 왼쪽으로 고정되는지 확인합니다. 이처럼 '고정 대상' 옵션을 설정하면 반응형 자막을 쉽게 만들 수 있습니다.

12 계속해서 자막 작업을 마무리하겠습니다. **[타임라인]** 패널에서 재생헤드를 다음 자막이 시작되는 ❶**[00;00;04;12]**로 이동하겠습니다. ❷자막 클립을 선택하고 Ctrl + K를 눌러 재생헤드를 기준으로 자막 클립을 자릅니다.

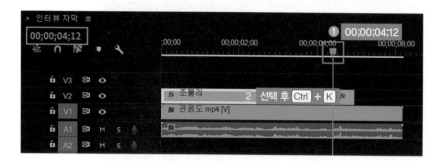

13 잘려진 두 번째 자막 클립을 선택하고 **[프로젝트 모니터]** 패널에서 대화 자막을 더블 클릭하여 내용을 수정합니다. 예제에서는 오디오 음성과 같이 **[이 섬은 죽도라고 해요]**라고 입력하겠습니다.

14 마지막으로 **[타임라인]** 패널에서 자막 클립을 오디오가 끝나는 지점까지 드래그하여 길이를 늘여서 완성합니다.

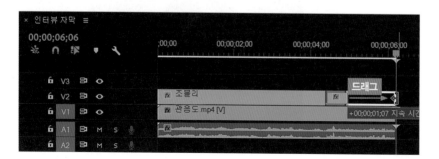

자동으로 늘어나는 반응형 자막 바 만들기

프리미어 프로 CC 2019 이상을 사용한다면 자막의 '배경' 옵션을 이용해 손쉽게 자막 바를 만들어 가독성을 높일 수 있습니다. 하지만 이전 버전(CC 2018)을 사용 중이라면 어떻게 해야 할까요? 단순히 자막 바가 아닌 자막 길이에 따라 자동으로 늘어나는 반응형 자막 바를 그것도 프리미어 프로 CC 2019 이전 버전에서도 사용할 수 있는 방법으로 완성해 보겠습니다.

▶l 완성 미리 보기

 예제 파일: 프리미어 프로/Chapter 04/반응형 자막.prproj
완성 파일: 프리미어 프로/Chapter 04/반응형 자막_완성본.prproj

완성

보라카이 선셋 세일링

01 반응형 자막.prproj 예제 파일을 실행합니다. ❶[문자 도구]를 이용하여 ❷❸텍스트를 입력합니다. 예제에서는 [보라카이 선셋 세일링]으로 입력하겠습니다. ❹[기본 그래픽] 패널에서 ❺글꼴은 [TmonMonsori], ❻크기는 [140], ❼정렬은 [텍스트 가운데 맞춤]으로 설정합니다.

02 이어서 반응형 자막 바를 만들기 위해 [기본 그래픽] 패널의 [편집] 탭에 있는 레이어 목록에서 ❶[새 레이어] 아이콘을 클릭한 후 ❷[사각형]을 선택합니다.

03 레이어 목록에 [모양01]이 생성되었습니다. ❶[프로그램 모니터] 패널을 보면 추가한 [모양 01]이 텍스트를 가리고 있죠? 레이어 목록에서 ❷[모양 01]을 [보라카이 선셋 세일링] 아래로 드래그해서 옮깁니다. 자막 레이어가 위에 배치되면서 가려졌던 텍스트가 다시 보이게 됩니다.

04 [도구] 패널에서는 [선택 도구]를 선택하고 [모양 01] 레이어를 선택하면 사각형 주위로 꼭짓점이 보입니다. 각 꼭짓점을 드래그하면 크기를 조절할 수 있고, 영역 안쪽에서 드래그하면 위치를 변경할 수 있습니다. 아래처럼 자막 크기보다 여유 있게 사각형을 만들어 줍니다.

05 [모양 01]의 세부 모양을 설정하겠습니다. ❶[기본 그래픽] 패널의 '모양' 영역에서 ❷'칠' 옵션의 체크를 해제하여 투명하게 만들고, ❸'선' 옵션에 체크하여 테두리를 생성하고, ❹테두리 색상은 [흰색(#FFFFFF)], 두께는 [15]로 굵게 표현합니다.

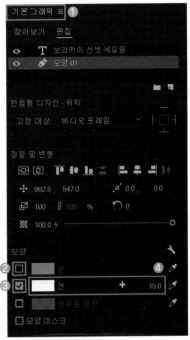

06 지금부터 자막의 내용에 따라 자동으로 늘어나거나 줄어드는 반응형 자막 바로 설정하겠습니다. ❶[모양 01] 레이어를 선택하고 '반응형 디자인' 영역에서 ❷'고정 대상' 옵션을 기준이 될 [보라카이 선셋 세일링]으로 선택합니다.

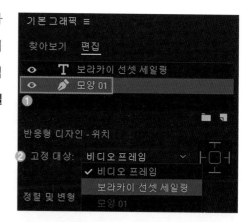

07 이어서 고정 대상의 기준 방향은 상하좌우 모두 파란색으로 활성화합니다. 상하좌우를 각각 클릭하거나 가운데 네모 상자를 클릭하면 됩니다.

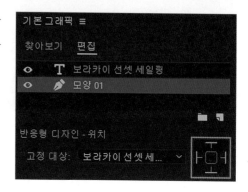

08 [프로그램 모니터] 패널에서 [보라카이 선셋 세일링]을 더블 클릭하여 자막 내용을 변경해 보세요. 반응형 디자인으로 설정했으므로 자막 내용이 변하면 자막 바도 자동으로 변경됩니다.

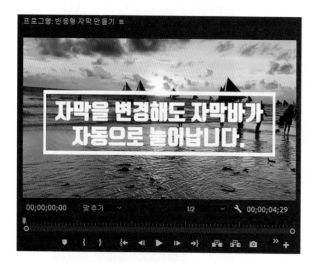

꿀팁 예제처럼 자막 바가 투명한 것이 싫다면 '칠' 옵션에 체크하여 색상을 선택하면 됩니다.

단색 자막 바가 아닌 여러 가지 색상이 섞인 그라디언트 자막 바를 만들어 색다른 느낌을 연출해 보세요!

▶ 그라디언트 배경 설정하기

앞서의 실습을 예제로 사용한다면 **[기본 그래픽]** 패널에서 자막 바에 해당하는 **[모양01]**을 선택하는 것까지 동일합니다. 그 다음으로 자막 바에 그라디언트 색상을 적용하기 위해 '모양' 영역에서 '칠' 옵션에 체크하고, 색상을 클릭하여 색상 피커 창을 열어야 합니다.

꿀팁 도형의 '칠' 옵션만 그라디언트를 제공합니다. 추후에 업데이트될 수도 있지만 현재까지는 텍스트의 '칠' 옵션에서는 그라디언트를 설정할 수 없습니다.

색상 피커 창이 열리면 왼쪽 위에서 **[단색]**을 **[선형 그라디언트]**로 변경합니다. 기본적으로 2개의 색상으로 구성된 그라디언트 막대가 나타나며, 왼쪽과 오른쪽 아래쪽에 있는 색상 중지를 클릭해서 원하는 색상을 지정할 수 있습니다.

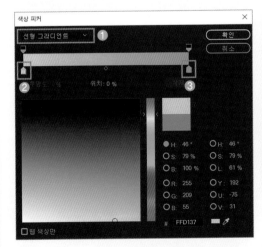

▲▶ 두 가지 색상 그라디언트 막대와 그라디언트 자막 배경

▶ 그라디언트 색상 추가하기

2가지 색상으로 구성된 그라디언트 배경만 사용할 수 있는 것은 아닙니다. 색상 중지를 추가하여 다양한 색상의 그라디언트 배경을 만들 수 있습니다. 그라디언트 막대에서 그라디언트 바의 아래쪽을 클릭하면 새로운 색상 중지가 추가됩니다. 또한, 색상 중지를 좌우로 이동하여 그라디언트의 범위를 설정할 수도 있습니다.

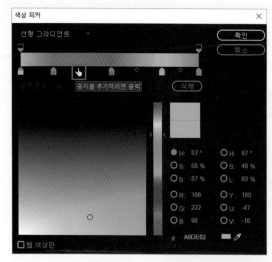

▲ 5가지 색상의 그라디언트

Lesson 04
마스크를 이용하여 텍스트가 뚫린 자막 바 만들기

프리미어 프로 2019(버전 13.1)에서는 텍스트 마스크 기능이 새롭게 추가되었습니다. 텍스트 마스크를 이용하면 텍스트가 뚫린 투명한 자막 바 효과를 쉽게 만들 수 있습니다.

▶ 완성 미리 보기

예제 파일: 프리미어 프로/Chapter 04/투명 자막바.prproj
완성 파일: 프리미어 프로/Chapter 04/투명 자막바_완성본.prproj

01 **투명 자막바.prproj** 예제 파일을 실행하면 자막이 입력되어 있습니다. 배경이 보이는 투명한 자막 바를 만들기 위해 ❶[기본 그래픽] 패널의 [편집] 탭에서 ❷[새 레이어] 아이콘▣을 클릭한 후 ❸[사각형]을 선택합니다.

02 레이어 목록에 **[모양 01]**이 생성되었습니다. 사각형 모양이 자막 뒤에 배치되도록 레이어 목록에서 **[모양 01]**을 **[밤은 낮보다 아름답다]** 자막 레이어 아래로 드래그해서 옮깁니다.

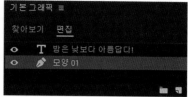

03 **[도구]** 패널에서는 **[선택 도구]**▶를 선택하고 **[모양 01]** 레이어를 선택하면 사각형 모양에 조절점이 표시됩니다. 각 조절점을 드래그하면 크기를 조절할 수 있고, 영역 안쪽에서 드래그하면 위치를 변경할 수 있습니다. 자막 크기보다 여유 있게 사각형의 크기와 위치를 조정해 주세요.

04 **[모양 01]** 레이어가 선택된 상태에서 ❶**[기본 그래픽]** 패널의 '모양' 영역에 있는 ❷'칠' 옵션의 색상을 클릭해서 **[흰색(#FFFFFF)]**으로 설정합니다.

05 이제 텍스트 마스크를 적용하겠습니다. 레이어 목록에서 **[밤은 낮보다 아름답다]** 자막 레이어를 선택합니다.

꿀팁 텍스트 마스크를 사용하려면 반드시 텍스트 레이어를 선택해야 합니다.

06 텍스트가 선택된 상태로 **[기본 그래픽]** 패널의 '모양' 영역에서 ❶'텍스트 마스크' 옵션에 체크하고, 그 아래 ❷'반전' 옵션까지 체크합니다.

꿀팁 '텍스트 마스크'에 체크해야 '반전' 옵션이 나타나며, 텍스트 마스크는 프리미어 프로 CC 2019(버전 13.1) 이상부터 사용할 수 있는 기능입니다. '텍스트 마스크' 옵션이 보이지 않는다면 최신 버전으로 업데이트해야 합니다.

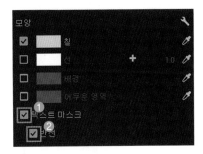

07 **[프로그램 모니터]** 패널을 보면 텍스트가 뚫린 투명 자막 바를 확인할 수 있습니다.

꿀팁
유튜브 동영상 강의(https://youtu.be/khZTud6qx-E)를 보면서 텍스트 마스크 기능을 복습해 보세요.

레거시 제목으로 예능 자막 만들기

앞에서 다룬 [문자 도구]를 이용한 자막은 아쉽게도 단색으로만 표현할 수 있습니다. 만약 두 개 이상의 색상을 사용하여 그라디언트 자막을 만들고 싶다면 어떻게 해야 할까요? 이번 레슨에서는 프리미어 프로의 예전 자막 도구인 레거시 제목 창을 이용하여 유튜브에서 자주 사용하는 예능 자막 효과를 만들어 보겠습니다.

▶ 유튜브 동영상 강의

그라디언트 예능 자막 만들기
https://youtu.be/8UBZon0sVTA

▶ 완성 미리 보기

예제 파일: 프리미어 프로/Chapter 04/예능 자막.prproj
완성 파일: 프리미어 프로/Chapter 04/예능 자막_완성본.prproj

그라디언트 예능 자막 추가하기

 01 예능 자막.prproj 예제 파일을 실행한 후 메뉴 바에서 [파일] – [새로 만들기] – [레거시 제목]을 선택합니다.

02 새 제목 창이 나타나면 ❶이름을 입력하고 ❷[확인]을 클릭합니다. 예제에서는 [예능 자막]으로 입력하겠습니다.

03 레거시 제목 창이 열립니다. 왼쪽에는 [도구] 패널이, 중앙에는 화면이, 오른쪽에는 [레거시 제목 속성] 패널이 표시됩니다. ❶[문자 도구]를 선택하고 ❷화면을 클릭하면 자막을 입력할 수 있습니다. 예제에서는 [힘이여 솟아나라!!]로 입력하겠습니다. [레거시 제목 속성] 패널에서 ❸'글꼴 모음' 옵션은 [Tmon몬소리], ❹'글꼴 크기' 옵션은 [220]으로 변경합니다.

> **꿀팁** 텍스트가 ㅁㅁㅁ로 표시된다면 한글을 지원하지 않는 글꼴을 사용했기 때문입니다. 한글을 입력할 때에는 한글 지원 여부를 확인해야 합니다.

> **꿀팁** 레거시 제목 창에서 보이는 배경화면은 [타임라인] 패널에서 재생헤드가 위치한 곳입니다. 재생헤드를 이동하면 배경화면도 변경됩니다. 레거시 제목 창 위쪽에 있는 [배경 비디오 표시] 아이콘 ◉을 클릭하면 배경화면을 끄고 작업할 수 있습니다.

> **꿀팁** 그리그 도구 중 하나를 선택한 후 화면에서 드래그하면 다양한 도형을 그릴 수 있습니다. 이때 Shift를 누른 채 도형을 그리면 정원, 정사각형처럼 정비율을 만들 수 있습니다. 도형의 색상, 테두리, 그림자 설정 등은 자막 설정과 같습니다.

04 텍스트 색상을 다양하게 변경하겠습니다. 특정 부분만 색상을 변경하기 위해 ❶'솟아나라!!' 부분만 드래그해서 선택했습니다. **[레거시 제목 속성]** 패널에서 '칠' 옵션 중 ❷'칠 유형' 옵션을 **[단색]**에서 **[선형 그라디언트]**로 변경합니다.

05 선형 그라디언트는 '칠' 옵션의 '색상' 옵션에서 색상을 두 개 선택할 수 있습니다. ❶왼쪽 중지를 더블 클릭한 후 색상 피커 창이 열리면 ❷**[노란색(#FBC712)]**으로 설정하고 ❸**[확인]**을 클릭합니다.

06 이어서 ❶오른쪽 중지는 **[주황색(#F68D1E)]**으로 설정합니다. '솟아나라!!' 텍스트가 그라디언트 색상으로 변경되었습니다. 이번에는 전체 텍스트에 테두리를 설정하겠습니다. ❷**[선택 도구]**를 선택해서 텍스트를 전체 선택합니다. **[레거시 제목 속성]** 패널에서 '선' 옵션의 ❸'외부 선' 옵션에 있는 **[추가]**를 클릭합니다.

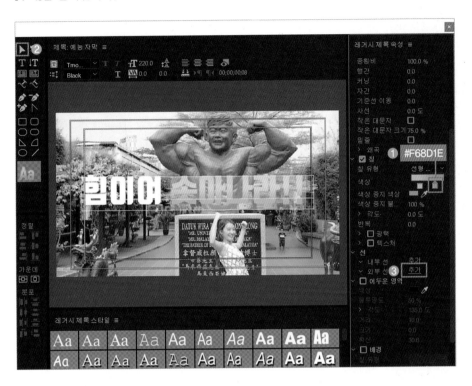

07 '외부 선'은 테두리를 설정하는 옵션으로 예제에서는 '유형'을 **[가장자리]**, '크기'를 **[20]**으로 변경 하겠습니다.

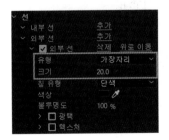

08 텍스트를 두껍게 표현하기 위해 외부 선을 한 번 더 추가하겠습니다. ❶'외부 선' 옵션의 [추가]를 클릭합니다. '외부 선' 옵션이 추가되면 이번에는 ❷'유형'을 [심도], '크기'는 [30], '각도'는 [25도]로 설정합니다.

09 테두리가 두껍게 표현되어 가독성이 훨씬 좋아졌죠? 이번에는 텍스트를 기울여 보겠습니다. [레거시 제목 속성] 패널에서 '속성' 옵션의 '사선' 값이 클수록 텍스트가 심하게 기울어집니다. 예제에서는 [15]로 변경하겠습니다.

10 이번에는 자막을 더욱 예능스럽게 꾸미기 위해 이미지를 추가해 보겠습니다. ❶화면에서 마우스 오른쪽 버튼을 클릭한 후 ❷[그래픽] – [그래픽 삽입]을 선택합니다. 그래픽 가져오기 창이 열리면 예제 소스 경로(Chapter 04/영상 소스)로 이동하여 ❸[불꽃.png] 파일을 찾아 선택하고 ❹[열기]를 클릭합니다.

11 [불꽃] 이미지가 삽입되고, 앞에서 설정한 텍스트 속성이 이미지에도 동일하게 적용된 것을 확인할 수 있습니다. 이미지에는 테두리가 필요 없으니 삭제하겠습니다. [불꽃] 이미지가 선택된 상태에서 두 개의 '외부 선' 옵션의 [삭제]를 모두 클릭하여 제거합니다.

12 ❶[선택 도구]를 선택한 후 ❷[불꽃] 이미지를 드래그하여 '솟아나라!!' 텍스트를 가리도록 배치합니다. 지금은 이미지가 텍스트를 가리고 있죠? ❸이미지에서 마우스 오른쪽 버튼을 클릭한 후 ❹[정렬] - [뒤로 보내기]를 선택합니다. 이미지가 텍스트 뒤로 정렬되면서 가려졌던 텍스트가 나타납니다.

13 원하는 형태의 자막이 완성되었습니다. 오른쪽 위에 있는 ▣를 클릭해서 창을 닫습니다.

14 [프로젝트] 패널을 보면 [예능 자막]이 생성되어 있습니다. [예능 자막]을 선택하고 [타임라인] 패널의 V2 트랙으로 드래그합니다.

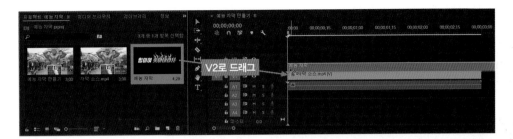

15 영상을 재생하여 예능 자막을 확인합니다. 자막을 수정하고 싶다면 [프로젝트] 패널 혹은 [타임라인] 패널에서 [예능 자막]을 더블 클릭하여 레거시 제목 창을 실행합니다.

자막 복제하여 레거시 제목 추가하기

01 레거시 제목을 추가로 배치하고 싶다면 [타임라인] 패널에서 Alt 를 누른 채 [예능 자막] 클립을 오른쪽으로 드래그하여 복제합니다.

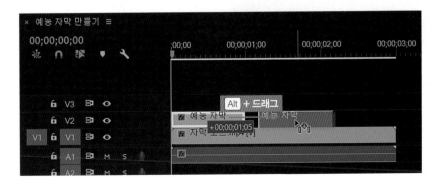

02 자막 클립이 복제되면서 [**프로젝트**] 패널에 자동으로 [**예능 자막 복사 01**] 소스가 생성됩니다. [**프로젝트**] 패널이나 [**타임라인**] 패널에서 복제된 자막 클립을 더블 클릭하여 레거시 제목 창을 실행하고, 자막의 내용을 수정하면 됩니다.

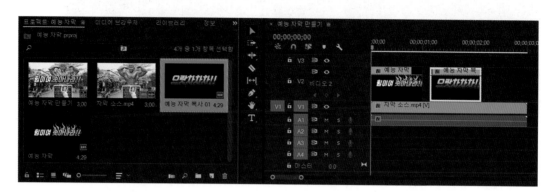

금손 변신 Tip   그라디언트 자막 금손처럼 사용하기

▶ **경계가 뚜렷한 그라디언트를 만들고 싶다면?**

레거시 제목 창에서 [**선형 그라디언트**]로 설정하면 아래처럼 색상과 색상이 자연스럽게 스며들죠? 이렇게 자연스러운 그라디언트가 아닌 색상과 색상의 경계가 뚜렷한 그라디언트를 만들고 싶다면 어떻게 해야 할까요?

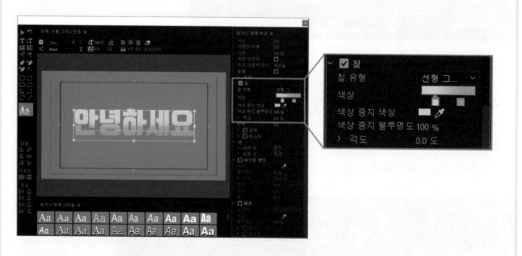

방법은 간단합니다. '색상'에서 두 중지의 간격을 좁히면 경계가 뚜렷해집니다. 또한 '칠 유형'이나 '각도'를 변경하면 다양한 형태의 그라디언트를 연출할 수 있습니다.

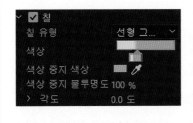

중지 간격을 좁혔을 때 ▶

각도를 변경한 그라디언트 ▶

- **방사형 그라디언트:** '칠 유형'에서 **[방사형 그라디언트]**를 선택하면 왼쪽 색상이 원형 색상이며, 오른쪽 색상이 배경 색상입니다. 색상의 간격과 위치에 따라 그라디언트의 모양을 변경할 수 있습니다.

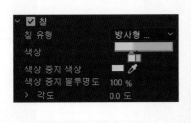

방사형 그라디언트 ▶

- **4색 그라디언트:** '칠 유형'에서 **[4색 그라디언트]**를 선택하면 4가지 색상을 선택하여 다양한 색상의 그 라디언트를 만들 수 있습니다.

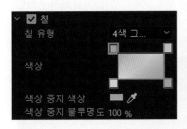

4색 그라디언트 ▶

레거시 제목 창 금손처럼 사용하기

▶ 레거시 제목 창에서 패널이 제대로 보이지 않는다면?

간혹 프리미어 프로 오류로 레거시 제목 창의 패널들이 정상적으로 보이지 않을 때가 있습니다. 그럴 때는 레거시 제목 창 맨 위쪽에 있는 **[제목]** 패널에서 **[메뉴]** 아이콘을 클릭하여 **[도구]**, **[스타일]**, **[작업]**, **[속성]**을 하나씩 선택해 주세요. 또한, 패널과 패널 사이의 경계선을 드래그하면 패널의 영역을 재설정할 수 있습니다.

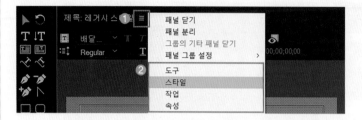

▶ 자막 스타일 저장하기

예쁘게 작업한 자막을 나중에 사용할 수 있도록 스타일로 저장하여 관리해 보세요. 레거시 제목 창의 **[도구]** 패널에서 **[선택 도구]**를 선택하고 스타일로 저장할 자막을 선택한 후 **[레거시 제목 스타일]** 패널에서 **[메뉴]** 아이콘을 클릭하고 **[새 스타일]**을 선택하면 됩니다.

꿀팁 영문 버전은 [New Style]을 선택합니다.

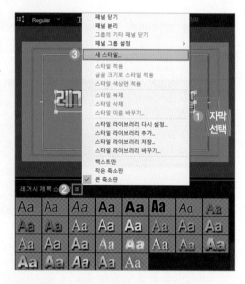

새 스타일 창이 열리면 사용할 스타일 이름을 입력한 후 **[확인]**을 클릭하면 이후 **[레거시 제목 스타일]** 패널에서 저장한 스타일을 확인하고 바로 적용할 수 있습니다.

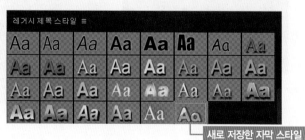

새로 저장한 자막 스타일

▶ 레거시 제목 스타일 적용하기

[레거시 제목 스타일] 패널에 있는 다양한 자막 스타일을 적용하는 방법은 간단합니다. 텍스트를 선택하고 원하는 스타일을 클릭하면 됩니다. 단, 기본으로 제공되는 스타일은 영문 글꼴로만 저장되어 있습니다. 따라서 한글로 입력하면 이미지처럼 텍스트가 모두 깨진 상태(ㅁㅁㅁ)로 표시되겠죠?

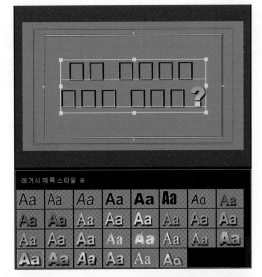

그러므로 한글로 입력한 자막에 스타일을 적용할 때는 적용할 스타일을 마우스 오른쪽 버튼으로 클릭하여 **[스타일 색상만 적용]**을 선택하면 됩니다.

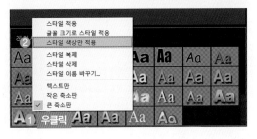

> **꿀팁** 좀 더 빠르게 작업하고 싶다면 `Alt`를 누른 상태에서 스타일을 클릭하면 글꼴을 제외한 나머지 스타일만 적용됩니다.

> **꿀팁** 영문 버전은 [Apply Style Color Only]를 선택합니다.

▶ 스타일 라이브러리 저장하고 불러오기

자주 사용하는 스타일을 모아 라이브러리로 관리해 보세요. 전체 스타일을 저장할 수 있으며, 다른 컴퓨터에서 불러올 수도 있습니다.

[레거시 제목 스타일] 패널에서 **[메뉴]** 아이콘을 클릭하고 **[스타일 라이브러리 저장]**을 선택합니다. 스타일이 모두 저장되며, 확장자는 **[.prsl]**입니다. 이렇게 저장한 라이브러리를 불러오고 싶을 때는 **[스타일 라이브러리 추가]**를 선택하면 됩니다.

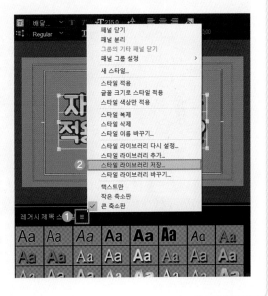

> **꿀팁** 영문 버전에서 스타일 저장하기는 [Save Style Library], 스타일 추가하기는 [Append Style Library]입니다.

Lesson 06

레거시 제목 창에서 옆으로 흘러가는 자막 만들기

왼쪽에서 오른쪽 또는 오른쪽에서 왼쪽으로 흐르는 자막을 크롤 자막이라고 합니다. 이번에도 레거시 제목 창에서 간단하게 크롤 자막 만드는 방법에 대해 배워 보겠습니다. 또한 흘러가는 자막에 그래픽을 삽입하는 방법도 알아보겠습니다.

▶ 유튜브 동영상 강의

옆으로 흐르는 자막 쉽게 만들기
https://youtu.be/WQn3dkgmGjk

▶ 완성 미리 보기

예제 파일: 프리미어 프로/Chapter 04/크롤 자막.prproj
완성 파일: 프리미어 프로/Chapter 04/크롤 자막_완성본.prproj

레거시 제목으로 크롤 자막 만들기

01 **크롤 자막.prproj** 예제 파일을 실행합니다. 옆으로 흘러가는 크롤 자막은 레거시 제목 창에서 만들어야 하므로 메뉴 바에서 **[파일]** – **[새로 만들기]** – **[레거시 제목]**을 선택합니다.

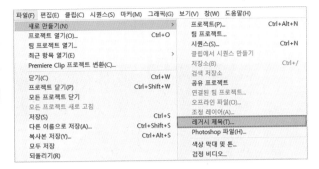

02 새 제목 창이 나타납니다. ❶'이름' 옵션에 이름을 입력하고 ❷**[확인]**을 클릭합니다. 예제에서는 **[크롤 자막]**으로 입력하겠습니다.

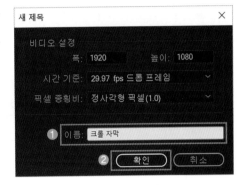

03 레거시 자막 창이 실행되면 ❶**[문자 도구]**를 선택합니다. ❷화면 왼쪽 하단을 클릭하여 자막을 입력한 후 ❸**[선택 도구]**를 선택해서 입력을 완료합니다. 예제에서는 **[울릉도 동남쪽 뱃길 따라 이백리, 외로운 섬 하나 새들의 고향]**으로 입력하겠습니다.

04 영문 전용 글꼴이라 입력 내용이 ㅁㅁㅁ로 표현될 수 있습니다. 한글 지원 글꼴로 바꾸기 위해 화면 왼쪽 위에서 ❶글꼴을 [Tmom몬소리]로 변경합니다. ❷[선택 도구]를 선택하여 ❸자막의 위치를 최종적으로 배치합니다. 흘러가는 자막이기 때문에 화면 밖으로 글자가 넘어가도 됩니다.

05 옆으로 흘러가는 자막을 만들기 위해 ❶[롤/크롤 옵션] 아이콘▦을 클릭합니다. 창이 열리면 '제목 유형' 영역에서 ❷[왼쪽 크롤]을 선택하고, '타이밍(프레임)' 영역에서 ❸[화면 밖에서 시작]과 [화면 밖에서 종료]에 체크합니다. ❹[확인]을 클릭하여 설정을 완료합니다.

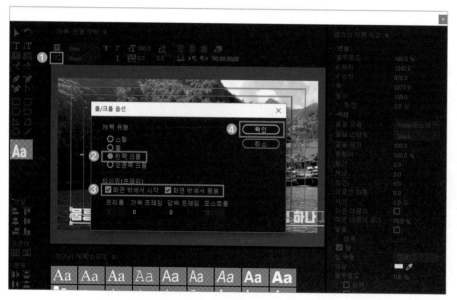

꿀팁 롤/크롤 옵션 창에서 [롤]을 선택하면 아래에서 위로 올라가는 자막을 만들 수 있습니다.

06 레거시 제목 창에서 수정한 설정은 바로 반영되므로 별도의 저장 절차 없이 오른쪽 위에 있는 ⊠를 클릭하여 창을 닫으면 됩니다. **[프로젝트]** 패널에 **[크롤 자막]**이 생성되었으면, **[크롤 자막]**을 선택하여 **[타임라인]** 패널의 V2 트랙에 드래그합니다.

07 영상을 재생해서 오른쪽에서 왼쪽으로 자막이 흘러가는 것을 확인합니다.

08 흘러가는 자막 속도가 빠르다면 **[타임라인]** 패널에서 자막 클립의 길이를 늘려 주면 속도가 느려 집니다. 반대로 자막 속도가 느리다면 짧게 줄여 주면 되겠죠?

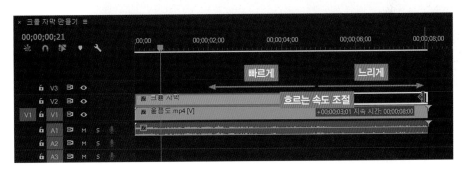

흘러가는 자막에 그래픽 삽입하기

01 자막의 크기나 위치, 색상, 크롤 방향 등을 수정할 수 있습니다. 앞서의 실습에 이어서 **[타임라인]** 패널에서 **[크롤 자막]** 클립을 더블 클릭합니다.

02 레거시 제목 창이 열리면 자막 방향을 바꾸기 위해 **①[롤/크롤 옵션]** 아이콘🏭을 클릭합니다. 롤/크롤 옵션 창의 '제목 유형' 영역에서 **②[오른쪽 크롤]**을 선택하고 **③[확인]**을 클릭합니다.

03 이번에는 자막의 가독성을 높이기 위해 텍스트에 테두리를 추가하겠습니다. 레거시 제목 창 오른쪽에 있는 ❶[레거시 제목 속성] 패널에서 ❷'선' 옵션의 외부 선 [추가]를 클릭합니다. '외부 선' 옵션이 추가되면 ❸색상 및 두께 등을 설정합니다. 예제에서는 유형을 [가장자리], 크기를 [50], 칠 유형을 [단색], 색상을 [청록색(#188E9A)]으로 변경하겠습니다.

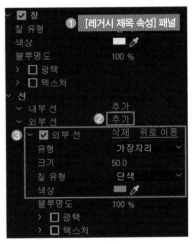

꿀팁 자막 색상을 변경하고 싶을 때는 '칠' 옵션 중 '색상'을 변경하면 됩니다.

04 흘러가는 자막에 이미지를 추가하겠습니다. ❶화면에서 마우스 오른쪽 버튼을 클릭한 후 ❷[그래픽] – [그래픽 삽입]을 선택합니다. 예제 소스 경로(Chapter 04/영상 소스)에서 ❸[독도.png] 이미지를 찾아 선택하고 ❹[열기]를 클릭합니다.

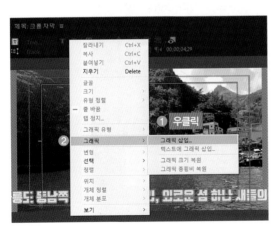

05 앞에서 설정한 텍스트 속성이 그대로 적용된 채 선택한 이미지가 삽입되었습니다. 이미지에는 테두리가 필요 없으니 삭제하겠습니다. '외부 선' 옵션에서 **[삭제]**를 클릭합니다.

06 ❶**[선택 도구]**를 선택한 후 ❷이미지를 '외로운 섬 하나' 근처에 살짝 겹치도록 배치합니다. **[독도]** 이미지에서 마우스 오른쪽 버튼을 클릭한 후 ❸**[정렬]** – **[뒤로 보내기]** 또는 **[맨 뒤로 보내기]**를 선택합니다.

꿀팁 자막이 긴 경우에는 아래 스크롤을 좌우로 움직여 자막을 확인할 수 있습니다.

07 겹쳐서 가려졌던 [독도] 이미지가 텍스트 뒤로 정렬되어 겹친 부분의 텍스트도 잘 보이죠? 레거시 제목 창에서 ⊠를 클릭해서 종료합니다.

08 [프로그램 모니터] 패널에서 영상을 재생하여 왼쪽에서 오른쪽 방향으로 자막이 흘러가며, [독도] 이미지도 자막과 같이 흘러가는 것을 확인합니다.

> 꿀팁 한글은 왼쪽에서 오른쪽으로 읽기 때문에 방향을 설정할 때는 [왼쪽 크롤]로 설정하는 것이 좋습니다.

Lesson 07 문자 도구를 이용하여 엔딩 크레딧 만들기

지난 레슨에서 다룬 레거시 제목 창을 이용한 방법이 아닌 [도구] 패널에 있는 [문자 도구]만으로도 롤 자막을 만들 수 있습니다. [문자 도구]를 이용해 영화 엔딩 크레딧 느낌의 롤 자막을 완성해 보세요.

▶ 유튜브 동영상 강의

엔딩 크레딧 만들기
https://youtu.be/prthNxw9GW8

▶ 완성 미리 보기

 예제 파일: 프리미어 프로/Chapter 04/엔딩 크레딧.prproj
완성 파일: 프리미어 프로/Chapter 04/엔딩 크레딧_완성본.prproj

완성

감 독 **조블리**
촬 영 **강민준**
배 우 **최예준**
편 집 **조애리**
음 악 **박서준**
조 명 **김상호**
홍 보 **홍기윤**

01 엔딩 크레딧.prproj 예제 파일을 실행합니다. ❶[문자 도구]를 선택하고 ❷[프로그램 모니터] 패널의 화면을 클릭하여 입력 상태로 만듭니다. 내용을 직접 입력해도 되지만 여기서는 메모장에 미리 적은 내용을 복사하겠습니다.

02 예제 파일 경로(Chapter 04/영상 소스)에서 ❶[엔딩 크레딧.txt] 파일을 찾아 실행합니다. ❷'감독'부터 '기획'까지 드래그하여 선택한 후 마우스 오른쪽 버튼을 클릭하고 ❸[복사]를 선택합니다(Ctrl + C).

꿀팁 자막을 직접 입력할 수도 있지만 자막이 길다면 메모장 등에 미리 내용을 작성한 후 [복사] – [붙여넣기] 방법을 이용하는 것을 추천합니다.

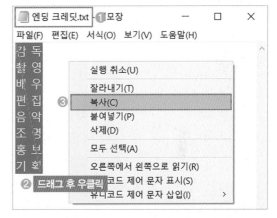

03 [프로그램 모니터] 패널에서 Ctrl + V 를 눌러 복사한 내용을 붙여넣습니다.

04 [기본 그래픽] 패널의 [편집] 탭에서 '텍스트' 영역에 있는 글꼴, 크기, 행간을 설정합니다. 예제에서는 글꼴 [NanumBarunGothic, Light], 크기 [75], 행간 [40]으로 설정했습니다.

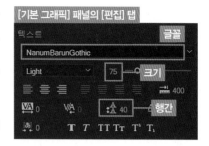

[기본 그래픽] 패널의 [편집] 탭

꿀팁 [기본 그래픽] 패널이 보이지 않는다면 메뉴 바에서 [창] – [기본 그래픽]을 선택해 주세요.

05 엔딩 크레딧의 이름도 입력해야겠죠? [기본 그래픽] 패널의 [편집] 탭에 있는 레이어 목록에서 ❶[새 레이어] 아이콘을 클릭한 후 [텍스트]를 선택하면 ❷레이어 목록에 [새 텍스트 레이어]가 생성됩니다.

06 앞서와 마찬가지로 [엔딩 크레딧.txt]에서 이름 부분 만 드래그하여 복사합니다. [프로그램 모니터] 패널에서 [새 텍스트 레이어]를 더블 클릭하여 편집 상태로 만들고 [Ctrl] + [V]를 눌러 이름을 붙여넣습니다.

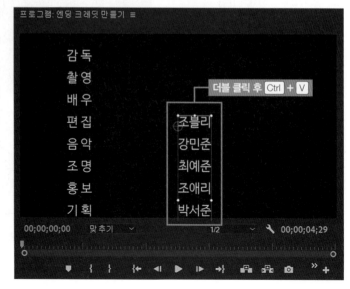

07 [기본 그래픽] 패널의 [편집] 탭에서 '텍스트' 영역에 있는
옵션을 조정해서 앞서 붙여넣은 내용과 구분합니다. 예
제에서는 두껍게 표현하기 위해 글꼴을 [NanumBarunGothic,
Bold]로 설정했습니다.

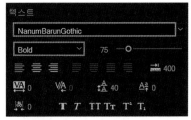

> **꿀팁** 새 레이어를 추가하여 텍스트를 입력하면 이전에 설정한 텍스트 설정이 동
> 일하게 적용됩니다. 그러므로 [Light]만 [Bold]로 변경하면 됩니다.

08 계속해서 텍스트 레이어를 정렬하겠습니다. [기본 그래
픽] 패널의 [편집] 탭에서 ❶정렬할 텍스트 레이어를 모
두 선택합니다. Ctrl을 누른 채 선택하면 두 개 이상 선택할 수
있습니다. 이어서 '정렬 및 변형' 영역에서 ❷[세로로 정렬] 아이
콘을 클릭합니다.

09 선택한 레이어의 텍스트가 세로로 딱 맞게 정렬되었죠? 이번에는 가로로 정렬하기 위해 [도구]
패널에서 [선택 도구]를 선택하고 텍스트 중 한 개만 선택합니다. 이어서 Shift를 누른 채 드래그
하면 현재 높이를 유지하면서 수평으로 옮길 수 있습니다. 아래처럼 두 개의 텍스트가 가운데 배치되
도록 옮깁니다. 아래쪽 자막 일부가 화면 밖으로 나가도 상관없습니다.

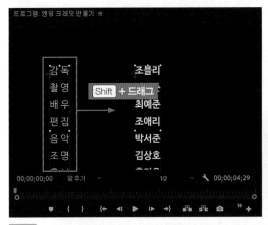

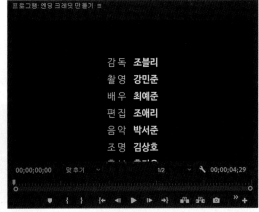

> **꿀팁** 가로로 정렬할 때는 텍스트를 한 개씩 선택하여 각각 이동해야 합니다.

10 지금부터는 텍스트가 아래에서 위로 올라가는 롤 자막으로 설정하겠습니다. **[기본 그래픽]** 패널의 **[편집]** 탭에서 텍스트 레이어가 선택되어 있는지 확인합니다. 레이어가 선택 중이라면 ❶빈 공간을 클릭하여 선택을 해제합니다. 그런 다음 '반응형 디자인' 영역에서 ❷**[롤]**에 체크합니다.

11 영상을 재생하여 아래에서 위로 올라가는 롤 자막을 확인합니다. **[프로그램 모니터]** 패널을 보면 화면 오른쪽에 스크롤이 생성되어 롤 자막을 확인할 수 있습니다.

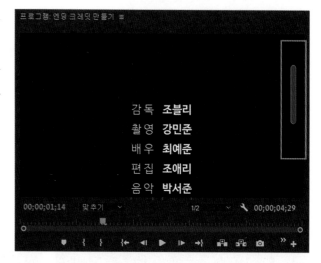

12 롤 자막의 속도는 **[타임라인]** 패널에 있는 클립의 길이로 수정할 수 있습니다. 클립의 길이가 늘어날수록 속도가 느려지고 클립의 길이가 짧아질수록 속도가 빨라집니다.

13 [기본 그래픽] 패널의 [편집] 탭에서 '반응형 디자인' 영역에 있는 '롤' 옵션에는 다양한 하위 옵션이 있습니다. 직접 옵션 값을 조정하면서 결과를 확인해 보세요.

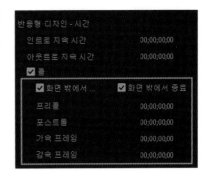

14 또한, 롤 자막에 도형이나 이미지를 추가하여 꾸밀 수도 있습니다. [기본 그래픽] 패널의 [편집] 탭에서 ❶[새 레이어] 아이콘🔳을 클릭한 후 ❷[파일에서]를 선택합니다. 예제 파일 경로 (Chapter 04/영상 소스)에서 ❸[조블리 로고.png] 이미지를 찾아 선택하고 ❹[열기]를 클릭합니다.

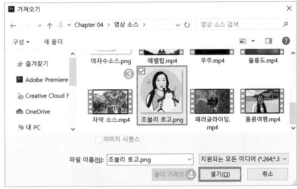

15 [도구] 패널에서 [선택 도구]를 선택한 후 [프로그램 모니터] 패널에서 이미지의 크기와 위치를 조정하여 다음과 같이 배치합니다. 추가된 소스는 엔딩 크레딧 자막과 함께 움직입니다.

꿀팁 [프로그램 모니터] 패널 오른쪽에 있는 파란색 스크롤을 내리면 엔딩 크레딧 마지막 위치로 이동할 수 있습니다.

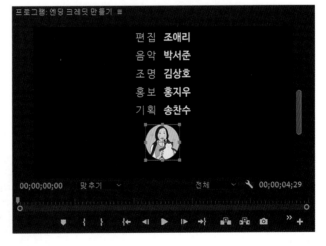

밤샘 금지

자막 글꼴, 크기, 색상 한번에 바꾸기

힘들게 완성한 자막을 모두 수정해야 한다면 어떨까요? 아마 울고 싶어지겠죠? 그럴 땐 마스터 스타일 기능을 이용해 보세요. 단 1분 만에 자막의 글꼴, 크기, 색상을 뚝딱 변경할 수 있습니다. 지금부터 효율적으로 자막 수정하는 방법을 알아보겠습니다.

▶ 유튜브 동영상 강의

자막 한번에 수정하는 방법(마스터 스타일)
https://youtu.be/nbeMH8gojR8

▶ 완성 미리 보기

예제 파일: 프리미어 프로/Chapter 04/마스터 스타일.prproj
완성 파일: 프리미어 프로/Chapter 04/마스터 스타일_완성본.prproj

안녕하세요. 조블리입니다 :)

완성

안녕하세요. 조블리입니다 :)

01 **마스터 스타일.prproj** 예제 파일을 실행합니다. 영상을 재생하면 이미 자막 작업이 완료된 프로젝트를 확인할 수 있습니다. 지금부터 자막의 글꼴, 크기, 색상을 한번에 바꾸는 방법을 알아보겠습니다. 원활한 자막 작업을 위해 작업 영역을 **[그래픽]** 레이아웃으로 변경합니다. 메뉴 바에서 **[창]** - **[작업 영역]** - **[그래픽]**을 선택해도 됩니다.

02 ❶**[문자 도구]**를 선택합니다. ❷**[프로그램 모니터]** 패널에서 화면을 클릭하여 임의로 텍스트를 입력하고 ❸ **[선택 도구]**를 선택해서 입력을 완료합니다. 아무 내용이나 입력하면 됩니다.

03 임의의 내용을 입력했다면 이제 저장해서 사용하고 싶은 텍스트의 스타일을 지정합니다. **[기본 그래픽]** 패널의 **[편집]** 탭에서 '텍스트' 영역에 있는 글꼴, 크기, 색깔, 정렬 등의 옵션을 설정합니다. 예제에서는 다음과 같이 세부 옵션을 설정했습니다.

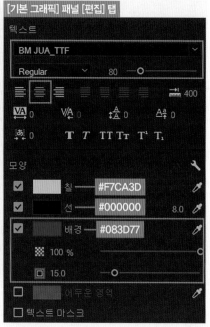

꿀팁 변경할 자막이 [가운데 정렬]로 되어 있다면 자막 스타일을 설정할 때도 [가운데 정렬]을 선택해야 합니다.

04 이렇게 설정한 자막 스타일을 필요할 때마다 손쉽게 적용하기 위해서 저장해 보겠습니다. ①스타일을 적용한 자막이 선택된 상태에서 **[기본 그래픽]** 패널의 ②'마스터 스타일' 영역을 확인해 봅니다. **[없음]**으로 설정된 옵션 값을 클릭한 후 **[마스터 텍스트 스타일 만들기]**를 선택합니다.

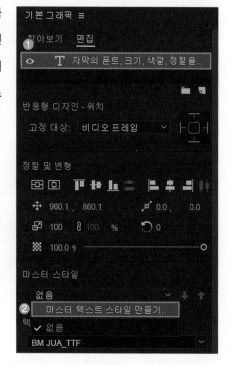

05 새 텍스트 스타일 창이 나타나면 ❶마스터 이름을 입력하고 ❷**[확인]**을 클릭하여 종료합니다. 예제에서는 **[노랑파랑 스타일]**로 입력하겠습니다.

06 **[프로젝트]** 패널을 확인해 보면 앞에서 만든 **[노랑파랑 스타일]** 텍스트 스타일이 생성되었습니다. **[타임라인]** 패널에서 ❶스타일을 변경할 자막을 모두 드래그하여 선택합니다. 예제에서는 V2 트랙에 있는 자막을 모두 선택했습니다. **[프로젝트]** 패널에서 ❷**[노랑파랑 스타일]**을 선택하여 V2 트랙으로 드래그합니다. 그리고 ❸V3 트랙에 있는 자막은 더 이상 필요 없으니 선택한 후 Delete 를 눌러 삭제합니다.

07 영상을 재생하여 변경된 자막을 확인합니다. 자막의 글꼴, 크기, 색상이 한번에 변경되었죠? 이처럼 마스터 스타일을 활용하면 자막을 원하는 스타일로 쉽게 변경할 수 있습니다.

밤샘 금지

프로젝트 글꼴 한번에 바꾸기

프리미어 프로 CC 2019(버전 13.1)로 업데이트되면서 프로젝트의 글꼴을 한번에 바꿀 수 있는 기능이 생겼습니다. 이 기능을 이용하면 프로젝트에 있는 시퀀스의 모든 글꼴을 1초 만에 다른 글꼴로 변경할 수 있습니다. 지금부터 똑똑하게 글꼴을 변경해 보겠습니다.

▶ **유튜브 동영상 강의**

자막 글꼴 1초 만에 변경하는 방법
https://youtu.be/jT0hUuub0Jw

▶ **완성 미리 보기**

 예제 파일: 프리미어 프로/Chapter 04/프로젝트 글꼴 바꾸기.prproj
완성 파일: 프리미어 프로/Chapter 04/프로젝트 글꼴 바꾸기_완성본.prproj

조블리
안녕하세요. 저는 지금 울릉도 관음도를 걷고 있습니다.

완성

조블리
안녕하세요. 저는 지금 울릉도 관음도를 걷고 있습니다.

01 **프로젝트 글꼴 바꾸기.prproj** 예제 파일을 실행합니다. 예제 파일에는 작업이 완료된 **[울릉도여행]**, **[홍콩여행]**, **[엔딩 크레딧]** 이렇게 3개의 시퀀스가 있습니다.

02 프로젝트의 글꼴을 바꾸기 위해 메뉴 바에서 **[그래픽]** - **[프로젝트의 글꼴 바꾸기]**를 선택합니다.

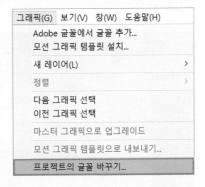

03 프로젝트의 글꼴 바꾸기 창이 나타나며, 현재 프로젝트에 사용된 글꼴과 사용한 횟수가 모두 표기됩니다. 예제 파일에 있는 **[울릉도여행]**, **[홍콩여행]**, **[엔딩 크레딧]** 시퀀스에서 사용한 글꼴이 모두 표시되는 것입니다.

꿀팁 프로젝트 글꼴 바꾸기 창에서는 [문자 도구]로 작업한 글꼴만 변경할 수 있습니다. 레거시 제목 창에서 작업한 텍스트는 변경되지 않습니다.

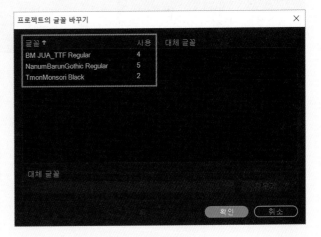

04 목록에 있는 글꼴 중 ❶변경할 글꼴을 선택한 후 ❷대체 글꼴을 설정하고 ❸[확인]을 클릭하면 됩니다. 예제에서는 [NanumBarunGothic]을 [TmonMonsori]로 변경하겠습니다.

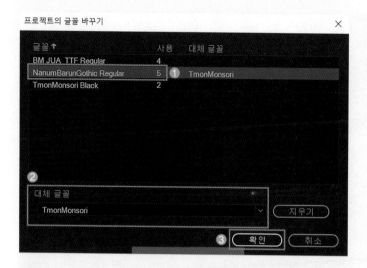

05 영상을 재생하여 변경된 글꼴을 확인합니다. 이처럼 프로젝트 글꼴 바꾸기 기능을 이용하면 빠르게 글꼴을 변경할 수 있습니다.

꿀팁 프로젝트의 글꼴 바꾸기 기능은 프로젝트에 있는 모든 시퀀스에 적용됩니다.

꿀팁

유튜브 동영상 강의(https://youtu.be/ej04FlOPCFE)에서 보다 빠르고 효율적으로 자막을 편집할 수 있는
꿀 단축키를 확인해 보세요!

자막 스타일 저장하고 불러오기

자주 사용하는 자막은 템플릿으로 만들어 관리해 보세요. 자막을 템플릿으로 저장하는 방법과 다른 프로젝트의 템플릿 가져오는 방법에 대해 배워 보겠습니다. 또한 Adobe Stock에서 무료로 제공되는 자막 템플릿을 사용하는 방법도 알아 보겠습니다.

모션 그래픽 템플릿으로 내보내기

Pr **예제 파일:** 프리미어 프로/Chapter 04/자막 템플릿.prproj

01 **자막 템플릿.prproj** 예제 파일을 실행합니다. 예제 파일에는 이미 만들어진 자막이 있습니다. 이번 실습을 잘 익혀 놓으면 이후 언제든 한 번 사용했던 자막 스타일을 템플릿으로 내보낸 후 다른 프로젝트에서 편리하게 재활용할 수 있습니다.

꿀팁 유튜브 채널을 운영한다면 다양한 스타일의 자막을 사용하는 것보다 한두 가지 스타일을 저장해 놓고 사용해야 채널의 통일성을 유지하는 데 도움이 됩니다.

02 **[타임라인]** 패널에서 템플릿으로 내보낼 자막 클립을 마우스 오른쪽 버튼으로 클릭한 후 **[모션 그래픽 템플 릿으로 내보내기]**를 선택합니다.

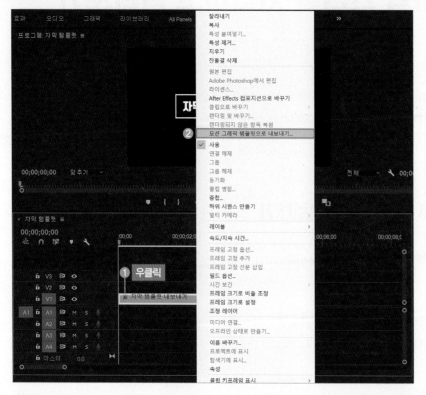

꿀팁 자막 클립을 선택하고 메뉴 바에서 [그래픽] – [모션 그래픽 템플릿으로 내보내기]를 선택해도 됩니다.

03 모션 그래픽 템플릿으로 내보내기 창이 열립니다. ①'이름' 옵션에 템플릿 이름을 입 력합니다. 예제에서는 **[반응형 자막 템플릿]** 으로 입력하겠습니다. ②'대상' 옵션에는 **[로 컬 템플릿 폴더]**를 선택하고 ③**[확인]**을 클릭 하여 창을 닫습니다.

꿀팁 템플릿을 다른 경로에 저장하려면 '대상' 옵 션에서 [로컬 드라이브]를 선택하고 경로를 지정하면 됩니다.

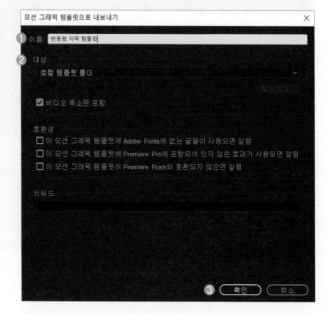

04 저장한 자막 템플릿을 확인하기 위해 작업 영역을 ①**[그래픽]** 레이아웃으로 변경합니다. **[기본 그래픽]** 패널의 ②**[찾아보기]** 탭에서 ③**[내 템플릿]**을 클릭합니다. 템플릿 목록 맨 아래 ④**[정렬]** 아이콘을 클릭하고 ⑤**[최근]**을 선택하면 최근에 저장한 템플릿을 확인할 수 있습니다.

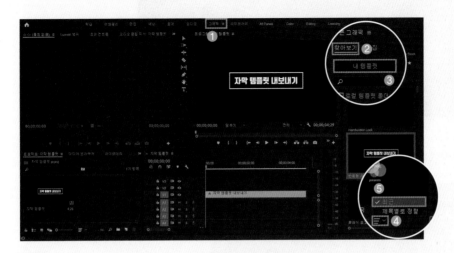

꿀팁 검색 창에서 템플릿 이름을 검색하여 찾을 수도 있습니다.

🗂 모션 그래픽 템플릿 가져오기

> **Pr** **예제 파일:** 프리미어 프로/Chapter 04/템플릿 가져오기.prproj
> **PROJ** **완성 파일:** 프리미어 프로/Chapter 04/템플릿 가져오기_완성본.prproj

01 **템플릿 가져오기.prproj** 예제 파일을 실행합니다. 템플릿으로 저장한 자막은 다른 프로젝트에서도 쉽게 불러와 작업할 수 있습니다. **[기본 그래픽]** 패널의 ①**[찾아보기]** 탭에서 ②**[내 템플릿]**을 클릭한 후 앞에서 저장한 ③**[반응형 자막 템플릿]**을 찾아 선택합니다.

꿀팁 [기본 그래픽] 패널 맨 오른쪽 아래에 있는 [모션 그래픽 템플릿 설치] 아이콘을 클릭하여 외부 템플릿을 불러올 수도 있습니다.

02 [기본 그래픽] 패널에 있는 [반응형 자막 템플릿]을 [타임라인] 패널의 V2 트랙으로 드래그하여 배치합니다.

03 영상을 재생하여 반응형 자막을 확인합니다. 자막 내용을 영상에 맞춰 수정해 보겠습니다.

04 [타임라인] 패널에서 ❶자막 클립을 선택하고 [프로그램 모니터] 패널에서 ❷자막 부분을 더블 클릭합니다.
자막이 빨간색 영역으로 전체 선택됩니다. 그 상태에서 자막을 입력하면 내용을 수정할 수 있습니다.

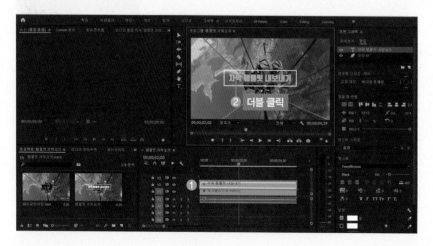

05 예제에서는 ❶[패러글라이딩, 하늘을 날다.]로 입력하겠습니다. 자막을 수정한 후에는 항상 ❷[선택 도구]를 선택하여 자막 수정을 완료합니다. 반응형 자막 템플릿이어서 내용의 길이만큼 외곽선이 늘어나거나 줄어듭니다.

꿀팁 한글을 입력할 때는 마지막 글자가 안 보일 수 있습니다. 그럴 때는 키보드에서 →를 한 번 눌러 주면 마지막 글자가 나타납니다.

06 템플릿의 글꼴이나 색상, 크기 등을 수정하고 싶다면 [기본 그래픽] 패널의 [편집] 탭에서 옵션을 변경하면 됩니다. 예제에서는 글꼴 크기를 [120]으로 변경하였습니다. 이처럼 자막 템플릿을 저장하여 다른 프로젝트에 불러오면 쉽고 빠르게 작업할 수 있습니다.

Adobe Stock 무료 템플릿 사용하기

01 [기본 그래픽] 패널의 ❶[찾아보기] 탭에서 ❷[Adobe Stock]을 클릭합니다. 검색 창 바로 아래에서 ❸[자유]에 체크합니다. 무료로 제공되는 다양한 템플릿을 확인할 수 있습니다.

> **꿀팁** [프리미엄]에 체크하면 비용을 지불하고 사용하는 템플릿이 나타납니다.

02 무료 템플릿 목록 중 마음에 드는 템플릿을 선택하여 [타임라인] 패널에 드래그해서 배치합니다.

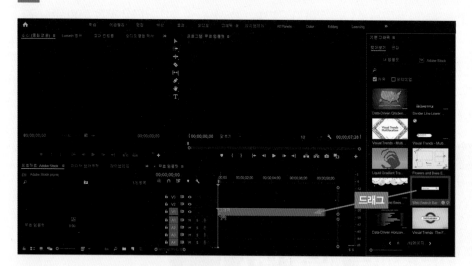

03 모션 그래픽 템플릿을 불러옵니다. 템플릿에 효과가 많이 적용되어 무거울수록 오래 걸립니다.

04 영상을 재생하여 템플릿을 확인해 보세요. ❶템플릿 클립을 선택하고 [기본 그래픽] 패널의 ❷[편집] 탭에서 ❸자막의 내용, 글꼴, 크기, 색상 등의 옵션을 수정할 수 있습니다.

꿀팁 수정할 수 있는 항목은 템플릿마다 다르게 제공됩니다.

꿀팁

모션 그래픽 템플릿의 확장자는 *.mogrt이며, 프리미어 프로와 애프터 이펙트에서 만들 수 있습니다. 화려한 모 션 그래픽 효과를 만들고 싶다면 애프터 이펙트를 이용하는 것이 좋습니다. 유튜브 동영상 강의(https://youtu. be/HMC6cB92R3k)를 확인한 후 애프터 이펙트로 모션 그래픽 템플릿을 만들고 프리미어 프로에서 적용해 보 세요.

2019년 12월 기준 무료 템플릿은 다음과 같이 105개가 있습니다. 한 번씩 사용해 보면 필요할 때 바로 찾아 사용할 수 있겠죠?

Chapter 05

유튜브 영상을 풍요롭게,
음악 편집하기

녹음한 음성이 너무 작아 고민이신가요?

녹음된 오디오의 음량이 제각각 달라 애를 먹고 있으신가요?

오디오의 적정 음량을 맞추고 싶을 땐 어떻게 해야 할까요?

이번 챕터에서는 오디오를 편집할 때 주의해야 할 점을 비롯하여

오디오 싱크 쉽게 맞추는 방법,

신원 보호를 위해 음성 변조하는 방법 등 다양한 상황에서

오디오를 효율적으로 편집하는 방법에 대해 자세히 알아보겠습니다.

Lesson 01

오디오 클리핑, 헤드룸 등 오디오 편집할 때 주의 사항

이번 레슨에서는 본격적인 실습에 앞서 오디오를 편집할 때 주의해야 할 사항과 오디오의 음량을 확인하는 [오디오 미터] 패널에 대해 알아보겠습니다.

오디오 미터 패널

오디오를 편집할 때 스피커에서 나오는 소리의 크기를 기준으로 삼고 작업해도 될까요? 스피커의 볼륨을 크게 키우고 작업하는 사람이 있다면, 반대로 볼륨을 작게 조절하고 작업하는 사람이 있겠죠? 스피커의 볼륨은 작업자마다 시청자마다 상대적입니다. 즉, 오디오를 편집할 때 자신의 스피커에서 나오는 음량을 듣고 판단하는 것은 바람직하지 않다는 말입니다.

▲ [편집] 레이아웃일 때 오른쪽 하단에 표시되는 [오디오 미터] 패널

꿀팁 [오디오 미터] 패널이 보이지 않는다면 메뉴 바에서 [창] – [오디오 미터]를 선택하면 됩니다. [오디오 미터] 패널에 표시된 숫자는 전압, 음량 등의 단위인 데시벨 값을 의미하며, 기호는 dB입니다.

오디오를 편집할 때는 객관적으로 판단할 수 있는 수치가 필요합니다. 프리미어 프로에서는 [오디오 미터] 패널을 보고 오디오의 크기를 확인할 수 있습니다. [오디오 미터] 패널은 [편집] 레이아웃에서 [타임라인] 패널 오른쪽에 위치합니다.

✎ 오디오 클리핑

[오디오 미터] 패널을 보면 초록색, 노란색, 빨간색으로 구분되어 볼륨의 정도가 표시됩니다. 빨간색은 왠지 위험하다는 느낌이 들죠? 오디오 소리가 0dB을 넘으면 빨간색으로 표시되고, 클리핑 현상이 나타납니다. 클리핑은 오디오가 허용하는 한계 출력을 넘어설 때 발생하는 현상으로 오디오의 음이 매끄럽지 않고 지저분한 소리로 들리게 됩니다.

따라서 오디오를 편집할 때는 0dB를 넘지 않도록 약간의 여유를 주면서(오디오 헤드룸) 작업해야 하며, 최고 진폭이 -3 ~ -6dB을 넘지 않도록 작업하는 것이 좋습니다.

▲ 클리핑 된 [오디오 미터] 패널

[오디오 미터] 패널에서 마우스 오른쪽 버튼을 클릭하면 데시벨(dB) 범위, 최저점 표시 등 다양한 옵션을 설정할 수 있습니다.

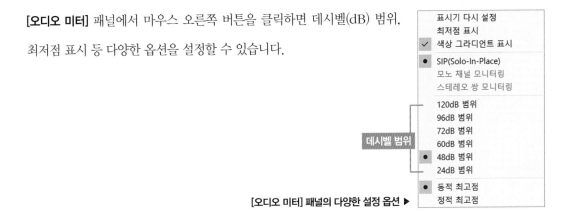

[오디오 미터] 패널의 다양한 설정 옵션 ▶

Lesson 02
오디오 게인으로 오디오 음량 조정하기

프리미어 프로에서 오디오의 음량을 조정하는 방법은 오디오 게인이나 오디오 레벨을 설정하는 방법 등이 있습니다. 먼저 오디오 게인을 이용한 음량 설정 방법에 대해 자세히 배워보겠습니다.

> ▶ 유튜브 동영상 강의
>
> 오디오 편집 방법
> https://youtu.be/BOvkBzZbxvk

Pr PROJ 예제 파일: 프리미어 프로/Chapter 05/오디오 게인.prproj
완성 파일: 프리미어 프로/Chapter 05/오디오 게인_완성본.prproj

01 오디오 게인.prproj 예제 파일을 실행한 후 영상을 재생하여 오디오의 음량을 확인합니다. [오디오 미터] 패널을 보면 −36dB에서 −24dB 정도의 수치를 확인할 수 있습니다.

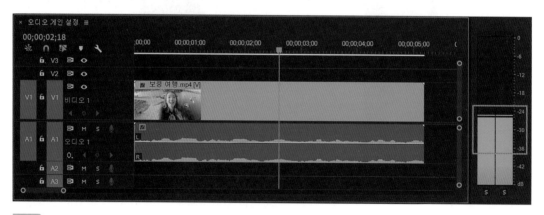

꿀팁 캡처한 이미지는 이해를 돕고자 비디오와 오디오 트랙을 확대한 상태입니다.

02 음성은 보통 −12dB ~ −6dB이 적당합니다. 오디오의 크기를 조정하기 위해 **[타임라인]** 패널에서 **①[보령 여행]** 클립을 마우스 오른쪽 버튼으로 클릭한 후 **②[오디오 게인]**을 선택합니다.

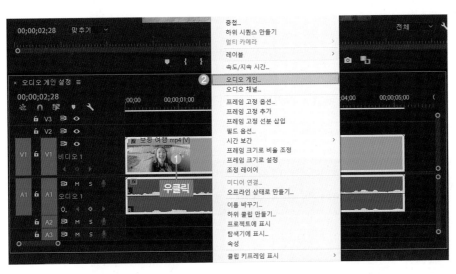

꿀팁 오디오 게인은 클립을 선택하고 G를 눌러도 됩니다. 단축키를 사용할 때는 영문으로 되어 있는지 확인하세요.

03 오디오 게인 창이 나타납니다. **①[게인 설정]**을 선택한 후 **[10dB]**로 설정하고 **②[확인]**을 클릭하여 창을 닫습니다. **[게인 설정]**은 선택한 오디오 클립의 음량을 얼마나 높일지, 낮출지 설정하는 곳입니다. 기본값은 0dB이며, −96dB ~+96dB 범위에서 설정할 수 있습니다.

04 아래 이미지 중 첫 번째는 수정 전 오디오 클립의 파형이며, 두 번째는 **[게인 설정]**을 **[10dB]**로 높였을 때의 상태입니다. 수정 전보다 파형의 높이가 전체적으로 올라간 것을 확인할 수 있습니다.

05 영상을 재생하여 **[오디오 미터]** 패널도 확인합니다. 이전보다 +10dB 만큼 높아졌으며, 음성의 크기도 커진 것을 확인할 수 있습니다.

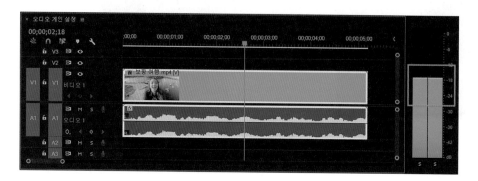

06 오디오의 크기를 조금 더 키워보겠습니다. **[보령 여행]** 클립에서 마우스 오른쪽 버튼을 클릭하여 **[오디오 게인]**을 선택하거나 ❶단축키 ⒢를 눌러 오디오 게인 창을 다시 엽니다. 이번에는 ❷ **[게인 조정]**을 선택하고 옵션 값에 **[7dB]**를 입력합니다. '게인 설정' 값이 17dB로 바뀐 것을 확인하고 ❸**[확인]**을 클릭합니다.

꿀팁 한 번 조정한 오디오 볼륨에서 +7dB를 더 올리고 싶다면 어떻게 해야 할까요? '게인 설정' 값에 처음 올린 10에 7을 더해서 17을 입력하면 될까요? 물론 이렇게 직접 덧셈 혹은 뺄셈을 해서 결괏값을 입력해도 됩니다. 하지만 '게인 조정'을 활용하면 프리미어 프로에서 알아서 덧셈, 뺄셈을 실행해 줍니다. 위 실습에서도 [게인 조정]을 선택하고 추가할 값을 입력하는 즉시 '게인 설정'의 값이 자동으로 변경되었습니다. 이처럼 '게인 조정'은 이전에 설정되었던 값에서 추가로 더하거나 빼고 싶은 수치만 입력하면 됩니다.

꿀팁 '게인 조정'의 기본값은 0dB입니다. 최소 −96dB, 최대 +96dB까지 설정할 수 있습니다.

07 변경된 오디오 클립의 파형을 확인하고, 영상을 재생하여 **[오디오 미터]** 패널도 확인합니다. 이전보다 소리가 커지면서 적절한 음량으로 조정되었습니다. 이제는 '게인 설정'과 '게인 조정'을 설정하여 오디오의 음량을 키우거나 줄일 수 있겠죠?

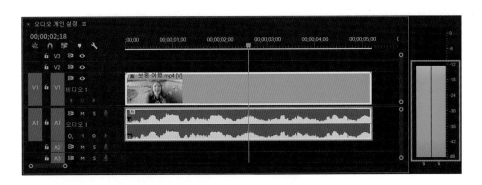

▶ **최고 진폭이 무엇인가요?**

오디오 게인 창의 맨 아래를 보면 최고 진폭 값을 확인할 수 있습니다. 아래 사례는 −23dB로 표시되어 있습니다. 최고 진폭은 현재 오디오 클립에서 최고 높은 소리라고 생각하면 됩니다.

▲ **최고 진폭 −23dB일 때 파형**

오디오 게인 창을 보면 세 번째 항목에 '최대 최고점을 다음으로 표준화'라고 쓰여 있죠? 이 말은 최고 진폭을 몇으로 맞출 것인지 설정하는 항목입니다. 기본값인 **[0]**으로 설정하고 **[확인]**을 클릭하면 최고 진폭이 −23dB에서 0dB로 맞춰집니다.

▲ 최고 진폭 0dB일 때 파형

위에 이미지처럼 최고 진폭이 −23dB에서 0dB로 조정되어 전체적으로 파형이 높아진 것을 확인할 수 있습니다.

−23dB이 0dB이 되려면 얼마를 더해야 할까요? +23dB 만큼 조정된 것이겠죠? 다시 오디오 게인 창을 확인해 보면 '게인 설정' 값이 23dB로 되어 있는 것을 확인할 수 있습니다.

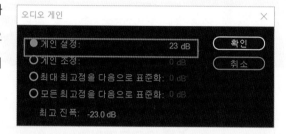

즉, 최고 진폭 값을 활용하여 오디오 클립의 음량을 맞춰줄 수 있습니다. 앞에서 이야기했듯이 오디오의 음량을 0dB로 너무 꽉 차게 편집하면 클리핑 현상이 나타날 수 있습니다. 그러므로 '최대 최고점을 다음으로 표준화'를 사용하여

오디오의 헤드룸을 고려해서 −6dB 정도 값을 입력하여 편집하는 것을 추천합니다.

그럼 최고 진폭이 −6dB이 된다는 뜻이겠죠? [확인]을 클릭해 오디오 파형을 확인해 보겠습니다.

▲ 최고 진폭 −6dB일 때 파형

오디오 파형이 이전보다 여유롭게 편집된 것을 확인할 수 있습니다. 오디오 게인 창의 네 번째 항목인 '모든 최고점을 다음으로 표준화'는 '최대 최고점을 다음으로 표준화'와 같은 개념입니다. 다만, 오디오 클립이 한 개일 때는 세 번째 항목으로 설정하고, 오디오 클립이 두 개 이상일 때는 네 번째 항목을 선택해서 조정하면 됩니다.

볼륨 레벨로 오디오 조정하기

프리미어 프로에서 오디오의 음량을 조정하는 두 가지 방법 중 오디오 게인을 이용한 방법에 이어 볼륨 레벨을 이용한 방법에 대해 알아보겠습니다. 볼륨 레벨은 [타임라인] 패널, [효과 컨트롤] 패널, [오디오 트랙 믹서] 패널에서 설정할 수 있습니다.

> **Pr** **예제 파일:** 프리미어 프로/Chapter 05/오디오 레벨.prproj

01 **오디오 레벨.prproj** 예제 파일을 실행합니다. 지금부터는 오디오 클립에서 직접 볼륨 레벨을 조정하는 방법에 대해 알아보겠습니다. A1 트랙의 빈 공간(마이크 모양의 **[음성 더빙 기록]** 아이콘 옆)을 더블 클릭하여 트랙을 확대합니다.

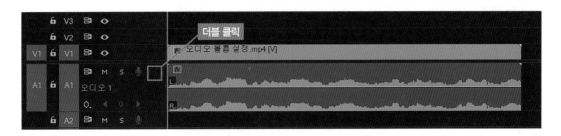

02 오디오 클립을 확대하면 가운데 흰 선이 보입니다. 이 선이 볼륨 레벨 값을 표시하며, 드래그하여 오디오의 볼륨을 조정할 수 있습니다. 기본적으로 볼륨을 조정할 수 있는 선으로 설정되어 있지만 제대로 설정되어 있는지 확인해 보겠습니다. 오디오 클립 왼쪽 위에 있는 ❶**[fx]** 아이콘 위에서 마우스 오른쪽 버튼을 클릭하고 ❷**[볼륨]** – **[레벨]**이 선택되어 있는지 확인합니다.

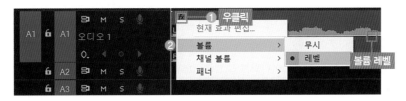

> **꿀팁** 반드시 [fx] 아이콘 위에서 마우스 오른쪽 버튼을 클릭해야 합니다.

03 볼륨 레벨에 마우스 포인터를 가져다 대면 아이콘이 아래처럼 변경됩니다. 선을 클릭한 채 위로 드래그하면 볼륨(레벨)이 높아지면서 오디오 소리가 커집니다. 또한 얼만큼 높아졌는지 화면에 표시됩니다. 반대로 선을 아래로 내리면 레벨 값이 낮아지면서 오디오 소리가 작아지겠죠?

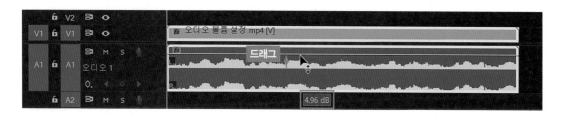

04 볼륨 레벨은 [효과 컨트롤] 패널에서도 조정할 수 있습니다. 오디오 클립을 선택하고 ❶[효과 컨트롤] 패널을 확인합니다. ❷'오디오' 옵션에서 '볼륨' – '레벨' 옵션 값을 수정하여 정밀하게 수정할 수 있습니다. 볼륨 레벨 값은 최소 –300dB, 최대 +15dB입니다.

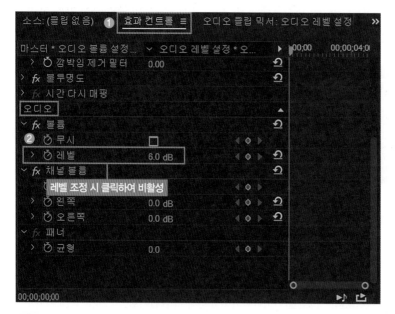

꿀팁 '레벨' 옵션은 기본적으로 애니메이션이 켜진 상태입니다. 그러므로 재생헤드를 움직이면서 레벨 값을 조정하면 키프레임이 생성되어 소리가 들쭉날쭉할 수 있습니다. [효과 컨트롤] 패널에서 수치를 조정할 때는 [애니메이션 켜기/끄기] 아이콘 🕐 을 한 번 더 클릭하여 비활성인 상태 🕐 로 변경한 후 조정하는 것이 좋습니다.

꿀팁 볼륨 레벨 값은 프리미어 프로 2020 업데이트로 최댓값이 6에서 15로 변경되었습니다.

▶ 단축키를 이용하여 볼륨 레벨 조정하기

[타임라인] 패널에서 단축키를 이용하여 좀 더 편리하게 볼륨 레벨을 조정할 수 있습니다. 오디오 클립을 선택하고 [|]를 누르면 -1dB 만큼 줄어듭니다. 반대로 [ ]]를 누르면 +1dB 만큼 레벨이 올라갑니다. 또한 [Shift] + [|]를 누르면 -6dB 만큼 내려가며, [Shift] + [ ]]를 누르면 +6dB 만큼 레벨이 올라갑니다. 단축키 [Shift] + [|] 또

는 [Shift] + [ ]]를 사용할 때 6dB이 아닌 3dB 또는 4dB처럼 원하는 수치로 변경할 수 있습니다. 메뉴 바에서 **[환경 설정]** - **[오디오]**를 선택해서 환경 설정 창을 열고 '큰 볼륨 조정' 옵션에 원하는 수치로 입력하고 **[확인]** 을 클릭하면 됩니다. 오디오의 환경 설정에서 다양한 옵션을 설정할 수 있으니 천천히 살펴보시길 바랍니다.

🎙 오디오 클립 믹서로 볼륨 레벨 조정하기

오디오 볼륨 레벨은 **[오디오 클립 믹서]** 패널에서도 설정할 수 있습니다.

01 메뉴 바에서 **[창]** - **[오디오 클립 믹서]**를 선택합니다. 단축키는 [Shift] + [9]입니다.

02 [타임라인] 패널에서 볼륨을 조정할 오디오 클립 위에 재생헤드를 가져다 놓고, [오디오 클립 믹서] 채널의 볼륨 슬라이더를 아래 또는 위로 드래그합니다. 예제에서는 −9dB까지 내려보겠습니다.

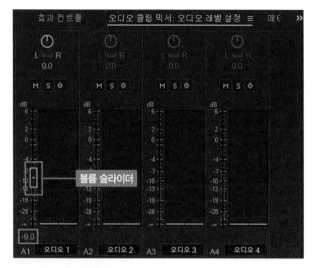

꿀팁 볼륨 슬라이더를 더블 클릭하면 초깃값인 0dB로 설정됩니다.

03 [타임라인] 패널의 오디오 클립을 확인해 보면 볼륨 레벨이 −9dB까지 내려간 것을 확인할 수 있습니다. 또한 [효과 컨트롤]의 '레벨' 값도 −9dB로 설정되어 있습니다. 이처럼 [타임라인] 패널, [효과 컨트롤] 패널, [오디오 클립 믹서] 패널의 레벨 값들은 모두 연동됩니다. 원하는 패널에서 오디오 볼륨을 설정하면 됩니다.

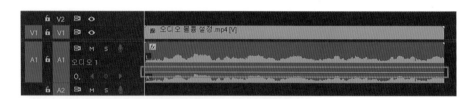

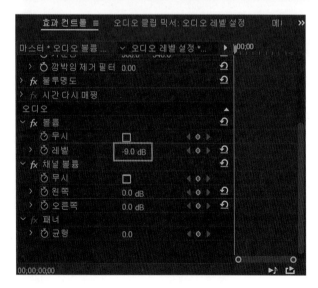

볼륨이 다른
오디오 클립 균일하게 만들기

촬영된 환경이 모두 다르므로 오디오 소리도 제각각 다르게 녹음될 가능성이 높습니다. 오디오 클립에 따라 작게 녹음되거나 반대로 너무 크게 녹음될 수가 있겠죠? 지금부터 음량이 다른 클립들을 균일하게 맞추는 방법에 대해 알아보겠습니다.

▶ 유튜브 동영상 강의

오디오 편집 방법
https://youtu.be/BOvkBzZbxvk

오디오 게인을 이용하여 한꺼번에 오디오 크기 조정하기

> **예제 파일:** 프리미어 프로/Chapter 05/오디오 클립 균일.prproj
> **완성 파일:** 프리미어 프로/Chapter 05/오디오 클립 균일_완성본.prproj

01 **오디오 클립 균일.prproj** 예제 파일을 실행하고, 영상을 재생하여 오디오의 음량을 확인합니다. 클립에 따라서 오디오가 작게 들리기도 하고 크게 들리기도 합니다. 직관적으로 **[타임라인]** 패널만 보아도 각 클립에 따라 오디오 파형의 차이가 큰 것을 판단할 수 있겠죠?

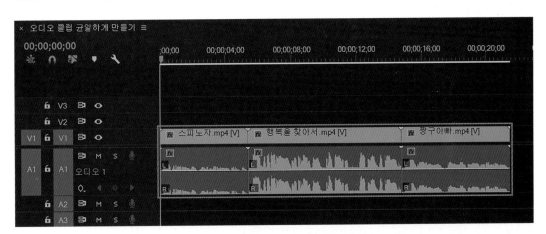

02 Lesson02에서 배운 대로 클립을 각각 선택해서 음량을 맞춰줄 수도 있지만 그렇게 편집하면 시간이 오래 걸리겠죠? 한꺼번에 음량을 맞추기 위해 **①**조정할 클립을 모두 선택합니다. 마우스 오른쪽 버튼을 클릭하여 **②[오디오 게인]**을 선택합니다.

03 오디오 게인 창이 열립니다. 다수의 클립을 한번에 조정하기 위해 맨 마지막 **①[모든 최고점을 다음으로 표준화]**를 선택하고 오디오 헤드룸을 고려하여 **[-6dB]**을 입력합니다. **②[확인]**을 클릭하여 종료합니다.

꿀팁 각 클립의 최고 진폭을 -6dB로 맞춘다는 의미입니다. 자세한 사항은 323쪽을 확인해 주세요.

04 모든 클립의 최고 진폭이 -6dB로 맞춰지면서 오디오가 균일하게 조정되었습니다. 영상을 재생하여 오디오를 확인하면 균일한 음량을 확인할 수 있습니다.

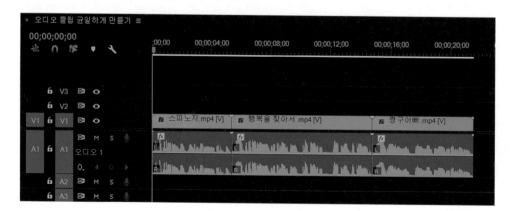

자동 일치를 이용하여 한꺼번에 오디오 조정하기

> **Pr** 예제 파일: 프리미어 프로/Chapter 05/오디오 클립 균일.prproj

01 **오디오 클립 균일.prproj** 예제 파일을 실행합니다. 이번 실습에서는 **[기본 사운드]** 패널에서 음량 조절하는 방법을 알아보겠습니다. 메뉴 바에서 **[창]** – **[작업 영역]** – **[오디오]**를 선택하거나 작업 영역을 **①[오디오]** 레이아웃으로 변경합니다. **[오디오]** 레이아웃에서는 오른쪽에 **[기본 사운드]** 패널이 표시됩니다. **②[타임라인]** 패널에서 사운드를 조정할 클립을 모두 선택하고 **③[기본 사운드]** 패널에서 **[대화]**를 클릭합니다.

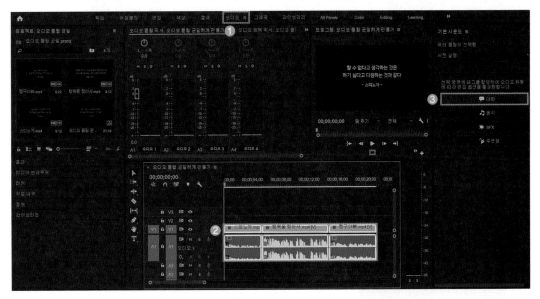

> **꿀팁** [타임라인] 패널에서 클립을 선택해야 [기본 사운드] 패널이 활성화됩니다.

02 **[기본 사운드]** 패널의 **[대화]** 유형에서 세부 옵션이 나타나면 **①**'음량' 옵션을 클릭한 후 표준 평균 음량에 맞춰 해당 클립을 자동으로 일치시켜 주는 **②[자동 일치]**를 클릭합니다.

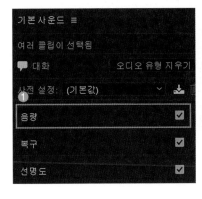

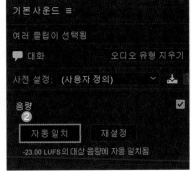

03 [타임라인] 패널을 보면 [자동 일치]를 클릭하기 전에 비해 오디오 클립의 파형이 균일하게 맞춰지면서 음량도 균일해진 것을 확인할 수 있습니다. 영상을 재생하여 오디오를 확인해 보세요.

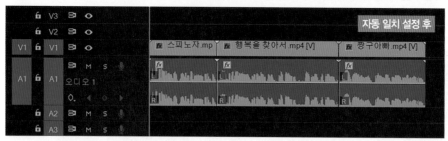

금손 변신 Tip 🖐 **노이즈 제거** 금손처럼 사용하기

[기본 사운드] 패널의 [대화] 유형에는 '복구'(Repair) 옵션이 있습니다. 이 옵션을 클릭해서 하위 옵션을 펼치고 다음과 같이 상황에 맞게 노이즈를 제거할 수 있습니다.

❶노이즈 감소(Reduce Noise): 마이크 배경 노이즈, 마우스 클릭 소리 등 배경 노이즈를 식별하여 줄입니다.

❷럼블 감소(Reduce Rumble): 80Hz 범위 이하의 매우 낮은 주파수 및 파열음을 줄입니다.

❸DeHum: 전기 간섭으로 발생하는 윙윙거리는 사운드를 줄입니다.

❹DeEss: 거친 치찰음('쉬쉬' 소리) 같은 사운드를 줄입니다.

❺반향 감소(Reduce Reverb): 사운드의 반향(에코 소리)을 줄입니다.

> **꿀팁** [효과] 패널에서 [노이즈 제거] 효과를 적용하여 간편하게 노이즈를 제거할 수도 있습니다.

Lesson 05

오디오 점점 작게, 점점 크게 전환하기

배경음악이 천천히 시작되거나 조용히 줄어드는 오디오 효과를 배워 보겠습니다. 예제에서는 다양한 오디오 전환 효과 중 [지속 가감속] 효과를 사용합니다.

> **예제 파일:** 프리미어 프로/Chapter 05/오디오 디졸브.prproj
> **완성 파일:** 프리미어 프로/Chapter 05/오디오 디졸브_완성본.prproj

01 **오디오 디졸브.prproj** 예제 파일을 실행합니다. 영상을 재생하여 내레이션과 배경음악을 확인해 보세요.

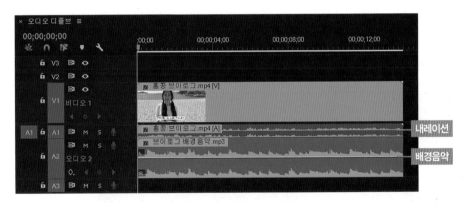

 이미지는 이해를 돕고자 비디오와 오디오 트랙을 확대한 상태입니다.

02 영상이 시작되자마자 배경음악 소리가 크게 들리죠? 지금부터 배경음악이 점점 커지도록 조정하겠습니다. ❶[효과] 패널에서 ❷[오디오 전환] – [크로스페이드]에 있는 [지속 가감속]을 선택하고 [타임라인] 패널의 ❸[브이로그 배경음악] 클립 앞부분으로 드래그합니다.

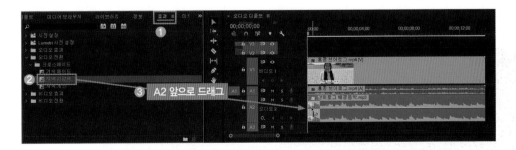

03 [지속 가감속] 효과가 삽입되었습니다. 영상을 재생해 보면 배경음악이 들리지 않다가 점점 커지는 것을 확인할 수 있습니다.

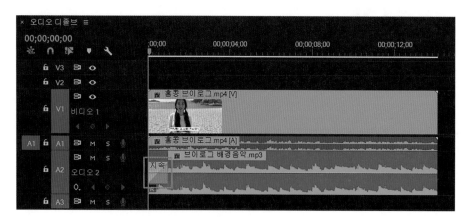

꿀팁 [지속 가감속] 효과를 삭제하고 싶다면 [타임라인] 패널에서 [지속 가감속] 효과를 선택하고 Delete 를 누르면 됩니다.

04 배경음악이 조금 더 느지막하게 시작되게 조정할 수도 있습니다. **[타임라인]** 패널에서 **[지속 가감속]** 효과의 가장자리를 오른쪽으로 드래그하여 길이를 늘려 주세요. 늘린 만큼 배경음악이 점점 더 조용하게 시작됩니다.

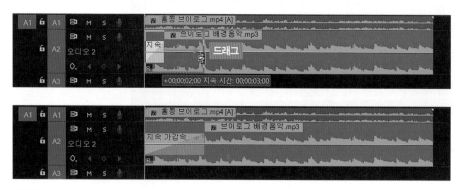

꿀팁 [지속 가감속] 효과를 더블 클릭하여 지속 시간을 직접 입력할 수도 있습니다.

05 이번에는 영상의 마지막 부분에서 배경음악이 점점 작아지도록 볼륨을 조정해 볼까요? 방법은 이전과 같습니다. **[지속 가감속]** 효과를 배경음악의 끝 부분에 드래그하여 적용하면 됩니다.

06 영상을 재생하여 오디오를 확인합니다. 배경음악의 소리가 점점 작아지는 것을 확인할 수 있습니다. 이처럼 **[지속 가감속]** 효과를 오디오의 앞에 넣으면 볼륨이 점점 커지고, 끝에 넣으면 볼륨이 점점 작아집니다.

꿀팁

클립과 클립 사이에 [지속 가감속] 효과를 배치하면 앞 클립과 뒤 클립의 오디오를 자연스럽게 연결해 주기도 합니다.

07 배경음악을 조금 더 자연스럽게 끝내고 싶다면, 앞부분과 동일하게 **[지속 가감속]** 효과의 길이를 늘려 주면 됩니다.

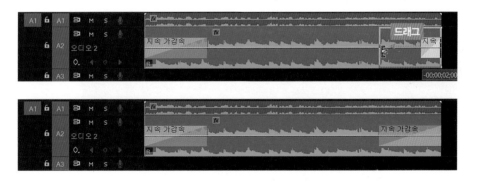

▶ 단축키로 작업하고 싶다면?

오디오 디졸브를 적용하는 단축키는 Ctrl + Shift + D입니다. 단, 단축키를 사용할 때는 오디오 클립이 선택되지 않은 상태에서 재생헤드를 클립의 맨 앞이나 맨 뒤 또는 클립과 클립 사이에 배치해야 합니다. 재생헤드 위치에 따라 오디오 디졸브의 위치가 결정됩니다.

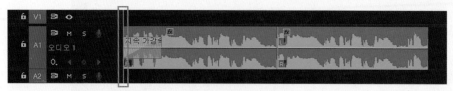

▲ 재생헤드가 클립의 맨 앞에 있을 때

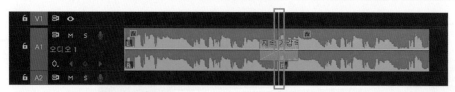

▲ 재생헤드가 클립과 클립 사이에 있을 때

▲ 재생헤드가 클립의 맨 뒤에 있을 때

만약 재생헤드가 아래처럼 애매한 위치에 있다면 아무리 단축키를 눌러도 효과가 적용되지 않습니다.

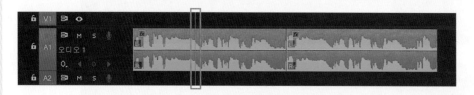

또한 오디오 클립을 선택한 채 단축키를 누르면 재생헤드의 위치와 관계없이 클립의 앞과 뒤에 디졸브가 적용됩니다(단, 오디오 클립 뒤에 다른 오디오 클립이 있으면 앞에만 적용됩니다).

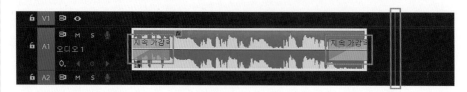

▶ 기본 지속 시간을 변경하고 싶다면?

오디오 디졸브의 기본 지속 시간은 1초(00;00;01;00)입니다. 기본 지속 시간을 변경하고 싶다면 메뉴 바에서 **[편집]** – **[환경 설정]** – **[타임라인]**을 선택해서 타임라인 환경 설정 창을 열고 '오디오 전환 기본 지속 시간' 옵션 값을 변경합니다. 단위는 초 또는 프레임으로 수정할 수 있으며, 변경 사항을 저장하려면 **[확인]**을 클릭하여 종료합니다.

▲ 타임라인 환경 설정 창

Lesson 06 키프레임 조정으로 특정 구간만 볼륨 조정하기

키프레임을 설정하면 원하는 부분만 배경음악의 볼륨을 줄일 수 있습니다. 내레이션과 배경음악이 동시에 배치되어 있다면 내레이션 중에는 배경음악 볼륨이 작아지는 것이 좋겠죠?

> **예제 파일:** 프리미어 프로/Chapter 05/오디오 키프레임.prproj
> **완성 파일:** 프리미어 프로/Chapter 05/오디오 키프레임_완성본.prproj

01 **오디오 키프레임.prproj** 예제 파일을 실행합니다. A1 트랙은 내레이션이고, A2 트랙은 배경음악입니다. 키프레임으로 볼륨을 조정하기 위해서 배경음악이 있는 A2 트랙의 빈 공간(마이크 아이콘 옆)을 더블 클릭하여 트랙을 확대합니다.

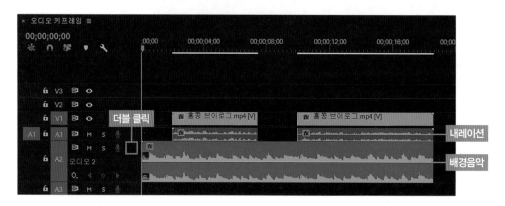

02 트랙을 확대하면 가운데 선이 보이죠? 이 선으로 오디오의 볼륨(레벨)을 조정할 수 있습니다. **[fx]** 아이콘에서 마우스 오른쪽 버튼을 클릭한 후 **[볼륨]** – **[레벨]**을 선택합니다.

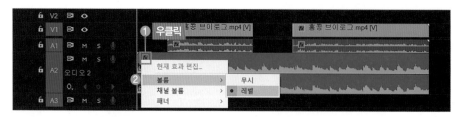

꿀팁 반드시 [fx] 아이콘 위에서 마우스 오른쪽 버튼을 클릭해야 합니다. 기본 설정으로 [볼륨] – [레벨]이 선택되어 있지만 필요에 따라서 다른 항목을 선택하여 조정할 수도 있습니다.

03 예제는 2초부터 내레이션이 시작됩니다. 그러므로 배경음악도 2초부터 볼륨이 줄어들어야겠죠? **①**재생헤드를 [00;00;02;00]으로 이동합니다. **②**A2 오디오 트랙을 선택한 후 **③**[키프레임 추가-제거] 아이콘◇을 클릭합니다.

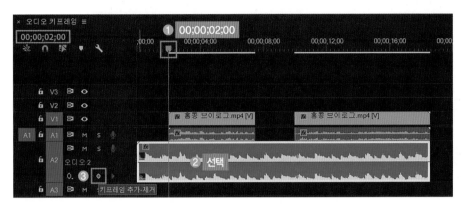

꿀팁 클립을 선택해야 [키프레임 추가-제거] 아이콘이 활성화됩니다.

04 2초에 키프레임이 생성되었습니다. 볼륨을 조정하기 위해서는 총 4개의 키프레임이 필요합니다. **①**재생헤드를 [00;00;02;10] 위치로 이동하고 **②**[키프레임 추가-제거] 아이콘을 클릭합니다.

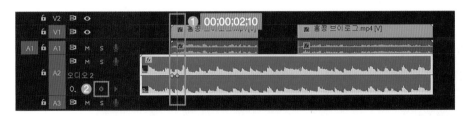

꿀팁 키프레임을 삭제하고 싶을 때는 키프레임을 선택하고 [Delete]를 누르면 됩니다.

05 내레이션의 끝에도 키프레임을 생성하겠습니다. **①**재생헤드를 [00;00;07;15]로 이동합니다. 이번에는 다른 방법으로 키프레임을 추가해 보겠습니다. [Ctrl]를 누른 채 오디오 볼륨 레벨로 커서를 옮기면 [+] 모양으로 아이콘이 변합니다. 그 상태에서 클릭하면 키프레임이 추가됩니다.

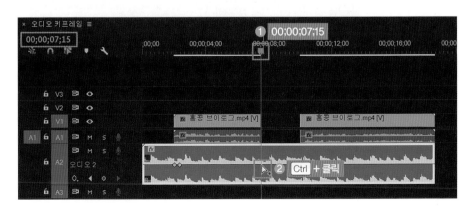

06 마지막으로 ❶재생헤드를 **[00;00;07;05]**로 옮기고 ❷ Ctrl 을 누른 채 오디오 볼륨 레벨을 클릭
하여 키프레임을 추가하면 총 4개의 키프레임이 완성됩니다.

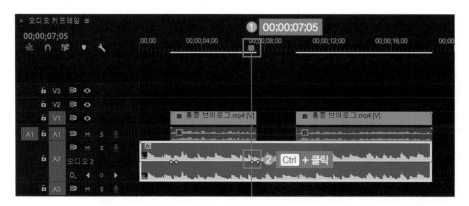

> 꿀팁 키프레임을 선택하고 좌 또는 우로 드래그하면 키프레임 위치를 변경할 수 있습니다.

07 오디오 볼륨 레벨이 가운데 일직선으로 보이면 아직 볼륨을 조정하지 않은 상태입니다. 예제는
배경음악의 소리를 줄일 것이므로 선을 아래로 드래그하여 볼륨을 조정합니다. 적당한 값으로
조정한 후 영상을 재생하여 오디오를 확인합니다. 배경음악이 정상적으로 재생되다가 내레이션 부분
에서는 점점 작아지는 것을 확인할 수 있습니다.

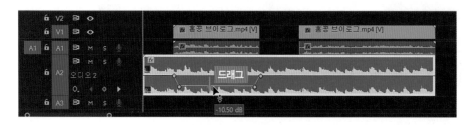

> 꿀팁
>
> [효과 컨트롤] 패널의 '볼륨' – '레벨' 옵
> 션에서도 위와 같은 방법으로 키프레임
> 을 추가하여 오디오 볼륨을 조정할 수 있
> 습니다. 수치를 직접 입력할 수도 있어서
> [타임라인] 패널보다 정밀하게 편집할 수
> 있습니다. 레벨 값은 최대 +15dB, 최소
> –300dB입니다.

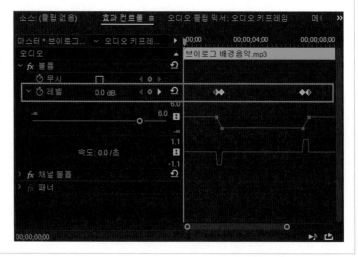

오디오 싱크 쉽게 맞추기

촬영 시 음질을 향상하고자 별도로 마이크를 사용할 때가 있습니다. 카메라에 직접 연결된 마이크는 싱크가 맞춰서 녹음되지만 별도로 마이크나 녹음기를 사용하면 편집 단계에서 싱크를 맞춰야 합니다. 또한 여러 대의 카메라로 동시 촬영했을 때도 녹화 버튼을 누르는 시점이 조금씩 다를 수 있어 싱크가 틀어집니다. 그런 싱크를 쉽게 맞추는 방법을 알아보겠습니다.

▶ **유튜브 동영상 강의**

오디오 싱크 맞추는 4가지 방법
https://youtu.be/AP39dR1wuzk

예제 파일: 프리미어 프로/Chapter 05/오디오 동기화.prproj
완성 파일: 프리미어 프로/Chapter 05/오디오 동기화_완성본.prproj

01 **오디오 동기화.prproj** 예제 파일을 실행합니다. A1 트랙은 촬영 당시 카메라로 녹음된 음성이며, A2 트랙은 별도의 마이크로 녹음한 음성입니다. 영상을 재생해 보면 녹화 버튼을 누른 시간이 달라서 싱크가 틀어진 것을 확인할 수 있습니다.

02 A1 트랙과 A2 트랙의 오디오 싱크를 맞추기 위해 ❶모든 클립을 선택한 후 마우스 오른쪽 버튼을 클릭하고 ❷**[동기화]**를 선택합니다.

꿀팁 영문 버전은
[Synchronize]를 선택합니다.

03 클립 동기화 창이 열립니다. 카메라 음성과 별도
로 녹음한 마이크 음성의 싱크를 맞추기 위해 ❶
[오디오]를 선택하고 ❷**[확인]**을 클릭합니다.

꿀팁 클립 동기화에서는 오디오뿐만 아니라 클립의 시작과 끝, 시간
코드, 또는 클립의 마커를 이용하여 클립을 정렬할 수 있습니다.

04 오디오 처리 창이 실행되면서 오디오를 분석합
니다.

05 영상을 재생하여 오디오를 확인해 보면 오디오 싱크가 딱 맞춰진 것을 확인할 수 있습니다.

꿀팁 싱크를 수동으로 조정하고 싶다면 클립을 선택하고 [Alt] + [←] 또는 [Alt] + [→]를 눌러 보세요. 클립이 좌 또는 우 방향으로 1
프레임씩 이동됩니다. [Shift]를 추가로 누르면 5프레임씩 이동됩니다.

06 카메라로 녹음된 음성(A1)보다 마이크를 연결하여 녹음된 음성(A2)이 훨씬 깔끔하겠죠? 마이크로 녹음한 음성만 사용하기 위해 A2 트랙에서 **[솔로 트랙]** 아이콘 **s** 을 클릭하여 활성화합니다. **[솔로 트랙]** 아이콘은 다중 선택할 수 있으며, 활성화된 트랙만 들립니다.

> **꿀팁** 반대로 M이 표시된 [트랙 음소거] 아이콘을 클릭하면 해당 트랙은 들리지 않게 됩니다. 역시 다중 선택할 수 있습니다.

07 오디오 싱크를 맞췄다면 클립을 편집합니다. 예제에서는 박수 소리 다음부터 영상을 사용할 것이어서 재생헤드를 박수 소리 이후인 ❶[00;00;06;23]으로 이동했습니다. 자를 위치로 재생헤드를 옮겼으면 ❷Ctrl + Shift + K를 눌러 모든 트랙을 자릅니다.

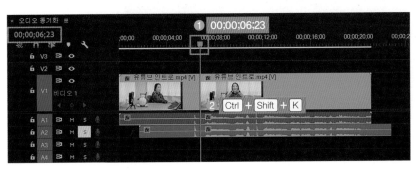

> **꿀팁** 단축키 Ctrl + Shift + K를 누르면 트랙 선택 여부에 관계없이 재생헤드가 위치한 곳에 있는 모든 클립이 잘립니다.

08 재생헤드 앞부분의 클립을 모두 선택한 후 Shift + Delete를 눌러 공백 없이 클립을 삭제합니다.

> **꿀팁** Delete 만 누르면 클립만 삭제되고 공백이 남습니다.

09 같은 방법으로 뒤쪽 필요 없는 컷을 잘라서 영상을 편집합니다.

> **꿀팁** 박수 소리는 크게 녹음되어서 클리핑 현상이 나타날 수 있습니다. 박수 소리나 물건이 떨어지는 소리 등 크게 녹음된 소리는
> 컷 편집으로 잘라 주는 것이 좋습니다.

10 카메라 녹음 음성(A1)은 싱크를 맞추기 위해 참고용으로 사용될 뿐이며 실제로는 필요 없는 오
디오입니다. 사용하지 않는 오디오 클립만 지우기 위해 [Alt]를 누른 채 A1 오디오 클립을 클릭
해서 선택합니다.

> **꿀팁** [Alt]를 누른 채 오디오 클립을 선택하면 오디오 클립만 선택됩니다.

11 오디오 클립만 선택되었으면 [Delete]를 눌러 삭제합니다. 비디오 클립은 남고 오디오 클립만 지
워집니다. 이제 카메라로 촬영한 영상 클립과 마이크로 녹음한 오디오 클립만 남게 됩니다.

> **꿀팁** A2 트랙에 [솔로 트랙] 아이콘이 활성화되어 있으므로, A1 트랙을 반드시 지울 필요는 없습니다. 하지만 트랙이 여러 개 있다
> 면 작업 시 헷갈릴 수 있으므로 삭제하는 것이 좋겠죠?

▶ 오디오 시간 단위 표시(Show Audio Time Units)

오디오를 정밀하게 편집하고 싶다면 [**오디오 시간 단위 표시**]를 선택해 보세요. 기존의 프레임 단위보다 훨씬 짧은 오디오 샘플 단위로 나누어져 보다 정확하게 오디오 편집을 할 수 있습니다.

[**타임라인**] 패널에서 시퀀스 이름 오른쪽에 있는 [**메뉴**] 아이콘▤을 클릭하여 [**오디오 시간 단위 표시**] (Show Audio Time Units)를 선택하면 시간 눈금자가 오디오 단위로 전환됩니다.

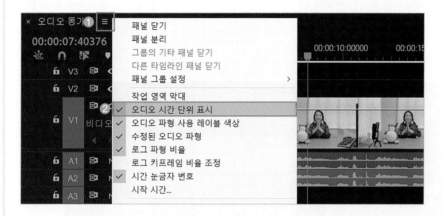

▶ 촬영할 때 박수를 치는 이유는?

예능 프로그램 등에서 방송 중에 연예인들이 박수 치는 장면을 보신 적이 있을 겁니다. 이렇게 촬영할 때 박수를 치는 이유는 오디오 싱크를 맞추기 위해서입니다. 박수 소리는 음성보다 크게 녹음되어서 싱크 맞추기가 쉽습니다. 자동으로 싱크를 맞출 때도 큰소리가 동일하게 녹음되어서 보다 정확하게 맞춰집니다. 또한 수동으로 싱크를 맞출 때도 박수 소리의 파형을 보고 편집할 수 있습니다.

▲ 촬영을 시작하면서 박수를 치는 조블리

싱크를 쉽게 맞출 수 있을 뿐만 아니라 NG 컷을 표시하기 위해 박수를 치기도 합니다. 오디오 파형을 보면 큰소리가 두 번 표시되어 있죠? 박수와 박수 소리 사이는 NG 부분입니다. 이처럼 오디오 파형만 보고도 NG 컷을 파악할 수 있어서 빠른 편집이 가능합니다.

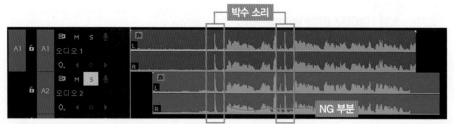

▲ 박수 소리로 구분한 NG 컷

박수 소리는 편집할 때 참고용으로만 사용합니다. 박수 소리나 물건이 떨어지는 소리 등 크게 녹음된 소리 는 **[오디오 미터]** 패널처럼 클리핑 현상이 나타납니다. 그러므로 큰 소리는 컷 편집을 이용하여 잘라내는 것이 좋습니다. 만약 자르지 않고 박수 소리를 그대로 사용하고 싶을 때는 오디오 게인 등으로 볼륨을 조정 하여 소리를 낮춰 주어야 합니다.

▲ 클리핑 현상이 나타난 박수 소리

▶ 비디오와 오디오 싱크가 뒤로 갈수록 맞지 않을 때?

VFR(가변 프레임 레이트)은 비디오 재생 중 프레임 속도가 동적으로 변경되는 비디오 포맷 용어이며, 모 바일 기기는 대부분 VFR 포맷입니다. 프리미어 프로 CC 2018(버전 12.0.1) 이상부터는 VFR(가변 프레임 레이트)을 지원하여 비디오와 오디오 싱크가 흐트러지지 않지만, 그 이하 버전에서는 뒤로 갈수록 비디오 와 오디오 싱크가 맞지 않을 수 있습니다. 그럴 때는 인터넷에서 '동영상 인코딩 프로그램'을 찾아 다운로드 한 후 인코딩 설정에서 CFR(고정 프레임 레이트)을 선택합니다. CFR로 인코딩한 영상을 프리미어 프로로 불러와서 편집하면 싱크 밀림이 해결됩니다.

꿀팁

프리미어 프로에는 음악에 맞춰 자동으로 이미지나 영상을 편집해 주는 기능이 있습니다. 무슨 말인지 잘 모르겠다고요? 지금 바로 유튜브 동영상 강의(https://youtu.be/6FoOuHvePg4)를 확인해 보세 요. 감탄사를 연발할지도 모릅니다.

비디오와 오디오 클립의 싱크가 틀어졌을 때

[타임라인] 패널에서 [연결된 선택] 아이콘이 해제된 상태 ![] 라면 비디오와 오디오 클립이 개별적으로 선택되며, 기본 설정인 [연결된 선택]이 활성화 상태 ![] 라도 [Alt]를 누른 채 클립을 선택하면 비디오 또는 오디오만 선택할 수 있습니다. 이렇게 개별적으로 클립을 선택하고 움직이면 비디오와 오디오의 싱크가 틀어지게 됩니다. 의도한 상황이 아니라면 다시 싱크를 맞춰야겠죠? 지금부터 비디오와 오디오의 틀어진 싱크를 맞춰 보겠습니다.

> **Pr** **예제 파일:** 프리미어 프로/Chapter 05/비디오와 오디오 싱크 맞추기.prproj

01 **비디오와 오디오 싱크 맞추기.prproj** 예제 파일을 실행합니다. 비디오 클립과 오디오 클립의 싱크가 틀어져 있으면 클립 왼쪽 위에 붉은 숫자로 표시가 됩니다.

> **꿀팁** 2:15는 2초 15프레임만큼 싱크가 틀어졌다는 의미입니다.

02 오디오 클립에 표시된 붉은 숫자(+2:15) 위에서 마우스 오른쪽 버튼을 클릭하고 **[이동하여 동기화]**를 선택합니다.

> **꿀팁** 비디오 클립에 표시된 숫자에서도 마우스 오른쪽 버튼을 클릭하여 동기화할 수 있으며, 비디오에서 동기화하면 비디오가 이동됩니다.

03 오디오 클립이 앞으로 당겨지면서 오디오 싱크가 맞춰진 것을 확인할 수 있습니다.

04 만약 아래처럼 싱크를 맞출 클립 양쪽에 다른 클립이 있다면 마우스 오른쪽 버튼을 클릭한 후 **[밀어넣어 동기화]**를 선택합니다.

05 **[밀어넣어 동기화]**를 선택하면 양쪽 클립은 그대로 있고, 해당 클립 안에서 싱크가 틀어진 시간만 큼 클립을 밀어 넣어 싱크를 맞춰 줍니다. 단, 해당 클립도 시간적 위치는 이동하지 않습니다. 만약 **[이동하여 동기화]**를 선택한다면 클립이 이동되어 앞의 클립을 덮어씌우게 됩니다. 그러므로 양쪽 에 클립이 있을 때는 **[밀어넣어 동기화]**를 선택해 주세요.

Lesson 09 라디오에서 나오는 목소리 표현하기

라디오에서 나오는 사연처럼 편집한다고 생각해 보세요. 녹음한 음성을 그대로 사용하면 라디오 느낌을 표현하는 데 한계가 있습니다. 이럴 때는 [기본 사운드] 패널의 [대화] 유형에 있는 다양한 상황 프리셋을 활용하면 됩니다. TV에서, 건물 바깥에서, 큰방에서, 휴대폰에서 등 상황별로 오디오 음성 편집하는 방법을 알아보겠습니다.

> **Pr** **예제 파일:** 프리미어 프로/Chapter 05/라디오 목소리.prproj
> **PROJ** **완성 파일:** 프리미어 프로/Chapter 05/라디오 목소리_완성본.prproj

01 **라디오 목소리.prproj** 예제 파일을 실행합니다. 오디오 편집을 위해서 ❶작업 영역을 [오디오] 레이아웃으로 설정합니다. 작업 레이아웃이 [오디오]로 변경되면 화면 오른쪽에 [기본 사운드] 패널이 나타납니다. [타임라인] 패널에서 ❷[라디오 목소리 소스] 클립을 선택하고 [기본 사운드] 패널에서 ❸[대화]를 클릭합니다.

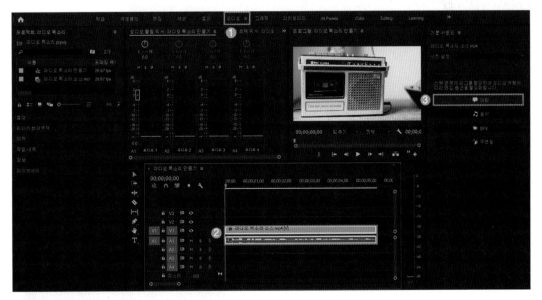

> 꿀팁 메뉴 바에서 [창] – [작업 영역] – [오디오]를 선택해도 레이아웃을 변경할 수 있습니다..

> 꿀팁 [타임라인] 패널에서 오디오 클립을 선택해야 [기본 사운드] 패널이 활성화됩니다.

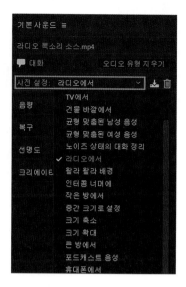

02 대화 유형의 세부 옵션이 나타나면 '사전 설정' 옵션을 **[(기본값)]**에서 **[라디오에서]**로 변경합니다.

꿀팁 '사전 설정' 옵션에는 [라디오에서] 이외에 다양한 상황이 등록되어 있습니다. 직접 하나씩 변경해서 확인해 보면 이후 쉽고 빠르게 목소리를 편집할 수 있습니다.

03 **[타임라인]** 패널에서 Space bar 를 눌러 변경된 오디오를 확인합니다. 마치 라디오에서 흘러나오는 듯한 목소리를 확인할 수 있을 것입니다.

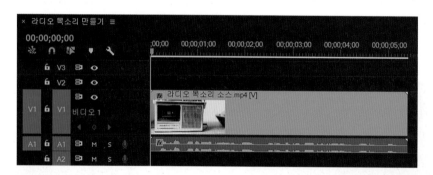

꿀팁

[기본 사운드] 패널의 [대화] 유형에서 '선명도'를 선택하면 옵션이 확장됩니다. '선명도' 하위 옵션인 'EQ' 수치를 조절하면 목소리의 강도를 조절할 수 있습니다.

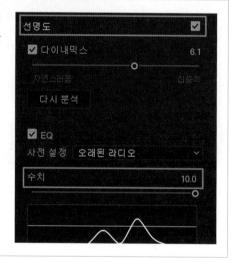

음성 변조 만들기

뉴스나 다큐멘터리를 보면 제보한 사람의 신원 보호를 위해 음성 변조를 하죠? 프리미어 프로에서 [피치 변환](Pitch Shifter) 효과를 이용하여 쉽게 음성을 변조할 수 있습니다. 사용하기에 따라 재미있는 영상을 완성할 수 있는 [피치 변환] 효과 사용 방법을 알아보겠습니다.

 예제 파일: 프리미어 프로/Chapter 05/음성변조.prproj
완성 파일: 프리미어 프로/Chapter 05/음성변조_완성본.prproj

01 **음성변조.prproj** 예제 파일을 실행합니다. 음성 변조를 하기 위해 [피치 변환] 효과를 사용합니다. ❶[효과] 패널에서 ❷'피치 변환'으로 검색하여 [피치 변환] 효과를 찾고, ❸[피치 변환] 효과를 [타임라인] 패널의 [음성변조 소스] 오디오 트랙으로 드래그합니다.

🍯꿀팁 영문 버전은 'Pitch Shifter'로 검색해야 합니다.

🍯꿀팁 오디오 효과는 오디오 트랙에 드래그해야 합니다.

02 [음성변조 소스] 클립이 선택된 상태에서 ❶[효과 컨트롤] 패널을 확인합니다. 오디오 효과 영역에서 ❷'피치 변환' 옵션에 있는 [편집]을 클릭합니다.

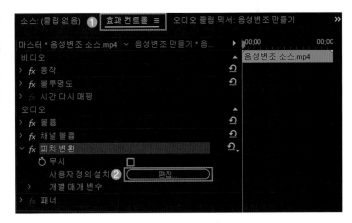

03 클립 Fx 편집기 창이 열리면 '사전 설정' 옵션을 **[성난 저빌]**로 변경합니다. '반음' 옵션이 0에서 +12로 변경됩니다. '반음' 옵션 값이 높을수록 목소리가 얇고 음이 높아집니다.

꿀팁 창을 닫지 않아도 [Space bar]를 누르면 오디오를 실시간으로 확인할 수 있습니다.

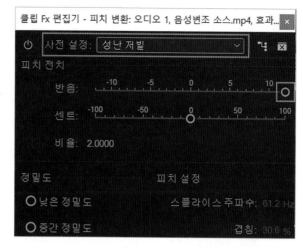

04 얇고 높은 목소리로 음성이 변조되었죠? 이번에는 클립 Fx 편집기 창에서 '사전 설정' 옵션을 **[어둠의 신]**으로 변경합니다. '반음'이 −12까지 내려갑니다. '반음'의 값이 낮을수록 목소리가 두껍고 음이 낮아집니다. 다양한 사전 설정 값을 선택하거나 '반음' 옵션을 직접 조정하여 목소리의 높낮이를 마음대로 설정해 보세요.

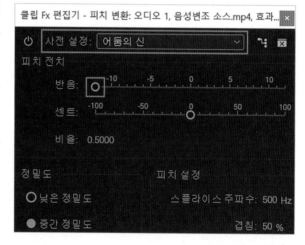

밤샘 금지
자동으로 소리가 조절되는
배경음악

음성을 뚜렷하고 분명하게 전달하려면 배경음악의 볼륨을 줄여야 할 것입니다. 음성이 있는 구간에는 배경음악을 작게 만들고, 음성이 없는 구간에는 배경음악을 크게 조정하려면 일일이 키프레임을 조정해야 합니다. 하지만 자동 더킹 기능을 이용하면 1초 만에 배경음악 볼륨을 자동으로 조정할 수 있습니다.

> ▶ **유튜브 동영상 강의**
>
> **말할 때 자동으로 줄어드는 배경음악 편집 방법**
> https://youtu.be/shtoQhJZOhc

예제 파일: 프리미어 프로/Chapter 05/오디오 자동더킹.prproj
완성 파일: 프리미어 프로/Chapter 05/오디오 자동더킹_완성본.prproj

---

01 **오디오 자동더킹.prproj** 예제 파일을 실행하고 오디오 편집을 위해서 작업 영역을 **[오디오]** 레이아웃으로 설정합니다. **[오디오]** 레이아웃에서는 화면 오른쪽에 **[기본 사운드]** 패널이 표시됩니다. 자동 더킹을 하려면 오디오를 유형별로 나눠야 합니다. ❷A1 트랙에 있는 음성 클립을 모두 선택하고 **[기본 사운드]** 패널에서 ❸**[대화]**를 클릭합니다.

꿀팁 레이아웃 변경은 메뉴 바에서 [창] – [작업 영역] – [오디오]를 선택해도 됩니다.

02 A2 트랙에는 배경음악이 있습니다. ❶A2 클립을 선택한 후 **[기본 사운드]** 패널에서 ❷**[음악]**을 클릭합니다.

03 배경음악 클립이 선택된 상태에서 **[기본 사운드]** 패널의 음악 유형 상세 옵션 중 ❶**[더킹]**에 체크하여 하위 옵션을 활성화합니다. '더킹 대상' 옵션에서는 더킹 대상으로 삼으려는 유형을 선택합니다. 앞에서 A1 트랙에 있는 클립을 **[대화]**로 지정했었죠? 기본 설정 값인 ❷**[대화]** 아이콘만 선택한 채 ❸**[키프레임 생성]**을 클릭합니다.

꿀팁 '더킹 대상'은 다중 선택 가능합니다.

04 **[타임라인]** 패널에서 배경음악 클립을 확인합니다. 자동으로 키프레임이 생성되었습니다. A1 트랙에서 말하는 구간일 때는 소리가 줄고, 말하지 않는 부분은 소리가 올라가는 것을 확인할 수 있습니다.

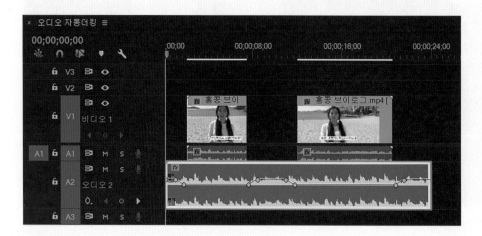

05 배경음악 소리를 조금 더 줄이고 싶다면 [기본 사운드] 패널의 '더킹' 하위 옵션 중 ❶'덕 금액' 옵션에 감소량을 입력합니다. 기본값은 −18dB입니다. [−25dB]로 수정한 후 ❷[키프레임 생성]을 클릭하여 재조정합니다.

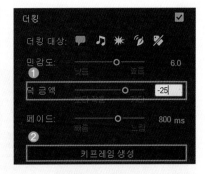

꿀팁 옵션 중 '덕 금액'은 정확하게는 '감소량'으로 표현되는 것이 맞지만 한글 번역이 제대로 표현되지 않은 상태입니다.

06 영상을 재생하여 오디오를 확인합니다. 이전보다 배경음악 볼륨이 줄어, 음성 부분이 더 뚜렷하게 들립니다. 감소량으로 입력한 값이 작을수록 배경음악 볼륨이 작아집니다.

꿀팁 감소량(덕 금액)의 옵션 값은 화면에서는 +값으로 표시되지만 실제는 − 값입니다. 옵션 값을 클릭해 보면 −값으로 표시되는 것을 알 수 있습니다. 따라서 감소량 슬라이더를 오른쪽으로 옮길수록 배경음악이 작아집니다.

07 이번에는 '더킹' 하위 옵션 중 '페이드' 옵션 값을 조정해 보겠습니다. 기본값은 800ms입니다. ❶'페이드' 옵션 값을 [100ms]으로 변경하고 ❷[키프레임 생성]을 클릭하여 재조정합니다.

08 영상을 재생하여 오디오를 확인합니다. 이전보다 배경음악의 볼륨이 빠르게 조정되는 것을 확인할 수 있습니다. '페이드' 옵션 값이 작으면 볼륨 조정 속도가 빨라지고, 높으면 볼륨 조정 속도가 느려집니다.

09 마지막으로 '민감도' 옵션 값을 설정하겠습니다. 기본값은 6입니다. ❶'민감도' 옵션 값을 [3]으로 변경하고 ❷[키프레임 생성]을 클릭하여 재조정합니다.

10 '민감도' 옵션 값을 낮추면 둔감해져서 큰소리만 더킹됩니다. 반대로 '민감도' 값을 높이면 예민해져서 작은 소리까지 모두 더킹됩니다.

11 지금까지 조정한 더킹 관련 옵션 값을 기본 설정으로 되돌리고 싶을 때는 **[기본 사운드]** 패널에서 각 옵션에 있는 원형 마커를 더블 클릭하면 됩니다.

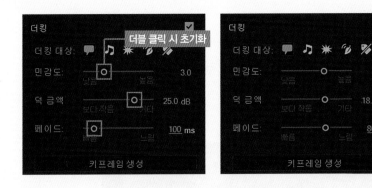

12 자동 더킹은 기본 설정 값만으로도 볼륨을 쉽게 조정할 수 있습니다. 또한 자동 더킹으로 생성된 키프레임을 개별 선택하여 수정할 수도 있습니다.

프리미어 프로에서 오디오 소리가 들리지 않는다면?

프리미어 프로에서 갑자기 오디오 소리가 들리지 않을 때가 있으신가요? 외장스피커나 이어폰을 사용할 때 기본 출력 장치가 자동으로 잡히지 않는 경우입니다. 아래 환경 설정에서 기본 출력을 현재 사용하는 스피커로 변경해 주면 됩니다. 만약 아래 설정으로도 소리가 나지 않으면 컴퓨터의 사운드 카드용 드라이버를 업데이트합니다. 또한, ASIO 드라이버가 설치되어 있지 않으면 다운로드하여 설치합니다. 그 이후, 환경 설정에서 '기본 출력' 옵션을 연결된 스피커로 재설정합니다.

메뉴 바에서 [편집] - [환경 설정] - [오디오 하드웨어]를 선택합니다. 오디오 하드웨어 환경 설정 창이 열리면 '기본 출력' 옵션에서 연결된 스피커를 선택하고 [확인]을 클릭합니다.

Chapter 06

브이로그 촬영 시 필수품, 색 보정하기

어두운 영상을 밝게 만들고 싶다면? 영상이 붉거나 푸르게 촬영되었다면?

영화처럼 멋진 색상으로 표현하고 싶다면? 특정 색상을 변경하고 싶다면?

브이로그를 제작할 때 한 번쯤은 궁금했던 질문이 아닐까 싶습니다.

여기서는 프리미어 프로의 [Lumetri 색상] 패널을 이용한 재미있는 색상 보정을

알아보겠습니다. [Lumetri 색상] 패널에서는 직관적인 슬라이더를 사용하여

초보자도 쉽게 색상 보정을 할 수 있습니다. 색을 보정할 때 클리핑을 최소한으로

조정해 주기 때문에 인위적이지 않고, 자연스럽게 색을 보정할 수 있습니다.

어두운 영상 밝게 보정하기

빛이 부족한 환경에서 촬영하면 영상도 어둡게 찍히겠죠? 프리미어 프로에서는 어두운 영상을 쉽게 보정할 수 있습니다. 전체적으로 영상을 밝게 조정하거나 어두운 영역, 밝은 영역을 나누어 특정 부분만 밝기를 조정할 수도 있습니다. 자동 기능을 이용하여 적절한 값을 찾는 방법도 함께 알아보겠습니다.

▶️ 완성 미리 보기

 예제 파일: 프리미어 프로/Chapter 06/어두운 영상.prproj
완성 파일: 프리미어 프로/Chapter 06/어두운 영상_완성본.prproj

Lumetri 기본 교정으로 어두운 영상 밝게 만들기

01 어두운 영상.prproj 예제 파일을 실행합니다. 작업 영역을 ❶[색상] 레이아웃으로 변경합니다. [타임라인] 패널에서 ❷[어두운 영상_1] 클립을 선택해서 화면 오른쪽에 있는 [Lumetri 색상] 패널을 활성화합니다.

> **꿀팁** 메뉴 바에서 [창] - [작업 영역] - [색상]을 선택해서 레이아웃을 변경해도 됩니다.

02 [Lumetri 색상] 패널은 크게 6가지 영역으로 나누어져 있으며, 각 영역의 이름을 클릭하면 세부 옵션이 표시됩니다. 어두운 영상을 보정하기 위해 [기본 교정]을 클릭하여 세부 옵션을 펼칩니다.

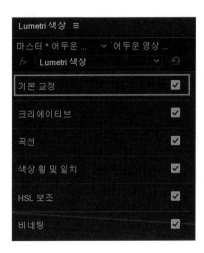

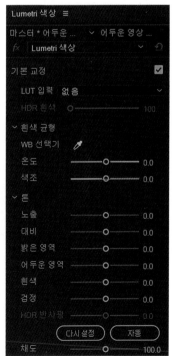

03 기본 교정 영역에서 '톤' – '노출' 옵션의 슬라이더를 오른쪽으로 드래그해 보세요. 오른쪽으로 드래그할수록 영상이 밝아집니다. 반대로 왼쪽으로 드래그하면 영상이 어두워집니다. 예제에서는 '노출' 옵션 값을 [2]로 조정하겠습니다.

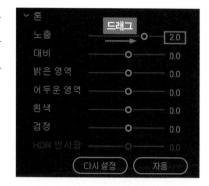

꿀팁 오른쪽 숫자를 클릭하여 원하는 값으로 입력해도 됩니다.

04 어두운 영상이 자연스럽게 밝아졌죠? 이처럼 '노출' 옵션 설정만으로도 쉽게 영상의 밝기를 조정할 수 있습니다.

05 '노출' 옵션으로 전체적인 영상의 밝기를 조정했다면 이번에는 '톤' – '어두운 영역' 옵션으로 어두운 영역 위주로 밝기를 조정합니다. '어두운 영역' 옵션의 슬라이더를 오른쪽으로 드래그하여 값을 [40]으로 조정하겠습니다.

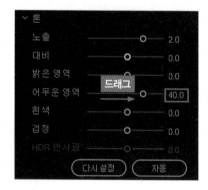

꿀팁 '어두운 영역' 옵션 슬라이더를 왼쪽으로 드래그하면 어두운 부분이 더 어두워지겠죠?

06 예제에서는 인물 주변이 대체로 어두워서 '어두운 영역' 옵션 값을 높일수록 인물 주변이 밝아지는 것을 확인할 수 있습니다. 이렇게 '어두운 영역' 옵션을 이용하면 어두웠던 부분의 세부 묘사를 표현할 수 있습니다.

07 영상을 밝게만 조정한다면 하늘이나 배경이 하얗게 뭉개질 수도 있습니다. 그러므로 '톤' – '밝은 영역' 옵션을 이용해 영상에서 밝은 부분의 밝기를 조정합니다. 예제에서는 '밝은 영역' 옵션 값을 **[-45]**로 조정하겠습니다.

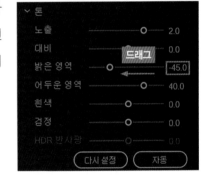

08 예제에서 밝은 영역은 하늘과 바다 부분이겠죠? '밝은 영역' 옵션을 – 값으로 조금 어둡게 설정하여 하늘과 바다색의 디테일을 살렸습니다.

09 마지막으로 '톤' – '대비' 옵션을 이용하여 밝은 곳은 더 밝게, 어두운 곳은 더 어둡게 만들어서 더욱 뚜렷한 영상으로 표현해 보겠습니다. 예제에서는 '대비' 옵션 값을 [25]로 조정하겠습니다.

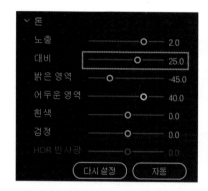

10 모든 보정이 끝났습니다. 이제 원본 영상과 비교하기 위해 [Lumetri 색상] 패널 왼쪽 위에 있는 [fx] 아이콘을 클릭합니다. [fx]는 적용한 효과를 켜거나 끄는 역할을 합니다. 아이콘에 사선이 그어져 있다면 모든 효과가 무시되어 원본 영상을 확인할 수 있습니다.

꿀팁 | 사람의 눈은 변화된 결과에 쉽게 적응하여 원본 영상이 어땠는지 쉽게 잊어버리곤 합니다. 영상 보정 중에 수시로 [fx] 아이콘을 클릭해 보면서 원본 영상과 보정된 영상을 확인하세요. 색 보정 옵션 값은 절댓값이 아닙니다. 그러므로 여러분의 영상에 따라 적절한 수치로 조정하여 작업해야 합니다.

Lumetri 자동 효과로 어두운 영상 밝게 만들기

01 이번에는 자동 기능으로 어두운 영상을 조정하겠습니다. 앞선 실습에서 사용한 **어두운 영상.prproj** 예제 파일의 **[타임라인]** 패널에서 **[어두운 영상_2]** 클립을 선택합니다.

02 **[Lumetri 색상]** 패널의 기본 교정 영역에서 '톤' 옵션에 있는 **[자동]**을 클릭합니다. 현재 선택 중인 클립에 따라 자동으로 '톤' 옵션의 하위 옵션 값들이 설정됩니다.

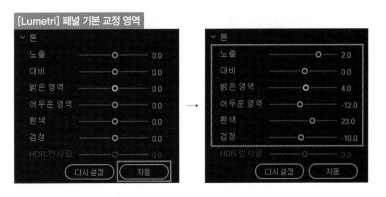

꿀팁 [다시 설정]을 클릭하면 초깃값으로 설정됩니다.

03 **[프로그램 모니터]** 패널을 보면 어두웠던 영상이 **[자동]** 버튼 한방에 밝아졌죠? 밝은 영역과 어두운 영역을 자동으로 계산하여 알맞은 값으로 처리해 주는 기능입니다.

04 그렇다고 자동 기능이 완벽한 것은 아닙니다. 물론 100% 만족스러운 결과를 얻을 수도 있지만, 어딘지 아쉬울 때도 있거든요. 예제에서는 인물을 조금 더 밝게 보정하기 위해 '어두운 영역' 옵션 값만 [30]으로 변경하겠습니다.

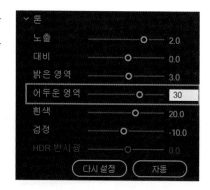

05 인물이 자동 기능만 실행했을 때보다 밝아졌습니다. 이렇게 자동 기능을 이용하여 전체적인 보정을 한 후 부족한 부분은 각 옵션 값을 수정하여 작업합니다. 예제의 완성본은 **어두운 영상_완성본.prproj** 파일에서 확인할 수 있습니다.

Lesson 02 붉거나 혹은 푸르게 촬영된 영상 보정하기

사람의 눈은 파란 조명 아래에서도 흰색을 정확하게 구별할 수 있습니다. 하지만, 카메라는 조명과 상황에 따라 흰색을 흰색으로 받아들이지 못하는 경우가 있습니다. 촬영 장소나 사용한 조명에 따라 영상이 붉거나 푸르게 촬영되기도 합니다. 지금부터 화이트 밸런스 기능을 이용하여 붉거나 푸른 영상을 원래의 색으로 조정하는 방법을 알아보겠습니다.

▶ 완성 미리 보기

예제 파일: 프리미어 프로/Chapter 06/화이트 밸런스.prproj
완성 파일: 프리미어 프로/Chapter 06/화이트 밸런스_완성본.prproj

완성

01 **화이트 밸런스.prproj** 예제 파일을 실행합니다. 예제 영상은 전체적으로 푸른색을 띠고 있습니다. 푸른 영상을 개선하기 위해 작업 영역을 ❶**[색상]** 레이아웃으로 변경합니다. **[타임라인]** 패널에서 ❷**[파란 영상]** 클립을 선택하여 ❸**[Lumetri 색상]** 패널을 활성화합니다.

02 **[Lumetri]** 색상 패널에서 6종류의 영역 중 **[기본 교정]**을 클릭하여 상세 옵션을 펼친 후 '흰색 균형' 옵션에서 스포이드 모양의 **[WB 선택기]** 아이콘을 클릭합니다.

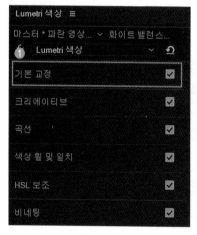

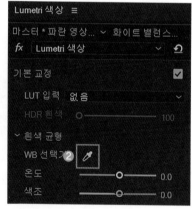

03 WB는 화이트 밸런스의 약자로 **[WB 선택기]**로 촬영 당시 흰색이었을 부분을 클릭하면 자동으로 화이트 밸런스를 맞춰 줍니다. 예제에서는 테이블 또는 커튼이 흰색이었겠죠? **[프로그램 모니터]** 패널에서 커튼 부분을 클릭합니다.

04 커튼 부분을 클릭하는 순간 '흰색 균형' 옵션의 하위 옵션들이 자동으로 변경되면서 전체적인 색상 균형을 맞춰 줍니다. **[프로그램 모니터]** 패널을 보면 푸른색이 강했던 영상이 실제와 유사한 색상으로 조정되었죠? 이처럼 WB 선택기 기능을 이용하면 붉거나 푸르게 촬영된 영상을 쉽게 보정할 수 있습니다.

[Lumetri 색상] 패널의 기본 교정 영역에서는 '흰색 균형'과 '톤' 옵션을 설정하여 비디오 클립의 기본 색상을 쉽게 조정할 수 있습니다. 먼저 '흰색 균형'(White Balance)에서는 '온도'와 '색조' 옵션을 변경하여 의도적으로 차가운 느낌, 따뜻한 느낌 등으로 보정할 수 있습니다.

❶ 온도(Temperature): 슬라이더를 왼쪽으로 이동할수록 영상이 차가운 색상(푸른 계열)으로 표현되고, 오른쪽으로 이동할수록 영상이 따뜻한 색상(붉은 계열)으로 표현됩니다.

❷ 색조(Tint): 슬라이더를 왼쪽으로 이동할수록 녹색 계열이 추가되고, 오른쪽으로 이동할수록 자홍색 계열이 추가됩니다.

▲ 원본 영상

▲ 온도 조정으로 차갑게 보정한 영상

▲ 온도 조정으로 따뜻하게 보정한 영상

기본 교정 영역의 '톤'(Tone)에서는 다양한 톤을 사용하여 비디오 클립의 기본 색상을 조정할 수 있습니다.

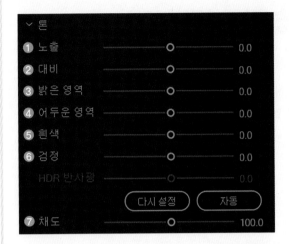

❶ **노출(Exposure):** 비디오 클립의 밝기를 조정합니다.

❷ **대비(Contrast):** 비디오 클립의 밝고 어두움의 차이를 조정합니다.

❸ **밝은 영역(Highlights):** 비디오 클립의 (중간 범위) 밝은 영역을 밝거나 어둡게 조정합니다.

❹ **어두운 영역(Shadows):** 비디오 클립의 (중간 범위) 어두운 영역을 밝거나 어둡게 조정합니다.

❺ **흰색(Whites):** 흰색 계열(가장 밝은 부분)의 밝기를 조정합니다.

❻ **검정(Blacks):** 검정 계열(가장 어두운 부분)의 밝기를 조정합니다.

❼ **채도(Saturation):** 비디오 클립의 전체 색상을 진하거나 옅게 조정합니다.

Lesson 03
다양한 필터 효과 적용하기

[Lumetri 색상] 패널에는 다양한 필터 효과가 저장되어 있습니다. 그러므로 사용자는 클릭 한 번만으로도 영화처럼
멋진 색상으로 손쉽게 표현할 수 있습니다. 지금부터 필터 효과를 설정하는 방법과 효과의 강도를 조정하여 자유롭
게 재설정하는 방법을 알아보겠습니다.

▶| 완성 미리 보기

예제 파일: 프리미어 프로/Chapter 06/필터 효과.prproj
완성 파일: 프리미어 프로/Chapter 06/필터 효과_완성본.prproj

01 필터 효과.prproj 예제 파일을 실행합니다. 필터 효과를 사용하기 위해 작업 영역을 ❶[색상] 레이아웃으로 변경합니다. [타임라인] 패널에서 ❷[해상모스크] 클립을 선택하여 ❸[Lumetri 색상] 패널을 활성화합니다.

02 [Lumetri 색상] 패널의 6가지 영역 중 [크리에이티브]를 클릭하여 다음과 같은 세부 옵션을 펼칩니다.

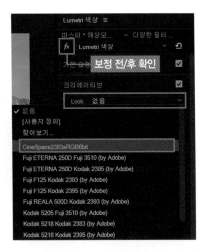

03 크리에이티브 영역의 'Look' 옵션에서는 프리미어 프로에서 제공하는 다양한 필터를 확인할 수 있습니다. 예제에서는 [CineSpace2383sRGB6bit]를 선택하겠습니다. 필터를 선택하면 바로 해당 필터 효과가 적용됩니다.

꿀팁 유튜브에서 'Lut free download'를 검색하면 다양한 필터 효과를 찾아 다운로드할 수 있습니다. 다운로드 후 [찾아보기]를 선택하여 필터 효과를 추가해 보세요.

04 [프로그램 모니터] 패널에서 필터 효과를 확인합니다. [Lumetri 색상] 패널에서 [fx] 아이콘을 클릭하여 원본 영상과 보정된 영상을 쉽게 확인할 수 있습니다.

05 크리에이티브 영역에서 '강도' 옵션의 슬라이더를 오른쪽으로 드래그하면 필터 효과가 강해지고, 왼쪽으로 드래그하면 필터 효과가 약해집니다. 기본값은 100입니다. 예제에서는 [150]으로 높인 후 영상을 재생하여 필터 효과가 짙어진 것을 확인합니다.

06 이번에는 'Look' 옵션 아래에 있는 미리 보기 화면을 이용해 필터를 변경해 보겠습니다. 미리 보기 화면에서 〈 〉를 클릭하여 다양한 필터 효과를 미리 확인할 수 있으며, 마음에 드는 필터가 있으면 화면을 클릭해서 바로 적용할 수 있습니다. 예제에서는 **[SL GOLD HEAT]**를 선택했습니다.

꿀팁 필터를 선택한 후에는 반드시 미리 보기 화면을 한 번 클릭해야 해당 필터가 적용됩니다.

07 필터를 변경해도 '강도' 옵션은 앞서 변경한 값 그대로 유지됩니다. '강도' 옵션 값을 초기화하기 위해 원형 슬라이더를 더블 클릭합니다.

08 영상을 재생하여 필터 효과가 적용된 영상을 확인합니다.

영상을 좀 더 자유롭게 보정하기 위해 **[Lumetri 색상]** 패널의 크리에이티브 영역에 있는 다양한 옵션을 자세히 살펴보겠습니다.

꿀팁 원형 슬라이더를 더블 클릭하면 옵션 값이 초기화됩니다.

❶ **빛바랜 필름(Faded Film):** 빛이 바랜 필름처럼 미드톤을 유지한 채 어두운 영역과 밝은 영역의 대비를 줄입니다. 기본값은 0이며 최대 100, 최소 –100까지 조정할 수 있습니다.

▲ 빛바랜 필름 0일 때

▲ 빛바랜 필름 100일 때

❷ **선명(Sharpen):** 가장자리를 보다 선명하게 만들어 줍니다. 기본값은 0이며 최대 100, 최소 −100까지 조정할 수 있습니다. 가장자리를 너무 선명하게 표현하면 부자연스러울 수 있으니 주의하세요.

▲ 선명 0일 때

▲ 선명 100일 때

❸ **진동(Vibrance):** 채도가 높은 색상에는 영향을 적게 주고, 낮은 색상의 채도를 변경하여 조정합니다. 진동은 사람의 피부색을 보호하여 색상을 자연스럽게 설정합니다. 기본값은 0이며 최대 100, 최소 −100까지 조정할 수 있습니다.

▲ 진동 −100일 때

▲ 진동 100일 때

❹ **채도(Saturation):** 전체 색상의 채도를 높이거나 줄입니다. 채도가 0일 때는 단색이 되어 흑백 영상이 되며, 채도가 200일 때는 기본 채도의 2배까지 균일하게 색상이 조정됩니다. 기본값은 100이며, 최대 200, 최소 0까지 조정할 수 있습니다.

▲ 채도 0일 때

▲ 채도 200일 때

❺ **색조 원반(Shadow & Highlight Tint):** '어두운 영역 색조'와 '강조 표시 색조' 옵션의 색상 휠을 이용하여 어두운 영역과 밝은 영역의 색상을 조정합니다. 아래 예시는 '어두운 영역 색조'에서 파란색 톤을 추가했습니다. 각 색상 휠을 더블 클릭하면 초기화됩니다.

▲ 색조 보정 전

▲ 색조 보정 후

❻ **색조 균형(Tint Balance):** 색조 원반에서 선택한 색상에서 밝은 영역과 어두운 영역으로 조절하여 균형을 맞춥니다. 기본값은 0입니다. 오른쪽으로 드래그할수록 밝은 영역이 설정되고, 왼쪽으로 드래그할수록 어두운 영역이 설정됩니다.

Lesson 04

대비와 채도를 조정하여
맑고 쨍한 여행 영상 만들기

TV나 여행사 홈페이지에 가면 당장에라도 떠나고 싶은 푸른 하늘과 청량한 바다 그리고 화려한 색채를 담은 여행 영상을 볼 수 있습니다. 하지만 여행지에 가서 직접 영상을 찍어 오면 어떤가요? 뭔가 밋밋하고 심심해 보이죠? 지금부터 쨍하고 맑은 여행 영상으로 보정하는 방법을 자세히 알려드리겠습니다.

▶ 완성 미리 보기

예제 파일: 프리미어 프로/Chapter 06/여행 영상.prproj
완성 파일: 프리미어 프로/Chapter 06/여행 영상_완성본.prproj

01 **여행 영상.prproj** 예제 파일을 실행합니다. 색상 보정에 편리한 ❶[색상] 레이아웃으로 변경한 후 [타임라인] 패널에서 ❷[체코] 클립을 선택하여 ❸[Lumetri 색상] 패널을 활성화합니다.

02 [Lumetri 색상] 패널에서 ❶[기본 교정]을 클릭하여 세부 옵션을 펼치고, ❷'채도' 옵션의 슬라이더를 오른쪽으로 드래그하여 채도를 높입니다. 예제에서는 '채도' 옵션 값을 [200] 으로 설정하겠습니다.

꿀팁 왼쪽으로 드래그하면 채도가 낮아져 흑백 영상이 됩니다.

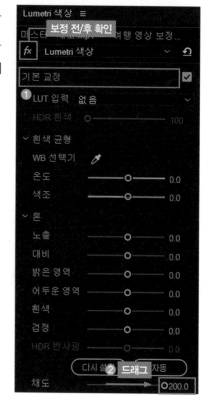

03 [Lumetri 색상] 패널의 왼쪽 위에 있는 [fx] 아이콘을 클릭하여 원본 영상과 비교합니다. 이처럼 '채도' 옵션은 잘 활용하면 비디오에 표현된 색상을 균일하게 조정할 수 있으며, 값이 클수록 색상이 살아나면서 화려해집니다.

04 이번에는 기본 교정 영역에서 '톤' – '대비' 옵션을 조정하겠습니다. 주로 비디오의 중간 영역 색상을 조정하는 옵션으로 밝은 곳은 더 밝게, 어두운 곳은 더 어둡게 보정하여 영상의 색상을 보다 뚜렷하게 만들 수 있습니다. 예제에서는 '대비' 옵션 값을 [100]으로 조정하겠습니다.

05 [fx] 아이콘을 클릭하여 원본 영상과 최종 영상을 비교합니다. 밋밋했던 여행 영상이 화려하고 가고 싶은 여행지로 변했죠? 이처럼 Lumetri의 대비와 채도 교정만으로 여행 영상을 맑고 쨍하게 보정할 수 있습니다. **[타임라인]** 패널에서 **[스위스]** 클립도 위와 같은 방법으로 보정합니다.

 예제에서는 뚜렷하게 효과를 비교하기 위해 '대비' 옵션과 '채도' 옵션 값을 최대로 높였습니다. 실제 편집할 때는 비디오 색상이 인위적으로 보일 수 있으니 적절한 값으로 조정하여 편집하는 것을 추천합니다.

금손 변신 Tip **조정 레이어** 금손처럼 사용하기

여러 클립에 같은 효과를 적용한다면 조정 레이어(Adjustment Layer)를 사용해 보세요. 원본 클립은 그대로 유지하면서 색상 보정이나 비디오 효과를 설정할 수 있습니다. 원리는 간단합니다. 조정 레이어를 추가한 후 조정 레이어에 효과를 추가하면 조정 레이어 아래에 배치된 클립에 효과가 동일하게 적용되는 방식입니다.

• **조정 레이어 생성하기:** [프로젝트] 패널에서 [새 항목] 아이콘을 클릭하여 [조정 레이어]를 선택하면 **[조정 레이어]**가 추가되며, 조정 레이어 창에서 해상도와 프레임 레이트를 설정할 수 있습니다.

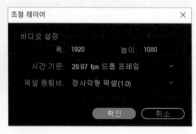

- **조정 레이어 배치하기:** 다른 소스와 마찬가지로 [**프로젝트**] 패널에서 [**조정 레이어**]를 [**타임라인**] 패널로 드래그하여 배치합니다. 반드시 효과가 적용될 클립 위에 배치해야 하며, 배치가 끝난 후에는 [**조정 레이어**] 클립의 가장자리를 드래그하여 효과가 적용될 길이를 조정할 수 있습니다.

- **조정 레이어에 효과 적용하기:** [**조정 레이어**] 클립을 선택하고 [**Lumetri 색상**] 패널에서 색상을 조정하면 됩니다. 아래 예시는 '채도' 옵션을 [**0**]으로 변경하여 흑백 이미지로 적용한 결과입니다. [**조정 레이어**] 클립 아래에 있는 모든 클립이 흑백 영상으로 적용됩니다.

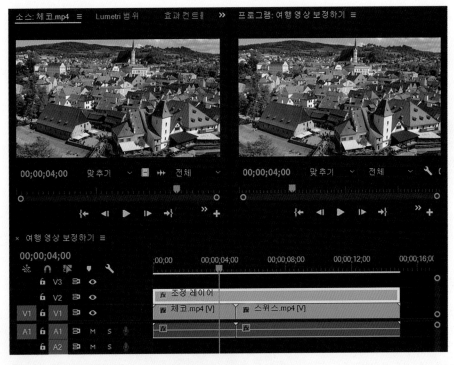

> **꿀팁** [조정 레이어]를 이용하여 색상 보정뿐만 아니라 [효과] 패널에서 다양한 비디오 효과를 추가할 수도 있습니다.

Lesson 05 색조 및 채도 곡선으로 맑은 하늘 만들기

여행 영상 중에서도 풍경을 담은 영상이라면 맑은 하늘이 차지하는 비중이 상당히 클 것입니다. 기왕 촬영한 영상인데 영상을 보는 이로 하여금 지금 하던 일을 멈추고 당장 떠나고 싶어지는 영상이라면 더할 나위 없겠죠? 흔히 볼 수 있는 평범한 하늘을 좀 더 맑고 쨍하게 보정해 보겠습니다.

▶ 완성 미리 보기

 예제 파일: 프리미어 프로/Chapter 06/맑은 하늘.prproj
완성 파일: 프리미어 프로/Chapter 06/맑은 하늘_완성본.prproj

완성

01 **맑은 하늘.prproj** 예제 파일을 실행합니다. 색상 보정에 편리한 ❶[색상] 레이아웃으로 변경한 후 [타임라인] 패널에서 ❷[하늘 보정] 클립을 선택하여 ❸[Lumetri 색상] 패널을 활성화합니다.

02 [Lumetri 색상] 패널에서 ❶[곡선]을 클릭하여 다음과 같은 세부 옵션을 펼친 후 ❷'색조 채도 곡선' 옵션을 펼칩니다.

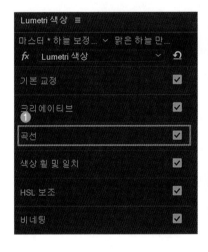

03 곡선 영역의 '색조 및 채도' 옵션은 선택한 색상만 채도를 조정할 수 있습니다. 예제에서는 하늘의 채도를 높여 더 쨍하게 보정하겠습니다. '색조 및 채도' 옵션에서 ❶ 스포이드 모양 아이콘을 클릭한 후 **[프로그램 모니터]** 패널에서 ❷ 푸른 하늘을 클릭합니다.

04 선택한 색상에 따라 색조 및 채도 곡선에 자동으로 세 개의 조절점이 생성됩니다. 가운데 조절점이 선택한 색상으로, 채도를 높이기 위해 가운데 조절점을 클릭한 채 위로 드래그합니다.

꿀팁 색조 및 채도 곡선이 위로 올라갈수록 채도가 높아지며, 아래로 내려갈수록 채도가 낮아져 흑백 영상이 됩니다.

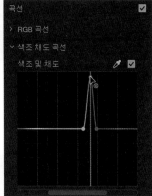

05 **[fx]** 아이콘을 클릭하여 원본 영상과 비교해 보면 푸른 하늘의 채도가 조정되면서 더욱 맑고 청명한 하늘이 되었죠? 이처럼 색조 및 채도 곡선으로 원하는 색만 채도를 변경할 수 있습니다.

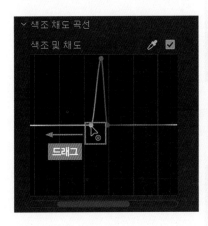

▶ 조절점을 이동하고 싶다면?

조절점을 클릭한 채 좌우로 드래그하면 조절점이 이동되며 곡선의 그래프가 완만해집니다. 곡선이 뾰족할수록 선택한 색상만 효과가 적용되는 것이고 완만해지면 여러 색상에 걸쳐 효과가 적용되는 방식입니다.

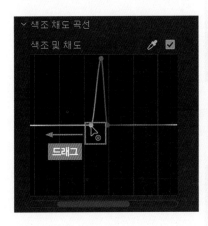
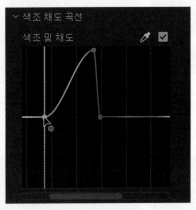

▶ 조절점을 추가하고 싶다면?

스포이드 모양의 아이콘을 클릭 후 색상 선택 과정을 반복하면 계속해서 조절점을 추가할 수 있습니다. 혹은 직접 곡선상에서 원하는 위치를 클릭하여 조절점을 추가할 수도 있습니다. 곡선에 마우스 포인터를 가져가면 펜툴 모양으로 커서가 변경되며, 클릭하면 해당 위치에 조절점이 추가됩니다.

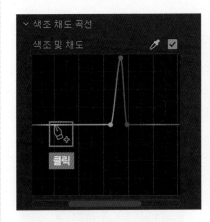
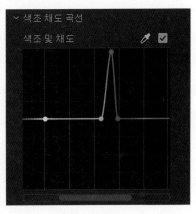

▶ 조절점을 삭제하고 싶다면?

Ctrl 을 누른 채 삭제하고 싶은 조절점을 클릭하면 해당 조절점이 삭제됩니다.

 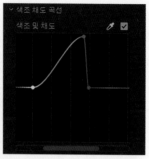

조절점을 한방에 모두 삭제하고 싶다면 임의의 조절점을 더블 클릭합니다. 조절점이 모두 삭제되어 곡선이
일직선으로 초기화됩니다.

▶ 곡선 효과를 끄고 싶다면?

원본 영상을 확인하고 싶을 때 [Lumetri 색상] 패널의 왼쪽 위에
있는 [fx] 아이콘을 클릭해서 효과를 켜거나 껐었죠? 곡선에서는
스포이드 모양 아이콘 오른쪽에 있는 체크를 해제하거나 체크하면
효과를 끄거나 켤 수 있습니다.

Lesson 06
원하는 색만 남기고 흑백으로 만들기

영화 〈씬 시티〉를 보신 적이 있으신가요? 〈씬 시티〉에서는 강렬한 빨간색을 강조하기 위해 다른 배경색은 모두 흑백으로 표현했습니다. 이번 레슨에서는 〈씬 시티〉 영화처럼 원하는 색상만 남기고 나머지는 모두 흑백으로 변경하여 특정 부분만 강조하는 매력적인 영상을 만들어 보겠습니다.

▶ 완성 미리 보기

예제 파일: 프리미어 프로/Chapter 06/컬러 포인트.prproj
완성 파일: 프리미어 프로/Chapter 06/컬러 포인트_완성본.prproj

01 **컬러 포인트.prproj** 예제 파일을 실행합니다. 색상 보정에 편리한 ❶**[색상]** 레이아웃으로 변경한 후 **[타임라인]** 패널에서 ❷**[런던버스]** 클립을 선택하여 ❸**[Lumetri 색상]** 패널을 활성화합니다.

02 **[Lumetri 색상]** 패널이 활성화되면 ❶**[곡선]**을 클릭해서 세부 옵션을 확인하고, ❷'색조 및 채도 곡선' 옵션을 펼칩니다.

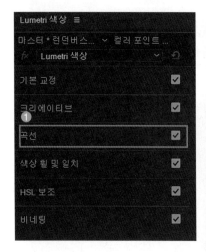

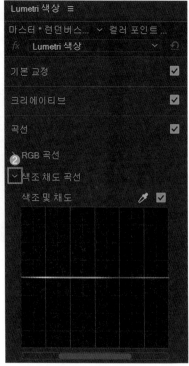

03 '색조 채도 곡선' 옵션 중 가장 위에 있는 '색조 및 채도'에서 ❶스포이드 모양의 아이콘을 클릭해서 선택하고 **[프로그램 모니터]** 패널에서 ❷버스의 빨간 부분을 클릭합니다.

04 스포이드로 선택한 색상에 따라 곡선에 자동으로 세 개의 조절점이 생성됩니다. 곡선 아래에 있는 스크롤 위치에 따라 조절점이 양 끝에 보일 수 있으므로 스크롤을 오른쪽 또는 왼쪽 끝으로 드래그해서 옮기면 조절점을 한번에 볼 수 있습니다.

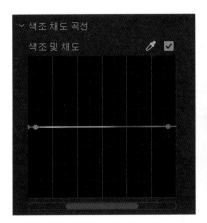
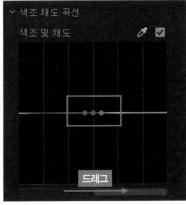

05 가운데 조절점이 스포이드로 선택한 색상입니다. 예제에서는 버스의 빨간 색상만 유지하고 나머지 배경색의 채도를 낮춰 흑백으로 만들 것입니다. 그러므로 가운데 조절점은 그대로 두고 양쪽에 있는 조절점을 클릭한 채 아래로 드래그합니다.

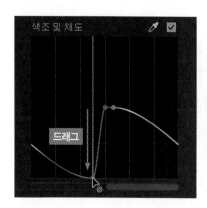 

꿀팁 색조 및 채도 곡선은 위로 올라갈수록 채도가 높아지며, 아래로 내려갈수록 채도가 낮아져 흑백 영상이 됩니다.

06 [Lumetri 색상] 패널 왼쪽 위에 있는 [fx] 아이콘을 클릭하면서 원본 영상과 비교합니다. 버스의 빨간색을 제외한 나머지 색이 흑백으로 표현되어 빨간 버스가 더욱 부각됩니다. 이렇게 특정 컬러만 표현한다면 더욱 재미있는 영상을 만들 수 있겠죠? [타임라인] 패널에서 [주황옷] 클립도 위와 같은 방법으로 보정해 보세요.

프리미어 프로 최신 버전과 다르게 2018 버전에서는 색조 채도 곡선이 원형으로 표시됩니다. 가운데 흰 선이 안쪽으로 이동할수록 채도가 낮아지고, 바깥쪽으로 이동할수록 채도가 높아집니다. 또한 원형 아래 6가지 색상을 클릭하면 해당 색의 조절점이 생성됩니다. 흰 선을 직접 클릭하여 조절점을 추가할 수 있으며, Ctrl을 누른 채 조절점을 클릭하여 삭제할 수도 있습니다.

실습 예제를 프리미어 프로 CC 2018에서 진행한다면 빨간색 이외의 나머지 색상 조절점을 안쪽으로 이동하여 채도를 낮추면 됩니다.

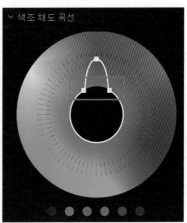

Lesson 07

지정한 색상을 다른 색상으로 손쉽게 변경하기

빨간색 꽃보다 보라색 꽃을 더 좋아한다면? 빨간 원피스보다 파란색 원피스를 입고 싶었다면? 현실에서는 상상으로 그치지만 프리미어 프로에서는 마법처럼 촬영한 영상의 색상을 감쪽같이 변경할 수 있습니다. 이번 레슨에서는 특정 색상을 선택하여 원하는 다른 색상으로 변경하는 방법을 알아보겠습니다(프리미어 프로 CC 2019 버전 이상만 가능합니다).

▶ 완성 미리 보기

 예제 파일: 프리미어 프로/Chapter 06/색상 변경.prproj
완성 파일: 프리미어 프로/Chapter 06/색상 변경_완성본.prproj

01 **색상 변경.prproj** 예제 파일을 실행합니다. 색상 보정에 편리한 ❶**[색상]** 레이아웃으로 변경한 후 **[타임라인]** 패널에서 ❷**[빨간꽃]** 클립을 선택하여 ❸**[Lumetri 색상]** 패널을 활성화합니다.

02 **[Lumetri 색상]** 패널이 활성화되면 ❶**[곡선]**을 클릭한 후 ❷'색조 채도 곡선' 옵션을 클릭해서 하위 옵션을 펼칩니다.

03 '색조 채도 곡선' - '색조 및 색조' 옵션은 선택한 색상을 다른 색상으로 변경할 때 사용합니다. 예제에서는 빨간 꽃을 다른 색상으로 변경해 보겠습니다. ❶'색조 및 색조' 옵션에서 스포이드 모양의 아이콘을 클릭하고 **[프로그램 모니터]** 패널에서 ❷빨간 꽃을 클릭합니다.

꿀팁 색상을 변경할 때는 '색조 및 색조' 옵션을 이용합니다. 곡선 그래프는 모두 형태가 비슷하므로 사용하기 전에는 반드시 스포이드 왼쪽에 표시된 그래프 이름을 한 번 더 확인하세요.

04 **[Lumetri 색상]** 패널에서 색조 및 색조 곡선을 보면 스포이드로 선택한 빨간색 부근에 세 개의 조절점이 생성되었습니다. 조절점이 한번에 보이지 않는다면 스크롤을 오른쪽 또는 왼쪽 끝으로 드래그하면 됩니다.

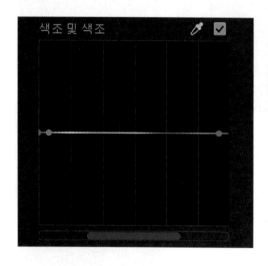
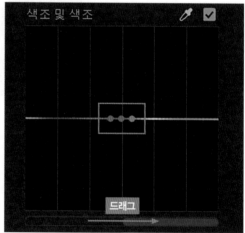

05 가운데 조절점이 스포이드로 선택한 색상입니다. 그러므로 가운데 조절점을 클릭한 채 위 또는 아래로 드래그합니다. 조절점을 드래그하면 세로 표시기가 나타나고 조절점을 놓는 자리에 있는 색으로 처음 선택한 색상이 변경됩니다.

> **꿀팁** 조절점을 드래그할 때 좌우는 고정한 채 상하로만 옮기고 싶다면 Shift 를 누른 채 드래그하면 됩니다.

06 곡선의 조절점은 얼마든지 추가할 수 있습니다. 다시 한 번 ❶스포이드 모양의 아이콘을 클릭한 후 이번에는 ❷꽃 줄기를 클릭해서 선택하겠습니다.

07 자동으로 추가된 세 개의 조절점 중 꽃줄기 색상에 해당하는 가운데 조절점을 클릭한 채 아래로 조금 드래그하여 꽃줄기의 색상을 더욱 푸르고 싱싱하게 조절합니다. 이처럼 원래 색상을 일부만 변경하여 보정할 수도 있습니다.

꿀팁 양쪽에 있는 조절점을 좌우로 이동하여 곡선을 완만하게 변경하면 변경되는 색상의 폭이 넓어집니다.

08 [Lumetri 색상] 패널 왼쪽 위에 있는 [fx] 아이콘을 클릭하면서 원본 영상과 비교합니다. 빨간색 꽃이 보라색 꽃으로 감쪽같이 변경되었죠? [타임라인] 패널에서 [빨간버스]와 [빨간옷] 클립도 위와 같은 방법으로 다양한 색상으로 보정해 보세요.

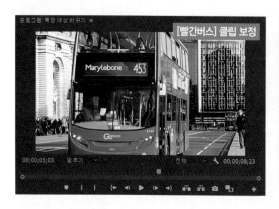

색상 일치 기능으로 색 보정
쉽게 하기

영상을 자연스럽게 이끌어가기 위해서는 앞 또는 뒤 클립의 색상 톤이 균일하게 통일되어야 합니다. 하지만 색상 톤
이 다르다고 걱정하지 마세요. 프리미어 프로에서는 색상 일치 기능으로 다른 영상의 색상을 참조하여 자연스럽게
보정할 수 있습니다.

▶│ 완성 미리 보기

 예제 파일: 프리미어 프로/Chapter 06/색상 일치.prproj
완성 파일: 프리미어 프로/Chapter 06/색상 일치_완성본.prproj

▲ 참조 프레임

▲ 색상 일치 전

▲ 색상 일치 후

01 **색상 일치.prproj** 예제 파일을 실행합니다. 색상 보정에 편리한 **[색상]** 레이아웃으로 변경한 후 **[타임라인]** 패널에서 ❷임의의 클립을 선택하여 ❸**[Lumetri 색상]** 패널을 활성화합니다.

02 **[Lumetri 색상]** 패널이 활성화되면 **[색상 휠 및 일치]**를 클릭하여 세부 옵션을 확인합니다.

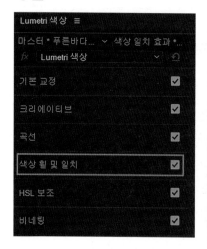

03 ❶재생헤드를 [**노란바다**] 클립 위에 배치한 후 [**Lumetri 색상**] 패널에서 '색상 일치' 옵션에 있는 ❷[**비교 보기**]를 클릭합니다. [**프로젝트 모니터**] 패널이 2 분할로 변경되면서 앞에 있는 클립과 현재 재생헤드가 위치한 클립을 동시에 확인할 수 있습니다.

> 🍯**꿀팁** 비교 보기에서는 기본적으로 [00;00;00;00] 위치가 참조 프레임으로 표시되고, 현재 재생헤드 위치의 프레임이 동시에 표시되어 비교해 볼 수 있습니다.

04 참조 프레임 아래에 있는 원형 슬라이더를 드래그하여 참조할 프레임을 조정할 수 있습니다. 예제에서는 기본 상태인 [00;00;00;00]으로 진행하겠습니다.

> 🍯**꿀팁** 비교 보기 모드에서는 [나란히], [세로 분할], [가로 분할] 중 분할 모습을 선택해서 비교할 수 있습니다. 예제에서는 [나란히]로 선택되어 있습니다.

05 두 클립의 전체적인 색상이 달라 이질감이 느껴지나요? [**푸른바다**] 클립의 색상을 참조하여 [**노란바다**] 클립을 보정하기 위해 [**Lumetri 색상**] 패널에서 ❶[**얼굴 감지**] 체크를 해제하고 ❷[**일치 적용**]을 클릭합니다.

꿀팁 [얼굴 감지]에 체크하면 얼굴을 자동으로 감지하여 피부톤을 우선으로 보정하며, 색상 일치를 계산하는 시간이 조금 더 길어집니다. 예제에서는 인물이 없으므로 체크를 해제했습니다.

06 [**노란바다**] 클립이 [**푸른바다**] 클립 색상과 비슷해졌죠? [**일치 적용**]을 클릭하면 참조 프레임을 참조하여 미드톤, 어두운 영역, 밝은 영역을 자동으로 조정하여 전체적인 색감을 맞춰 줍니다.

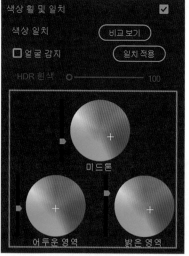

꿀팁 각 색상 휠을 더블 클릭하면 값이 초기화됩니다.

07 [일치 적용]을 클릭한 후에도 수동으로 얼마든지 조정할 수 있습니다. 하늘 부분을 더욱 푸르고 화창하게 만들기 위해 ❶❷'미드톤'과 '밝은 영역' 색상 휠에서 각각 아래 그림과 같이 짙은 파란 색 쪽을 클릭합니다. 색상 보정을 모두 마쳤다면 ❸[비교 보기]를 다시 클릭하여 분할 화면을 종료합니다.

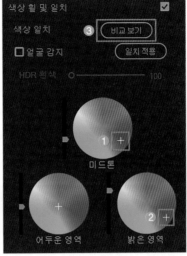

꿀팁 특정한 색상 톤을 제거하려면 그 색의 보색을 첨가하면 됩니다. [노란바다] 클립은 전체적으로 노란색 톤이 많습니다. 노란색의 보색은 파란색이므로 '미드톤'과 '밝은 영역' 색상 휠에서 파란색을 추가하여 전체적으로 노란색 톤을 줄이는 작업을 진행한 것입니다.

08 [Lumetri 색상] 패널 왼쪽 위에 있는 [fx] 아이콘을 클릭하면서 원본 영상과 비교합니다. 노란 바다가 감쪽같이 푸른 바다로 변경되었죠? 예제처럼 여러 개의 클립을 배치했을 때는 각 클립 의 색상이 비슷해야 자연스러운 영상을 만들 수 있으므로, 색상 일치 기능을 이용하여 자연스럽게 색 상을 보정해 보세요.

단축키를 이용하여 원본 영상 쉽게 비교하기

색상 보정을 하면서 원본 영상을 확인하기 위해서는 [Lumetri 색상] 패널에서 맨 위에 있는 [fx] 아이콘을
수도 없이 클릭해야 했죠? [fx] 아이콘을 단축키로 지정하면 빠르게 원본 영상을 확인할 수 있습니다.

프리미어 프로 메뉴 바에서 [편집] – [키보드 단축키]를 선택하거나 단축키 Ctrl + Alt + K 를 누릅니다.
키보드 단축키 창이 나타나면 오른쪽 위에 있는 '레이아웃'을 [en]으로 변경한 후 검색 창에서 'Lumetri 색
상 효과'를 입력해서 검색합니다. 검색 결과에서 'Lumetri 색상 효과 무시'의 단축키 부분을 클릭해서 편집
상태로 만들고 실제 키보드에서 사용할 단축키를 누릅니다. 예제에서는 F2 를 단축키로 지정하겠습니다.
단축키 지정이 끝나면 [확인]을 클릭하여 설정을 저장합니다.

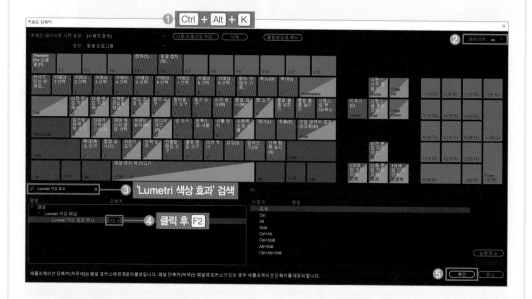

임의의 예제 파일을 열고 [타임라인] 패널에서 클립을 선택하여 [Lumetri 색상] 패널을 활성화합니다. 앞
에서 단축키로 지정한 F2 를 눌러서 [fx] 아이콘이 변하는지 확인해 봅니다.

> **꿀팁** 레이아웃을 [en]으로 변경해야 지정된 단축키가 모두 보입니다. 단축키를 모두 확인하고 지정되지 않는 곳에다가 새로
> 운 단축키를 할당해야겠죠? 영문 버전에서 'Lumetri 색상 효과 무시'는 'Bypass Lumetri Color Effects'입니다.

> **꿀팁** 단축키가 실행되기 위해선 [Lumetri 색상] 패널이 선택되어야 합니다. [fx] 아이콘을 클릭하는 것과 달리 단축키는 계
> 속 누르고 있어야 원본 영상을 확인할 수 있고, 손을 떼면 곧바로 보정된 영상이 표시됩니다.

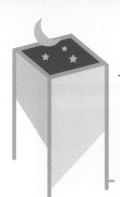

사전 설정 저장으로 Lumetri 효과 한번에 적용하기

[Lumetri 색상] 패널에서 같은 효과를 다른 클립에도 적용하고 싶다면 사전 설정 저장 기능을 이용해 보세요. 사전 설정으로 저장하면 [효과] 패널에 저장되어 색 보정을 빠르게 작업할 수 있습니다.

 예제 파일: 프리미어 프로/Chapter 06/사전 설정 저장.prproj
완성 파일: 프리미어 프로/Chapter 06/사전 설정 저장_완성본.prproj

01 **사전 설정 저장.prproj** 예제 파일을 실행합니다. **[타임라인]** 패널에는 빨간색만 남기고 모두 흑백으로 보정한 **[빨간꽃]** 클립과 같은 효과를 적용하려는 클립들이 있습니다. 먼저 보정이 끝난 **[빨간꽃]** 클립을 선택합니다.

꿀팁   [빨간꽃] 클립과 같은 효과는 389쪽에서 자세히 확인할 수 있습니다.

02 **[Lumetri 색상]** 패널에서 패널 이름 오른쪽에 있는 ❶**[메뉴]** 아이콘을 클릭한 후 ❷**[사전 설정 저장]**을 선택합니다.

03 사전 설정 저장 창이 열리면 ❶저장할 이름을 입력합니다. 예제
에서는 [**빨간색 컬러 포인트**]로 입력하겠습니다. 필요하다면 설명도
입력한 후 ❷[**확인**]을 클릭하여 저장합니다. 저장한 사전 설정은 [**효
과**] 패널의 [**사전 설정**] 폴더 안에 저장됩니다.

04 ❶[**타임라인**] 패널에서 효과를 적용할 클립을 모두 선택합니다. 예제에서는 [**런던버스**]와 [**스위스국기**] 클립
을 선택하겠습니다. 이어서 ❷[**효과**] 패널의 ❸[**사전 설정**] 폴더에서 [**빨간색 컬러 포인트**] 효과를 선택한 클립으로
드래그합니다.

05 영상을 재생하여 확인합니다. 모든 클립에 빨간색만 남았죠? 이처럼 사전 설정 저장 기능을 이용하면 같은
효과를 빠르게 작업할 수 있어서 작업 시간이 훨씬 단축됩니다.

Chapter 07

편집의 마무리,
영상 내보내고 프로젝트
백업하기

드디어 편집 작업을 마무리하고 최종 결과 영상으로 출력하는 단계입니다.

여기서는 압축을 왜 해야 하는지, 어떻게 하는지 자세히 알아보겠습니다.

현재 인터넷에서 가장 많이 사용하는 코덱으로 출력하는 방법과 2차 가공을

위해 최대한 손실 없이 영상을 출력하는 방법도 배울 예정입니다.

마지막으로 편집 중인 프로젝트를 다른 컴퓨터에서 이어서 작업하고 싶을 때,

혹은 외장 하드에 프로젝트를 백업하고 싶을 때는 어떻게 관리해야 하는지

알아보겠습니다.

압축은 무엇이고, 왜 해야 할까요?

영상을 압축하고 압축된 것을 다시 재생시켜 주는 기술을 코덱이라고 합니다. 만약 영상을 압축하지 않으면 어떻게 될까요? 영상의 길이는 같은데 용량이 다른 이유는 무엇일까요? 이번 레슨에서 압축의 필요성과 코덱 그리고 비트 전송률에 대해 자세히 알아보겠습니다.

압축의 필요성

압축이란 무엇일까요? 흔히 여러 개의 파일 용량을 줄이기 위해 하나의 파일로 압축하는 것을 생각할 것입니다. 영상에서 압축도 유사합니다. 큰 데이터를 작은 데이터로 만드는 것을 압축이라 말하죠. 만약 영상을 저장할 때 압축하지 않으면 어떻게 될까요? 1시간 분량의 영화를 다운로드한다면 화질에 따라 다르겠지만 데이터의 크기는 약 1GB~2GB 정도입니다. 압축하지 않았을 때 데이터 크기가 얼마만큼 커지는지 확인해 보겠습니다.

압축하지 않은 이미지 크기는 1장당 가로 픽셀 수 × 세로 픽셀 수 × 3Byte로 계산합니다. 1픽셀당 빨간색, 초록색, 파란색, 즉 R, G, B의 정보가 포함되어 있으므로 3Byte를 곱하게 됩니다. 아래와 같이 1920×1080 30fps의 규격으로 예를 들어 보겠습니다.

1픽셀: R + G + B = 3Byte

- **1장 용량:** $1,920 \times 1,080 \times 3B = 6,220,800\text{Byte}$ ← 5.9MB
- **1초 용량:** $6,220,800 \times 30(\text{장}) = 186,624,000\text{Byte}$ ← 177MB
- **1분 용량:** $186,624,000 \times 60(\text{초}) = 11,197,440,000\text{Byte}$ ← 10GB
- **1시간 용량:** $11,197,440,000 \times 60(\text{분}) = 671,846,400,000\text{Byte}$ ← 625GB

위의 수치 보이시나요? 1시간 분량의 영상을 압축하지 않는다면 무려 625GB가 됩니다. 심지어 오디오 데이터의 크기는 제외한 값입니다. 그렇다면 약 600GB 용량을 어떻게 1GB~2GB 용량으로 줄일 수 있는 것일까요? 압축은 복잡한 연산 과정으로 처리하지만, 간단하게 설명하면 색상 정보와 시간 정보를 압축한다고 이해하면 됩니다. 사람의 눈은 밝기에는 민감하나 색상의 차이는 밝기보다 둔감하다고 합니다. 이를 이용하여 사람이 구별할 수 없을 정도의 색상은 압축하는 것입니다.

또한 영상은 앞 프레임과 뒤 프레임이 유사한 움직임으로 이루어져 있죠? 프레임 사이를 분석하여 움직임이 발생한 구간만 계산하여 압축하기도 합니다. 이런 방법으로 데이터를 계속 줄여나가는 것입니다.

■ 코덱 이해하기(H.264 vs. H.265)

압축의 필요성과 대략적인 압축 방법을 소개했는데요, 이번에는 코덱에 대해 좀 더 자세히 알아보겠습니다. 영상을 압축하고 압축된 것을 다시 재생시켜 주는 기술을 코덱(Codec)이라고 하며, 현재 가장 많이 사용하는 코덱은 H.264입니다.

권장 업로드 인코딩 설정

다음은 YouTube의 동영상 업로드 인코딩 설정에 대한 권장사항입니다.

컨테이너: MP4	⌄
오디오 코덱: AAC-LC	⌄
동영상 코덱: H.264	⌄
프레임 속도	⌄
비트 전송률	⌄
해상도 및 가로 세로 비율	⌄

▲ YouTube 권장 업로드 인코딩 설정

YouTube 고객센터 웹 페이지(https://support.google.com/youtube/answer/1722171)에 가면 유튜브에서 권장하는 동영상 인코딩 설정이 있습니다. 세부 내용을 확인해 보면 '동영상 코덱: H.264' 라고 적혀 있습니다. H.264 코덱은 저용량이면서 고화질로 출력되어 유튜브, 페이스북, 비메오 등 현재 인터넷 동영상 플랫폼에서 가장 많이 사용하고 있습니다.

그러므로 프리미어 프로에서 영상을 출력할 때 특별한 경우가 아니라면 '형식' 옵션을 [H.264]로 설정하여 출력하면 됩니다. 자세한 사항은 414쪽에서 다룹니다.

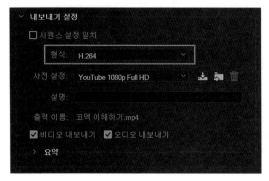
▲ H.264 코덱

▲ H.265 코덱

H.264는 1920 × 1080 60fps 정도의 비디오를 수월하게 처리할 수 있지만 그보다 높은 4K나 8K 또는 120fps와 같은 초고속 프레임으로 촬영된 비디오를 처리할 때는 한계가 있습니다. 따라서 차세대 코덱으로 불리는 H.265(HEVC)가 점차 상용화되고 있습니다. H.265는 H.264 대비 압축 효율이 2배 더 우수합니다. 하지만 압축하고 압축된 것을 다시 풀어 주는 과정에서 H.264에 비해 2배 이상의 연산 능력을 요구합니다. 마찬가지로 H.265(HEVC)의 출력 방법은 419쪽에서 자세히 다룹니다.

비트 전송률이란?

비트 전송률이란?

비트 전송률(Bit Rate)이란 1초당 처리하는 비트의 수를 말하며, 단위는 bps(Bit Per Second)를 사용합니다. 1,000bps는 1Kbps이며, 1,000Kbps는 1Mbps로 표현합니다. 오디오 비트 전송률은 Kbps 단위를 주로 사용하며, 비디오는 Mbps 단위를 주로 사용합니다.

비트 전송률이 클수록 좋은 화질로 출력되지만 아무리 수치를 높여도 원본 소스보다는 좋을 수 없습니다. 따라서 적절한 비트 전송률 수치를 입력하는 것이 중요합니다.

꿀팁 bps는 비피에스, Kbps는 킬로비피에스, Mbps는 메가비피에스라고 읽습니다. 참고로 소문자 b는 Bit(비트)의 약자이며, 대문자 B는 Byte(바이트)의 약자입니다. 1Byte는 8bit로 비트와 바이트는 8배나 차이가 나는 단위이니 혼동하지 않도록 주의해야 합니다 (8bit = 1byte = 1B).

고정 비트 전송률 vs. 가변 비트 전송률

압축할 때 일정한 용량으로 저장하는 방식을 고정 비트 전송률(Constant Bit Rate, CBR)이라고 합니다. 예를 들어 5Mbps로 영상을 압축할 때 고정 비트 전송률로 설정되었다면 1초마다 고정적으로 5Mbps로 저장되는 것이죠. 고정적으로 데이터가 저장되므로 인코딩을 하기 전에 데이터의 용량을 근접하게 계산할 수 있습니다. 영상의 길이가 7초라면 5Mbps × 7초 = 35Mbps겠죠? 이 수치를 MB(메가바이트)로 계산하면 약 4MB의 영상이 되는 것입니다. 고정 비트 전송률 방식은 일정한 데이터의 양으로 저장되기 때문에 시스템 부하를 최소화할 수 있습니다. 하지만 화질이 일정하지 않다는 단점이 있습니다.

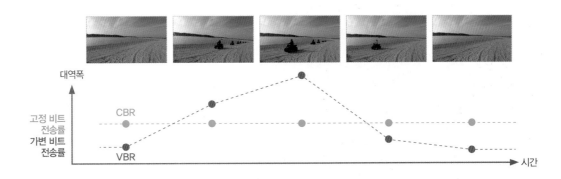

예를 들면 위와 같이 바닷가에서 사륜바이크를 타는 영상이 있습니다. 잔잔한 바닷가는 5Mbps로 우수한 화질을 표현할 수 있지만 갑자기 여러 대의 사륜바이크가 나타나면 움직임이 크기 때문에 5Mbps 데이터 양으로는 부족할 수 있다는 것입니다. 이때 고정 비트 전송률로 영상을 출력하면 사륜바이크가 일렬로 지나가는 부분에서는 데이터 양이 부족하여 블럭 노이즈가 생겨 화질이 저하될 수 있습니다. 이처럼 고정 비트 전송률은 갑자기 변화하는 움직임에 대해서 화질이 변한다는 단점이 있습니다. 그럼 "처음부터 높은 비트 전송률을 사용하면 되지 않나요?"라고 질문할 수 있습니다. 그렇게 되면 복잡하지 않은 구간에도 높은 비트 전송률을 전송하게 되어 그만큼 파일의 용량이 커지게 되겠죠?

반대의 개념으로 가변 비트 전송률(Variable Bit Rate, VBR)이 있습니다. 가변 비트 전송률는 움직임이 적고 덜 복잡한 구간에는 적은 비트 전송률를 사용하고 움직임이 많거나 복잡한 구간에서는 많은 비트 전송률을 사용합니다.

앞서 그림으로 예를 들면 잔잔한 바닷가에서는 적은 비트 전송률로 저장하고 사륜바이크가 일렬로 지나가는 부분에서는 많은 비트 전송률로 저장한다는 것입니다. 효율적으로 비트 전송률을 전송하다 보니 고정 비트 전송률보다 결과물의 품질이 좋겠죠? 단, 가변 비트 전송률로 압축하면 파일의 크기를 예상하기 어렵습니다. 최소 한 번 이상 분석 작업을 해야 하므로 인코딩 속도도 고정 비트 전송률보다 오래 걸리며, 예상치 못한 움직임이나 복잡함을 처리할 때 시스템 부하가 생길 수 있다는 단점이 있습니다.

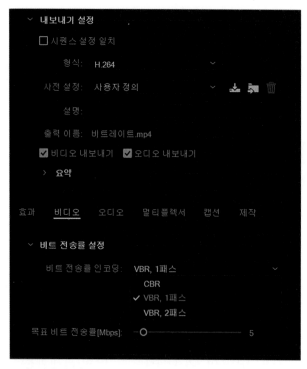

▲ 내보내기 설정 창

꿀팁 　내보내기 설정 창 관련 내용은 414쪽부터 확인할 수 있습니다.

유튜브 권장 비트 전송률

아래의 표는 유튜브에서 권장하는 비디오와 오디오의 비트 전송률입니다. 프리미어 프로에서 영상을 출력할 때 아래의 값을 참고하여 비트 전송률 값을 써 넣으면 됩니다.

■ SDR 업로드 시 권장 동영상 전송률

유형	동영상 전송률, 표준 프레임 속도(24 ,25, 30)	동영상 전송률, 높은 프레임 속도(48, 50, 60)
2160p(4K)	35~45Mbps	53~68Mbps
1440p(2K)	16Mbps	24Mbps
1080p	8Mbps	12Mbps
720p	5Mbps	7.5Mbps
480p	2.5Mbps	4Mbps
360p	1Mbps	1.5Mbps

■ HDR 업로드 시 권장 동영상 전송률

유형	동영상 전송률, 표준 프레임 속도(24 ,25, 30)	동영상 전송률, 높은 프레임 속도(48, 50, 60)
2160p(4K)	44~56Mbps	66~85Mbps
1440p(2K)	20Mbps	30Mbps
1080p	10Mbps	15Mbps
720p	6.5Mbps	9.5Mbps

■ 오디오 권장 전송률

유형	오디오 전송률
모노	128Kbps
스테레오	384Kbps
5.1	512Kbps

Lesson 02
다양한 포맷으로 영상 출력하기

현재 인터넷에서 가장 많이 사용하고 있는 코덱인 H.264로 출력하는 방법부터 차세대 코덱으로 불리는 H.265 (HEVC)로 출력하는 방법, 그리고 최대한 손실 없이 출력하는 방법까지 프리미어 프로에서 다양한 포맷으로 출력하는 방법을 자세히 알아보겠습니다.

> ▶ 유튜브 동영상 강의
> **영상 출력의 모든 것**
> https://youtu.be/rCPi9xabglU

유튜브 권장 설정 H.264 포맷으로 출력하기

유튜브 권장 설정인 H.264 포맷으로 출력하는 방법부터 알아봅니다.

> **Pr** **예제 파일:** 프리미어 프로/Chapter 07/영상 출력하기.prproj

01 **영상 출력하기.prproj** 예제 파일을 실행합니다. **[타임라인]** 패널을 보면 여러 개의 시퀀스가 있습니다. 이럴 때는 현재 선택한 시퀀스의 영상이 출력됩니다. **[프로젝트]** 패널에서 영상으로 출력할 **[시퀀스]**를 선택할 수도 있습니다.

> **꿀팁** 패널 가장자리에 파란색 상자로 표시되는 것은 현재 해당 패널이 선택되었다는 의미입니다. [타임라인] 패널을 선택하면 [타임라인] 가장자리에 파란색 테두리가 표시됩니다.

02 [타임라인] 패널 또는 [프로젝트] 패널에서 출력할 시퀀스를 선택했다면 메뉴 바에서 [파일] – [내보내기] – [미디어]를 선택합니다(Ctrl + M). ❶[프로젝트] 패널에서 출력할 ❷[시퀀스]를 마우스 오른쪽 버튼으로 클릭한 후 ❸[미디어 내보내기]를 선택해도 됩니다.

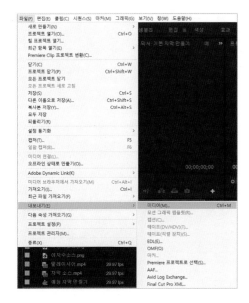

03 내보내기 설정 창이 나타납니다. 창 오른쪽에 있는 옵션 중 내보내기 설정 영역에서 '형식' 옵션을 유튜브, 비메오, 페이스북 등 현재 인터넷 플랫폼에서 가장 많이 사용하고 있는 [H.264]로 설정합니다.

04 ❶'사전 설정' 옵션에서는 다양한 상황에 맞게 최적화된 프리셋 목록을 확인할 수 있습니다. 영상을 유튜브에 업로드할 것이므로 ❷[YouTube 1080p Full HD]를 선택합니다.

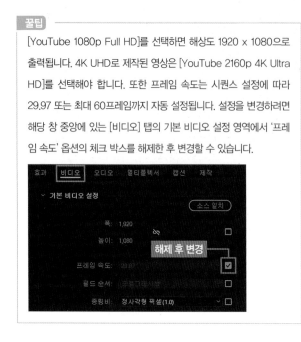

꿀팁

[YouTube 1080p Full HD]를 선택하면 해상도 1920 x 1080으로 출력됩니다. 4K UHD로 제작된 영상은 [YouTube 2160p 4K Ultra HD]를 선택해야 합니다. 또한 프레임 속도는 시퀀스 설정에 따라 29.97 또는 최대 60프레임까지 자동 설정됩니다. 설정을 변경하려면 해당 창 중앙에 있는 [비디오] 탭의 기본 비디오 설정 영역에서 '프레임 속도' 옵션의 체크 박스를 해제한 후 변경할 수 있습니다.

05 계속해서 '출력 이름' 옵션에서 파일 이름과 저장 위치를 지정합니다. 파란색으로 표시된 파일 이름 부분을 클릭하여 변경할 수 있습니다. 예제에서는 [말레이시아 여행.mp4]로 변경하였습니다. 아래에 있는 [비디오 내보내기]와 [오디오 내보내기]는 기본적으로 체크되어 있습니다. 체크를 해제하면 비디오 또는 오디오가 출력되지 않으므로 특별한 상황이 아니라면 모두 체크되어 있어야겠죠?

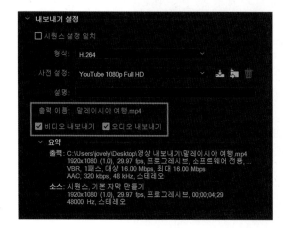

06 마지막으로 출력할 영상의 범위를 확인합니다. 내보내기 설정 창 왼쪽 상단에서 **[출력]** 탭이 선택되어 있다면 화면 아래 재생헤드를 좌우로 드래그하여 영상을 확인할 수 있습니다. 특정 구간만 출력하고 싶다면 **[시작 지점]**과 **[종료 지점]**을 드래그하여 구간을 설정할 수 있습니다.

꿀팁

[타임라인] 패널에서 시작 표시, 종료 표시가 잡혀 있다면 내보내기 설정 창에서도 그 구간만 출력 구간으로 설정됩니다. 그러므로 전체 영상을 출력해야 할 때는 영상의 시작과 종료 지점을 드래그하여 출력 범위를 재설정하면 됩니다. [타임라인] 패널에서 시작 표시와 종료 표시 설정은 095쪽에서 확인할 수 있습니다.

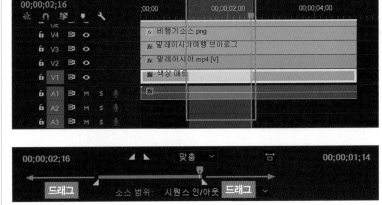

07 기본 설정이 끝나면 내보내기 설정 창 왼쪽 아래에서 예상 파일 크기를 확인할 수 있습니다. 영상을 최종적으로 출력하기 위해 **[내보내기]**를 클릭합니다.

꿀팁 노트북 등에서 작업할 때 모니터 화면이 작으면 [내보내기] 버튼이 가려져 보이지 않을 수 있습니다. 그럴 때는 마우스 포인터를 내보내기 설정 창의 모서리로 이동하여 화면의 창을 클릭&드래그하여 창의 크기를 조절하면 됩니다.

08 인코딩이 시작되면 다음과 같이 진행 상황이 표시됩니다. 인코딩이 끝나면 지정한 위치에서 **MP4** 확장자로 출력된 영상을 확인할 수 있습니다.

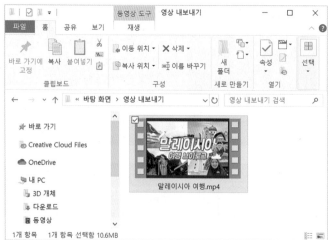

4K, 8K 영상 HEVC(H.265) 포맷으로 출력하기

4K나 8K처럼 해상도가 높거나 120fps와 같이 초고속 프레임으로 촬영한 영상이라면 HEVC(H.265) 포맷으로 출력합니다.

Pr **예제 파일:** 프리미어 프로/Chapter 07/HEVC 포맷 출력하기.prproj

01 HEVC 포맷 출력하기.prproj 예제 파일을 실행합니다. **[프로젝트]** 패널에서 시퀀스의 프레임 속도를 확인해 보면 119.88fps로 표시되어 있죠? 이렇게 프레임 수가 높으면 H.264 포맷으로 출력할 수 없습니다. H.264는 최대 60프레임까지만 지원하기 때문입니다.

02 해상도가 높거나 프레임 수가 높을 때 차세대 코덱인 HEVC(H.265) 포맷으로 출력하는 방법을 알아보겠습니다. 시퀀스를 선택한 채 ❶단축키 Ctrl + M을 눌러 내보내기 설정 창을 열고, ❷'형식' 옵션을 ❸[HEVC(H.265)]로 설정합니다.

03 '사전 설정' 옵션에서는 출력할 해상도를 선택합니다. 예제 소스는 1920×1080 119.88fps이므로, **[HD 1080p]**를 선택하겠습니다. 4K UHD(3840×2160)로 작업한 경우에는 **[4K UHD]** 를 선택하면 됩니다.

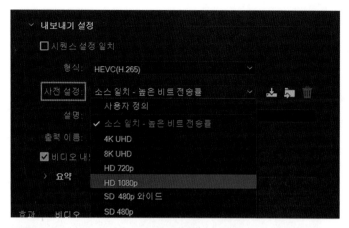

꿀팁 [소스 일치 – 높은 비트 전송률]을 선택하면 작업한 시퀀스 설정대로 해상도와 프레임이 일치되어 출력됩니다.

04 아래쪽에 있는 ❶**[비디오]** 탭에서 기본 비디오 설정 영역에 있는 ❷**[소스 일치]** 버튼을 클릭합니다. 해상도와 프레임 속도를 시퀀스 설정과 일치시키는 작업입니다. '프레임 속도' 옵션의 체크를 해제하면 설정 값을 변경할 수 있습니다.

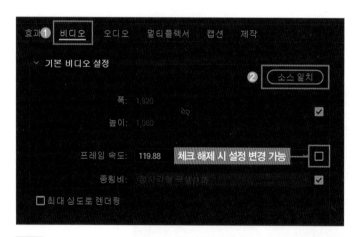

꿀팁 HEVC(H.265) 포맷에서 '프레임 속도' 옵션을 클릭해 보면 최대 300프레임까지 설정할 수 있습니다. 참고로 H.264는 최대 60프레임까지만 지원합니다.

05 계속해서 [비디오] 탭에 있는 비트 전송률 설정 영역에서 '목표 비트 전송률'과 '품질' 옵션을 설정할 수 있습니다. 예제에서는 '품질' 옵션을 [고품질]로 변경하겠습니다.

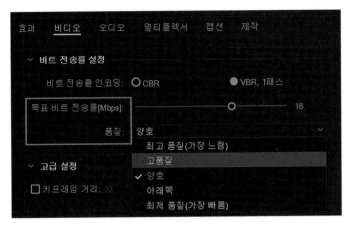

꿀팁 '목표 비트 전송률' 옵션 값을 정하기 어렵다면 프리셋에서 기본으로 설정된 값으로 출력하는 것을 추천합니다. 또한, [내보내기] 버튼 위에서 '예상 파일 크기'를 확인해 보고 예상 파일 크기보다 용량을 줄이고 싶다면 '목표 비트 전송률' 옵션 값을 조금씩 낮춰서 출력해 봅니다. 그런 다음 화질을 비교해 보세요. 이렇게 화질과 용량의 적절한 값을 찾아 최종 출력하면 됩니다.

06 끝으로 ❶내보내기 설정 영역에서 '출력 이름'을 ❷왼쪽 화면에서 '소스 범위'를 지정하고 ❸[내보내기]를 클릭하여 영상을 최종 출력합니다.

최대한 손실 없이 QuickTime 포맷으로 출력하기

출력한 영상을 인터넷으로 바로 올리는 것이 아니라 2차 가공을 위해 최대한 손실 없이 출력하고 싶을 때는 QuickTime 포맷을 이용합니다. **[Apple ProRes 4444]**는 무손실 압축에 가깝기 때문에 모션 그래픽 미디어 교환에 이상적입니다(Apple ProRes는 프리미어 프로 버전에 따라 지원이 되지 않을 수 있습니다. 프리미어 프로 CC 2019 이상을 설치해야 합니다).

Pr **예제 파일:** 프리미어 프로/Chapter 07/QuickTime 출력하기,prproj

01 QuickTmie 출력하기.prproj 예제 파일을 실행합니다. **[타임라인]** 패널을 선택하고 메뉴 바에서 **[파일]** – **[내보내기]** – **[미디어]**를 선택합니다(Ctrl + M).

꿀팁 선택 중인 패널에는 가장자리에 파란색 선이 표시되어 쉽게 구분할 수 있습니다.

02 내보내기 설정 창이 열리면 '형식' 옵션을 [QuickTime]으로 설정합니다.

03 이어서 '사전 설정' 옵션에 있는 다양한 QuickTime의 프리셋 목록에서 [Apple ProRes 422 HQ]를 선택합니다(최대한 손실 없는 영상으로 출력하고 싶다면 [Apple ProRes 4444]를 선택합니다).

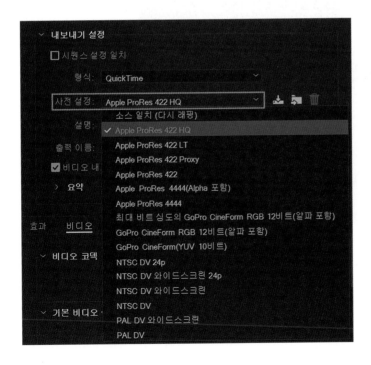

Apple ProRes의 품질은 Apple ProRes 422 Proxy → 422 LT → 422 → 422 HQ → 4444 → 4444(Alpha 포함) 순으로 고품질을 제공합니다. 품질이 좋을수록 데이터 용량도 많이 차지하겠죠? 그러므로 Apple ProRes로 출력할 때는 용량이 여유 있는 저장 장치에 출력해야 합니다. 또한 알파 채널을 포함한 영상을 출력할 때는 [Apple ProRes 444(Alpha 포함)]를 선택해서 출력하면 됩니다.

1920x1080 29.97fps 기준 데이터 속도 비교	
Apple ProRes 4444(Alpha 포함)	약 500Mbps
Apple ProRes 4444	약 330Mbps
Apple ProRes 422 HQ	약 220Mbps
Apple ProRes 422	약 147Mbps
Apple ProRes 422 LT	약 102Mbps
Apple ProRes 422 Proxy	약 45Mbps

04 기본 설정이 끝났으면 ❶'출력 이름' 옵션과 ❷'소스 범위'를 지정하고 ❸[내보내기]를 클릭하여 영상을 최종 출력합니다.

MP3 포맷으로 오디오만 출력하기

흔히 사용하는 음악 파일의 확장자는 무엇일까요? 한때 MP3 플레이어가 선풍적인 인기였죠? 그 MP3
가 바로 대표적인 오디오 포맷입니다. MP3 포맷으로 오디오만 출력하는 방법을 알아봅니다.

> **Pr 예제 파일:** 프리미어 프로/Chapter 07/MP3 출력하기.prproj

01 MP3 **출력하기.prproj** 예제 파일을 실행합니다.
메뉴 바에서 **[파일]** – **[내보내기]** – **[미디어]**를
선택하거나 ❶단축키 Ctrl + M을 눌러 내보내기 설정
창을 열고, ❷'형식' 옵션을 **[MP3]**로 변경합니다.

02 ❶'사전 설정' 옵션을 **[MP3 192kbps 고품질]**로 설정한 후 ❷'출력 이름' 옵션에서 파일 이름과
저장 위치를 설정합니다. 영상과 마찬가지로 출력할 오디오의 ❸'소스 범위'를 지정하고, 예상
파일 크기를 확인한 후 ❹**[내보내기]**를 클릭하여 오디오만 최종 출력합니다.

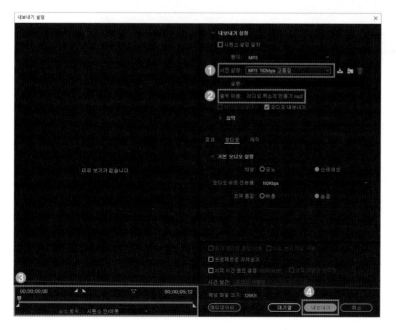

JPEG 포맷으로 스틸 이미지(섬네일) 출력하기

유튜브 영상을 업로드할 때 영상 못지않게 구독자의 시선을 사로잡을 수 있는 섬네일 이미지도 중요합니다. 이렇게 중요한 섬네일 이미지를 유튜브에서 자동으로 추출해 주는 것 중 골라서 쓴다면 당연히 안 되겠죠? 프리미어 프로에서 섬네일로 사용할 스틸 이미지를 출력해서 활용해 보세요.

> **Pr** **예제 파일:** 프리미어 프로/Chapter 07/썸네일 출력하기.prproj

01 썸네일 출력하기.prproj 예제 파일을 실행한 후 [프로그램 모니터] 패널에서 섬네일 이미지로 내보낼 프레임으로 재생헤드를 이동시킵니다. 예제에서는 ❶[00;00;00;13]으로 이동하겠습니다. 이어서 [프로그램 모니터] 패널 아래쪽에 있는 카메라 모양의 ❷[프레임 내보내기] 아이콘을 클릭합니다 ([Ctrl] + [Shift] + [E]).

02 프레임 내보내기 창이 열리면 먼저 ❶파일 이름을 입력합니다. 이어서 ❷'형식' 옵션을 가장 대중적인 이미지 형식인 [JPEG]로 설정하고, ❸[찾아보기]를 클릭하여 파일이 저장될 위치를 지정합니다. ❹[확인]을 클릭하면 이미지가 저장됩니다.

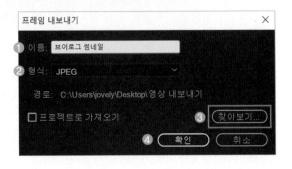

> **꿀팁** [프로젝트로 가져오기]에 체크하면 [프로젝트] 패널에 프레임 이미지가 추가됩니다.

내 저작물을 보호할 워터마크 삽입하기

유튜브 크리에이터의 활동이 활발하고 다양한 저작물을 공유하면서 저작권 침해도 빈번하게 발생하고 있습니다. 이 럴 때일수록 내 저작물은 내가 보호해야겠죠? 저작권 정보를 표시하기 위해 이미지나 문구를 삽입하는 것을 워터마 크라고 합니다. 프리미어 프로에서 영상을 출력할 때 워터마크를 삽입하는 방법을 알아보겠습니다.

> **Pr** **예제 파일:** 프리미어 프로/Chapter 07/워터마크 삽입하기.prproj

01 **워터마크 삽입하기.prproj** 예제 파일을 실행합니다. ❶메뉴 바에서 **[파일]** – **[내보내기]** – **[미디 어]**를 선택합니다(Ctrl + M). 내보내기 설정 창이 열리면 워터마크를 삽입하기 위해 화면 오른 쪽 옵션에서 ❷**[효과]** 탭을 클릭합니다. 스크롤을 아래로 내려 ❸**[이미지 오버레이]**에 체크하여 하위 옵션 을 활성화합니다.

> **꿀팁** 시퀀스가 여러 개일 때는 내보내기할 시퀀스를 선택한 후 메뉴를 선택해야 합니다.

02 이미지 오버레이 영역에서 ❶'적용됨' 옵션의 [없음]을 클릭한 후 ❷[선택]을 선택합니다. 이미지 선택 창이 나타나면 ❸워터마크로 사용할 이미지를 찾아 선택하고 ❹[열기]를 클릭하여 워터마크 이미지를 불러옵니다. 예제에서는 [조블리 로고.png] 파일을 선택하겠습니다.

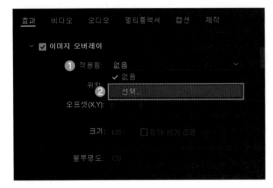

꿀팁 예제 소스는 [프리미어 프로/Chapter 07/영상 소스] 경로에 있습니다. 워터마크 이미지는 PNG 포맷처럼 배경화면이 투명한 파일을 사용하는 것이 좋습니다.

03 불러온 워터마크 이미지가 너무 크죠? 이미지 오버레이 영역에서 '위치'와 '크기' 옵션을 적절하게 조정하면 됩니다. 예제에서는 ❶'크기' 옵션을 [25]로, ❷'위치' 옵션을 [오른쪽 위]로 변경합니다. 정밀하게 위치를 조정하고 싶다면 '오프셋' 옵션에서 가로, 세로 좌표 값을 조정하여 적절한 위치에 배치합니다. 예제에서는 ❸'오프셋' 옵션을 [170, −30]으로 변경하겠습니다.

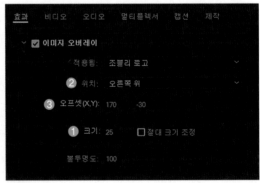

꿀팁 워터마크를 투명하게 만들고 싶다면 '불투명도' 옵션을 조정하면 됩니다.

04 워터마크의 크기와 위치가 조정되었습니다. 이제 **[내보내기]** 버튼을 클릭하여 영상을 최종 출력합니다. 출력된 영상을 확인하면 영상의 시작부터 끝까지 워터마크가 삽입된 것을 확인할 수 있습니다.

꿀팁

내보내기 설정 영역에서 워터마크를 삽입하면 영상 전체에 적용됩니다. 특정한 구간만 워터마크를 삽입하고 싶다면 다음과 같이 [타임라인] 패널에 워터마크 이미지를 삽입하여 작업하면 됩니다.

▶ [효과] 탭의 Lumetri Look/LUT 영역

내보내기 설정 창에서 [효과] 탭을 클릭한 후 [Lumetri Look/LUT]에 체크하여 활성화합니다. 그런 후에 '적용됨' 옵션에서 효과를 선택하면 영상 전체에 필터 효과가 적용됩니다. 옵션 목록 중 상단에 있는 [선택]을 선택한 후 Look 또는 LUT 파일을 불러와 적용할 수도 있습니다.

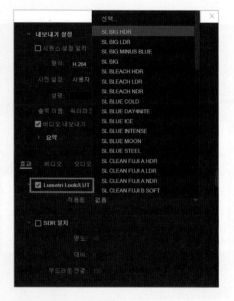

꿀팁 Look 또는 LUT 파일은 필터처럼 색상 효과를 설정하여 프리셋으로 사용할 수 있게 만든 파일입니다. 유튜브에 'LUT 필터' 또는 'LUT free download'를 검색하면 다양한 LUT 파일을 다운로드 받을 수 있습니다.

▶ [효과] 탭의 시간 코드 오버레이 영역

비디오에 시간 코드를 삽입하여 출력할 수 있습니다. 세부 옵션에서 시간 코드의 위치, 크기, 불투명도를 설정합니다.

꿀팁 여러 사람과 같이 작업하는 경우 시간을 표시해서 출력하면 수정사항의 시간대를 쉽게 확인할 수 있어 편리하게 작업할 수 있습니다.

▶ [제작] 탭

유튜브, 비메오, 페이스북, 트위터 등 SNS 채널에 인코딩된 영상을 바로 업로드할 수 있습니다. 대표로 YouTube 영역의 옵션을 확인해 보겠습니다.

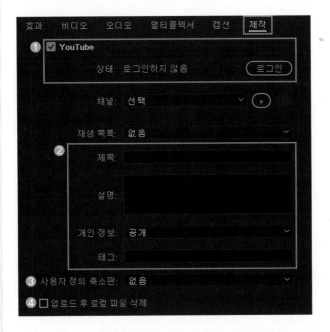

❶ 먼저 [YouTube]에 체크해서 세부 옵션을 활성화한 후 [로그인]을 클릭하여 계정을 연결합니다.

❷ 유튜브 영상의 '제목'과 '설명'을 입력하고 '개인 정보'에서 비디오를 볼 수 있는 사용자를 설정합니다. '태그'는 쉼표로 구분하여 단어를 추가합니다.

❸ '사용자 정의 축소판'에서는 유튜브 섬네일을 지정합니다. [소스 비디오의 프레임]을 선택하면 영상에서 직접 선택할 수 있으며, [이미지 파일]를 선택하면 이미지를 선택하여 불러올 수 있습니다.

❹ [업로드 후 로컬 파일 삭제]에 체크하면 YouTube에 업로드한 후 파일이 삭제됩니다. 끝으로 [내보내기]를 클릭하여 YouTube 채널에 최종 업로드합니다.

미디어 인코더로 영상 한꺼번에 출력하기

프리미어 프로나 애프터 이펙트를 설치하면 자동으로 어도비 미디어 인코더(Media Encoder)가 설치됩니다. 미디어 인코더를 사용하면 여러 영상을 한꺼번에 출력할 수 있어 유용하지요. 프리미어 프로와 미디어 인코더는 같은 버전으로 설치해야 합니다.

▶ 유튜브 동영상 강의

미디어 인코더 사용 방법
https://youtu.be/dAFbKqhSzoc

⎮ 미디어 인코더로 여러 영상 한번에 출력하기

Pr **예제 파일**: 프리미어 프로/Chapter 07/미디어 인코더 출력하기.prproj

01 **미디어 인코더 출력하기.prproj** 예제 파일을 실행합니다. **[프로젝트]** 패널에 있는 ❶3개의 시퀀스를 한번에 출력하기 위해 모두 선택합니다. Ctrl을 누른 채 클릭하면 다중 선택할 수 있습니다. 시퀀스를 모두 선택한 후에 마우스 오른쪽 버튼을 클릭하여 ❷**[미디어 내보내기]**를 선택합니다.

꿀팁 시퀀스를 모두 선택한 후 내보내기 단축키인 Ctrl + M 을 눌러도 됩니다. 여러 시퀀스를 불러오는 작업이어서 내보내기 설정 창이 뜨는 데 시간이 걸릴 수도 있습니다.

02 내보내기 설정 창이 열리면 먼저 ❶'형식'과 '사전 설정' 옵션을 설정합니다. 예제에서는 [H.264] 포맷과 [YouTube 1080p Full HD] 프리셋을 선택하겠습니다. 설정을 완료한 후 내보내기 설정 창의 맨 아래 ❷[대기열]을 클릭합니다.

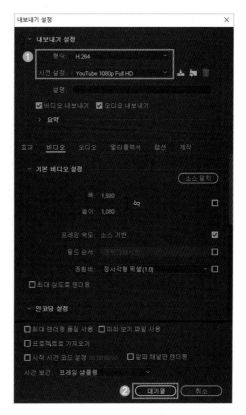

03 [대기열]을 클릭하면 어도비 미디어 인코더 프로그램이 자동으로 실행됩니다. 미디어 인코더에서 [대기열] 패널을 확인하면 앞에서 선택한 시퀀스 목록이 배치되어 있습니다.

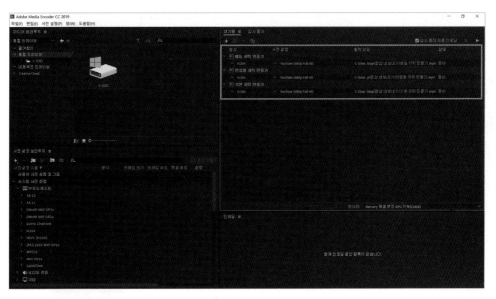

꿀팁 목록 개수나 불러오는 영상의 크기에 따라서 미디어 인코딩 실행 시간이 지연될 수 있습니다. 차분하게 기다리면 [대기열] 목록에 하나씩 추가됩니다. 이러한 미디어 인코더는 사용하는 프리미어 프로의 버전과 같은 버전이 설치되어 있어야 합니다.

04 [대기열] 패널에서 각 목록에 파란색으로 표시된 '형식'과 '사전 설정' 그리고 '출력 파일' 옵션 값을 클릭하여 재설정할 수 있습니다. 이때 파란색 값을 클릭하면 별도의 설정 창이 열리고, 값 왼쪽에 있는 펼침 아이콘을 클릭하면 목록에서 선택할 수 있습니다.

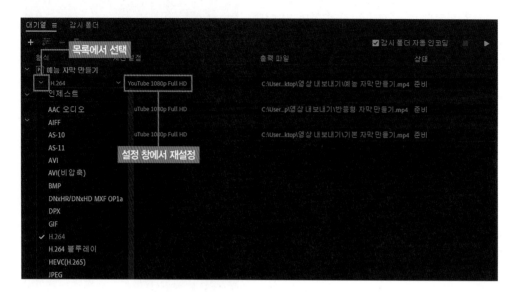

05 저장 위치를 일괄 설정하기 위해 ❶드래그하여 파일을 모두 선택하거나 단축키 Ctrl + A 를 누릅니다. ❷'출력 파일' 옵션의 파란색 글씨를 클릭하면 출력 폴더 선택 창이 나타납니다. ❸저장할 위치를 지정한 후 ❹[폴더 선택]을 클릭합니다.

06 설정을 모두 완료했다면 패널 오른쪽 위에 있는 **[대기열 시작]** 아이콘▶을 클릭하거나 단축키 Enter를 눌러 인코딩을 시작합니다.

07 인코딩은 **[대기열]** 패널에 배치되어 있는 순서대로 하나씩 시작됩니다. **[대기열]** 패널에서 '상태' 옵션를 확인하여 진행 상황을 파악할 수 있습니다. 맨 아래 **[인코딩]** 패널에서는 실시간으로 인코딩 과정을 볼 수도 있습니다. 인코딩이 모두 완료되면 '출력 파일' 위치에서 확인할 수 있습니다.

Lesson 05
다른 컴퓨터에서 작업하기 위한 프로젝트 관리

프리미어 프로에서 프로젝트를 저장하면 [*.prproj] 확장자로 저장되며, 파일 크기는 기껏해야 수십에서 수백 킬로바이트입니다. 프로젝트 파일의 크기가 영상 크기보다 훨씬 작다는 것은 프로젝트 파일 안에는 영상이 저장되어 있지 않다는 뜻이겠죠? 즉, 프로젝트 파일에는 편집 소스의 위치를 연결해 주는 메타데이터만 포함되어 있을 뿐입니다. 따라서 작업하던 프로젝트를 다른 컴퓨터에서 이어서 작업하려면 프로젝트 파일만으로는 어렵습니다. 이번 레슨에서는 어디서나 프로젝트를 진행할 수 있도록 편집 소스를 포함하여 백업하는 방법에 대하여 알아보겠습니다.

▶ 유튜브 동영상 강의

백업 및 프로젝트 관리 꿀팁
https://youtu.be/_nZsGCUNk8s

Pr 예제 파일: 프리미어 프로/Chapter 07/프로젝트 백업하기.prproj

01 **프로젝트 백업하기.prproj** 예제 파일을 실행합니다. 프로젝트를 백업하기 위해 메뉴 바에서 **[파일]** – **[프로젝트 관리자]**를 선택합니다.

꿀팁 영문 버전은 [Project Manager]를 선택합니다.

02 프로젝트 관리자 창이 열립니다. 시퀀스 영역에는 현재 프로젝트에 포함된 시퀀스 목록이 표시됩니다. 여기서 백업할 시퀀스에 체크합니다.

꿀팁 시퀀스 영역에서 Shift 를 누른 채 임의의 체크 박스를 클릭하면 일괄 체크되거나 체크가 해제됩니다.

03 결과 프로젝트 영역에서는 ❶[파일 수집 후 새 위치에 복사]를 선택합니다. 대상 경로 영역에서 ❷[찾아보기]를 클릭하여 백업할 위치를 지정하고, 디스크 공간 영역에서 ❸[계산]을 클릭하여 프로젝트의 크기를 확인해 봅니다. 끝으로 ❹[확인]을 클릭하여 프로젝트를 백업합니다.

꿀팁 [파일 수집 후 새 위치에 복사]를 선택하면 원본 파일을 그대로 복사하여 수집하는 것이며, [통합 및 코드 변환]은 파일을 특정한 코덱으로 변환하여 수집하는 것입니다.

04 다음과 같은 프로젝트 관리자 진행률 창을 통해 진행 정도를 확인할 수 있습니다.

05 백업이 완료되면 파일이 저장된 경로를 확인해 봅니다. '복사_프로젝트 이름' 형식의 폴더가 생성되어 있으면 더블 클릭하여 세부 파일을 확인합니다.

06 프로젝트 파일과 프로젝트에서 사용한 영상, 이미지, 음악 등 모든 소스가 포함되어 있습니다. 또한 비디오, 오디오 프리뷰 소스까지 확인할 수 있습니다. 이제 백업 폴더를 그대로 복사하여 다른 컴퓨터에 가져가면 프리미어 프로로 이어서 작업할 수 있습니다.

꿀팁 프로젝트가 완료된 경우라면 위와 같은 방법으로 프로젝트를 백업하여 외장 하드에 보관해 보세요. 프로젝트를 안전하게 관리할 수 있습니다.

편집에 사용된 소스는 프리미어 프로와 항상 연결되어 있습니다. 편집이 완료될 때까지 파일을 지우거나 이름을 변경하지 않도록 주의해야 합니다. 만약 프리미어 프로에 가져온 영상이나 이미지 또는 음악 파일 등의 편집 소스를 **[파일 탐색기]**에서 실수로 지우거나 이름을 변경하면 프리미어 프로에서 해당 소스를 찾지 못하여 빨간 화면(미디어 오프라인)으로 나타납니다. 이럴 때는 다시 미디어를 찾아 연결해 주어야 합니다.

• **[타임라인] 패널에서 연결하기:** [타임라인] 패널에서 잃어버린 클립을 마우스 오른쪽 버튼으로 클릭하고 **[미디어 연결]**을 선택합니다.

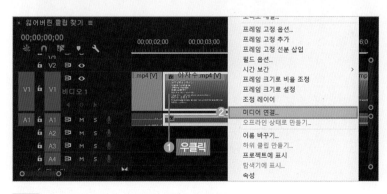

꿀팁 영문 버전에서는 [Link Media]를 선택합니다.

- **[프로젝트] 패널에서 연결하기:** [프로젝트] 패널에서는 아이콘에 **[?]**가 표시된 소스가 잃어버린 클립입니다. 해당 소스에서 마우스 오른쪽 버튼을 클릭한 후 **[미디어 연결]**을 선택합니다.

> **꿀팁** 잃어버린 클립에서 마우스 오른쪽 버튼을 클릭하면 나타나는 [푸티지 바꾸기](Replace Footage)를 선택하면 다른 클립으로 교체할 수 있습니다. 고해상도의 영상을 편집할 때 가벼운 작업을 위해 저해상도의 클립으로 편집하고, 최종 영상으로 출력할 때 다시 고해상도의 클립으로 교체하는 방식으로 활용하는 기능입니다.

어느 패널에서든 **[미디어 연결]**을 선택하면 다음과 같이 미디어 연결 창이 나타납니다. 여기서 잃어버린 미디어를 확인한 후 **[찾기]**를 클릭하여 다시 연결할 미디어를 찾아 선택해 주면 됩니다. 이렇게 미디어를 연결하면 빨간색 화면(미디어 오프라인)이 없어지고 다시 정상적으로 클립 소스가 나타납니다.

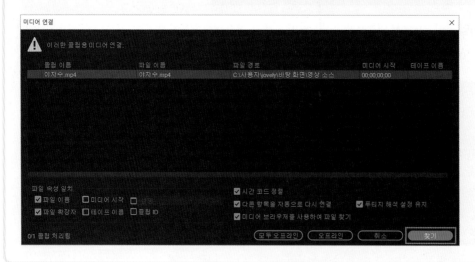

프리미어 프로 2020 새로운 기능

지난 2019년 11월에 프리미어 프로 2019에서 2020(버전 14)으로 업데이트되었습니다. 프리미어 프로를 월별 또는 연간 플랜으로 사용 중이라면 무료로 업데이트할 수 있으며, 업데이트 방법은 031쪽에서 확인할 수 있습니다. 프리미어 프로 2020 실행 시 그래픽 카드가 최신 버전이 아니면 시스템 호환성 보고서 메시지가 표시되므로 프리미어 프로에서 요구하는 최신 드라이버를 설치하는 것이 좋습니다. 또한, 여기서 소개하는 신기능 이외에도 주기적으로 업데이트가 진행되므로, 틈틈이 프리미어 프로 도움말 페이지를 방문해서 새로운 기능을 확인해 보는 것이 좋습니다.

프리미어 프로 도움말 바로가기 _ https://helpx.adobe.com/kr/support/premiere-pro.html

자동 리프레임(Auto Reframe)

Adobe Sensei AI 기술을 이용하여 피사체를 인식하고 화면 비율에 따라 피사체의 위치를 자동으로 조정해 주는 기능입니다. 인스타그램과 같은 SNS 채널에 영상을 게시할 때 매우 유용합니다. 자세한 사용 방법은 116쪽에서 확인할 수 있습니다.

기존 16:9

1:1

9:16

텍스트 레이어 내용 변경하기

프리미어 프로 CC 2019까지는 텍스트를 수정할 때 **[프로그램 모니터]** 패널을 이용해야 했습니다. 하지만 프리미어 프로 2020에서는 **[기본 그래픽]** 패널에 있는 **[편집]** 탭의 레이어 목록에서 해당 텍스트 레이어를 더블 클릭한 후 바로 내용을 수정할 수 있습니다. 이제는 **[프로그램 모니터]** 패널이 아닌 **[기본 그래픽]** 패널에서 좀 더 쉽고 빠르게 텍스트 내용을 변경해 보세요.

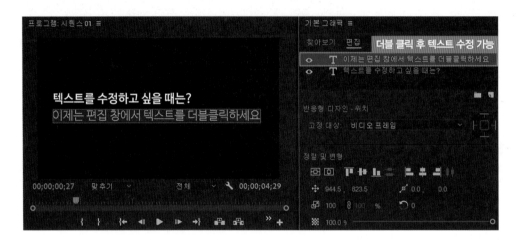

텍스트 밑줄 스타일

텍스트 클립을 선택한 후 **[효과 컨트롤]** 패널을 확인해 보세요. '텍스트' – '소스 텍스트' 옵션을 펼치면 이전 버전에 없던 **[밑줄]** 아이콘이 보입니다. 프리미어 프로 자막에 밑줄 스타일을 적용할 수 있습니다.

오디오 볼륨 레벨 범위 증가

이전 버전에서는 오디오 볼륨 레벨을 6dB까지 설정할 수 있었습니다. 하지만 프리미어 프로 2020부터는 최대 15dB까지 설정할 수 있습니다. 오디오 볼륨 레벨 설정은 325쪽에서 확인할 수 있습니다.

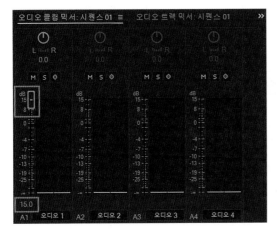 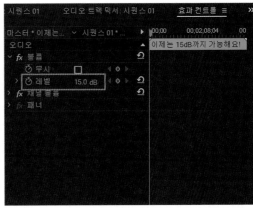

20,000% 시간 다시 매핑

시간 다시 매핑(Time Remapping)은 영상의 재생 속도를 변경하는 기능으로, 프리미어 프로 2020 업데이트 이후 최대 20,000%까지 빠르게 조정할 수 있게 되었습니다. 잘 실감되지 않죠? 예를 들어, 쉬지 않고 8일간 연속으로 촬영한 영상을 20,000%로 조정한다면 재생 시간이 약 1시간밖에 걸리지 않는 셈입니다. 시간 다시 매핑 기능은 132쪽에서 확인할 수 있습니다.

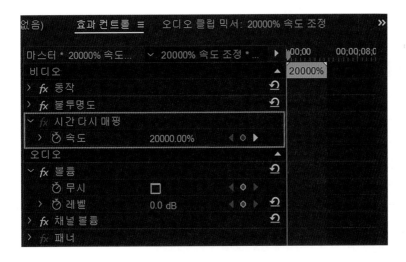

찾아보기